21世纪全国高等院校通识课规划教材

社交与家庭礼仪

主　编　张岩松　罗建华
副主编　杨亚芬　张淑琴　高　琳

内 容 简 介

本书是基于工作过程系统化的创新性教材,是多年来国家级精品课程——现代交际礼仪课程教学成果的结晶。它以应用能力培养为主线,以"实用、适用、够用"为原则,从职业分析入手,根据社交与家庭礼仪涉及的具体礼仪规范确定教材的内容,分为个人形象设计、家庭生活礼仪、日常交际礼仪、公共生活礼仪、交际活动礼仪五大学习情境,每个学习情境下设若干个"任务",共计19个任务。每一个任务包含情境导入、任务分析、知识储备、自主学习、评价考核五个部分,便于教师在教学中以实际任务为载体,突出技能训练,让学生在做中学,学中做,学做结合,使其出色地完成各项社交与家庭礼仪"任务",切实提高文明素质和家庭、社会交往能力。

本书可作为本科、高职、高专各类专业学生的礼仪课程教材,还可作为广大读者提高礼仪素养和交际能力的自我训练手册,也是各级各类组织进行礼仪岗位培训的创新型教材。

图书在版编目(CIP)数据

社交与家庭礼仪/张岩松,罗建华主编. —北京:北京大学出版社,2010.9
(21世纪全国高等院校通识课规划教材)
ISBN 978-7-301-17587-3

Ⅰ.①社… Ⅱ.①张… ②罗… Ⅲ.①人际交往—礼仪—高等学校:技术学校—教材 ②家庭—礼仪—高等学校:技术学校—教材 Ⅳ.①C912.1 ②K891.26

中国版本图书馆CIP数据核字(2010)第146817号

| 书　　　　名：社交与家庭礼仪
| 著作责任者：张岩松　罗建华　主编
| 责 任 编 辑：赵学敏
| 标 准 书 号：ISBN 978-7-301-17587-3/G・2914
| 出　版　者：北京大学出版社
| 地　　　址：北京市海淀区成府路205号　100871
| 网　　　址：http://www.pup.cn
| 电　　　话：邮购部 62752015　发行部 62750672　编辑部 62756923　出版部 62754962
| 电 子 信 箱：zyjy@pup.cn
| 印　刷　者：三河市北燕印装有限公司
| 发　行　者：北京大学出版社
| 经　销　者：新华书店
|　　　　　　787毫米×1092毫米　16开本　15.5印张　377千字
|　　　　　　2010年9月第1版　2019年6月第4次印刷
| 定　　　价：29.00元

未经许可,不得以任何方式复制或抄袭本书之部分或全部内容。
版权所有,侵权必究
举报电话:010-62752024;电子信箱:fd@pup.pku.edu.cn

前　言

　　社交与家庭礼仪是人类在长期社会实践、社会生活、家庭生活中形成的人际间相互关系的一种表现形式。社交与家庭礼仪是现代社会公民的一种重要素质，是衡量一个国家文明程度的重要标尺。当今，普及社交与家庭礼仪知识，开展社交与家庭礼仪教育，对塑造一个公民的良好形象，贯彻以德治国的重要方针，促进精神文明建设和道德文化水平的提升都具有重要的现实意义。

　　良好的社交与家庭礼仪可以帮助一个公民立足社会：一个人仪表恰当，才不会被人拒之门外；举止得体，才不会被人侧目相看；对人有礼，才不会被人视为缺乏教养。

　　良好的社交与家庭礼仪可以帮助一个公民获得尊重：交往有礼，别人才会对你刮目相看；谈吐文明，别人才会对你欣赏有加；办事得法，别人才愿意为你"开绿灯"。

　　良好的社交与家庭礼仪可以帮助一个公民获得家庭幸福：有良好的家庭礼仪做指导，父母子女之间、亲戚邻里之间的矛盾和摩擦才会迎刃而解，和谐文明的家庭氛围将使每一个成员受益。

　　良好的社交与家庭礼仪可以帮助一个公民弘扬礼仪传统：继承中华民族的传统礼仪，走进传统，亲和传统，体味民族文化的厚重，找回民族自信的力量！

　　正是适应时代的需要，本书应运而生。本书是基于工作过程系统化的创新性教材。它是多年来国家级精品课程——现代交际礼仪课程教学成果的结晶，它以应用能力培养为主线，以"实用、适用、够用"为原则，旨在转变"重学历、轻能力、重动脑、轻动手"的传统教育观念，注重和加强实践操作技能的培养，从职业分析入手，根据社交与家庭礼仪涉及的具体礼仪规范确定教材的内容，分为个人形象设计、家庭生活礼仪、日常交际礼仪、公共生活礼仪、交际活动礼仪五大学习情境，每个学习情境下设若干个"任务"，共计19个任务。

　　每一个任务包含情境导入、任务分析、知识储备、自主学习、评价考核五个部分。"情境导入"提出在社会和家庭交往氛围下需要面对的社交和家庭礼仪的任务以及亟待解决的该方面问题；"任务分析"对亟待解决的社交和家庭礼仪任务进行分析，提出组织教学的具体方法和建议；"知识储备"是基于"理论够用为度"的思想设计的，主要提供为完成本"任务"所需要的知识。为了便于学生全面掌握每项社交和家庭礼仪工作任务的内容，教师要布置学生课后有选择地做"自主学习"中的各类练习题；"评价考核"旨在全面检验学生对本"任务"要求的应知应会知识、专业能力、通用能力和工作态度等目标的实现情况。本书附录部分还提供了中外主要民俗以及社交礼仪常用资料和常用网址，便于读者使用和参考。

　　使用本教材时，建议教师以班为单位分组进行，结合社交与家庭礼仪实践的各种情境，采用独立探索、协作学习、教师辅导、案例收集、企业参观、技能训练、角色扮演、报告撰写及答辩等方式组织教学，通过听、看、做、练等亲身体验的训练环节，让学生

社交与家庭礼仪

在做中学,学中练,学做结合,使其出色地完成各项社交与家庭礼仪"任务",切实提高社交能力和文明素质。在教学过程中,强调学生间的合作与交流,注重培养学生运用方法的能力和社会能力。教师要从知识传授者的角色转变为学习过程的组织者、咨询者、指导者和评估者,最终将学习的压力传递到学生身上,实现由教学过程向学生自觉学习过程的转化。

本书由张岩松、罗建华任主编,杨亚芬、张淑琴、高琳任副主编。具体分工如下:张岩松拟定全书编写提纲和编写要求,并编写绪论、学习情境1中的任务2和附录Ⅲ;罗建华编写学习情境3;杨亚芬编写学习情境1中的任务1和任务3;张淑琴编写了学习情境4的任务1、任务2和附录Ⅰ;高琳编写学习情境1中的任务2和学习情境2;王雪茹编写学习情境5的任务3和附录Ⅱ;唐成人编写了学习情境4的任务3和任务4;郭沁荣编写了学习情境5的任务1和任务2。张昀、李健、刘桂华、房红怡、刘晓燕、周瑜弘、李晓明、潘丽、穆秀英、于凯、蔡颖颖等进行了资料检索与文字录入工作,高琳、于丽娟、鲍文玉、王纯磊进行了校对工作。全书最后由高琳统稿。

本书可作为本科、高职、高专各专业学生的礼仪课程教材,还可作为广大读者提高礼仪素养和交际能力的自我训练手册,也是各级各类组织进行礼仪岗位培训的创新型教材。

本书编写过程中,参考了大量报刊文献以及相关网站,吸收了国内学者最新的研究成果,在此向各位专家、学者表示衷心的感谢。参考的文献在书后列入了"参考文献"之中,由于时间紧迫,若有遗漏,敬请谅解。本书的出版也得到了北京大学出版社的大力支持,在此一并致谢!

作为尝试之作,加之作者学识有限,对书中的不足之处,敬请广大读者提出宝贵的意见和建议,以便今后修订完善。

编　者

2010 年 4 月

目 录

绪 论 1

学习情境 1　个人形象设计 12
  任务 1　仪容礼仪 12
  任务 2　着装礼仪 22
  任务 3　仪态礼仪 33

学习情境 2　家庭生活礼仪 49
  任务 1　家庭相处 49
  任务 2　邻里相处 65
  任务 3　朋友相处 70

学习情境 3　日常交际礼仪 76
  任务 1　见面问候 76
  任务 2　通信联络 90
  任务 3　礼物馈赠 100
  任务 4　语言交际 105
  任务 5　做客待客 118
  任务 6　宴请赴宴 123

学习情境 4　公共生活礼仪 137
  任务 1　校园生活 137
  任务 2　交通出行 144
  任务 3　公共场所 151
  任务 4　职场礼仪 162

学习情境 5　交际活动礼仪 175
  任务 1　会议活动的组织 175
  任务 2　仪式活动的组织 188
  任务 3　涉外交际的开展 196

附　录 212
  附录 1　中国传统礼俗 212
  附录 2　异域礼俗风情 225
  附录 3　礼仪常用资料 234

参考文献 240

绪　　论

> 人有礼则安，无礼则危。故曰：礼者不可不学也。
> ——《礼记·曲礼》

> 在人与人的交往中，礼仪越周到越保险。
> ——【英】托·卡莱尔

礼仪是人们步入文明社会的"通行证"。人类自诞生那天起，便开始了对文明与美的追求。礼仪体现了人类社会不断摆脱愚昧、野蛮、落后，以及整个社会的进化程度，也是一个国家、一个民族进步、开化与兴旺的标志。我国作为东方文明古国和东方文化的发源地，素有"礼仪之邦"的美誉，数千年对文明的不懈追求，形成了丰富多彩的东方文化和礼仪。

今天，随着社会生产力的不断发展，物质生活条件的逐步改善，社会文明程度的日益提高，人们对礼仪倍加推崇。讲文明、懂礼貌，尊重他人、服务社会已成为人们的共识。无论是人际的、社会的以至国与国之间的交往，抑或是旅游业、商业、服务业等行业的接待服务工作都离不开对礼仪规范的遵守。现代人都开始注重文明修养，讲究礼仪，几乎每个人都成为礼仪的载体、文明的化身。

一、什么是礼仪

礼仪是人们在社会交往过程中形成的并得到共同认可的各种行为规范，它是人们以一定的程序、方式来表现的律己、敬人的完整行为，它体现了一个国家、一个民族、一个地区的道德风尚和人们的精神面貌。所以，礼仪是人类精神文明的产物。

1. 礼仪的内涵

礼仪是人际交往过程中外在表现的形式与规则的总和。它作为在人类历史发展中逐渐形成并积淀下来的一种文化，始终以某种精神的约束力支配着每一个人的行为。礼仪是人类文明进步的重要标志，是适应时代发展、促进个人进步和成功的重要途径。礼仪、法律与道德被称为人生幸福的三位守护神。而礼仪却不像法律那样威严，不像道德那样肃然。礼仪始终是一个会心的微笑、一种温和的声音、一种怡情悦心的需要。礼仪的内涵包括以下四个方面。

第一，礼仪是一种行为准则或规范。它是一种程序，有一定的套路，表现为一定的章法，只有遵守这些习俗和规范，才能适应社会发展。

第二，礼仪是一定社会关系中人们约定俗成、共同认可的行为规范。它表现为一些零散的规矩、习惯，然后才逐渐上升为大家认可的，可以用语言、文字、动作进行准确描述和规定的行为准则，并成为人们有章可循、可以自觉学习和遵守的行为规范。

社交与家庭礼仪

第三，礼仪是一种情感互动的过程。在礼仪的实施过程中，既有施礼者的控制行为，也有受礼者的反馈行为。礼是施礼者与受礼者的尊重互换、情感互动的过程。

第四，礼仪的目的是为了实现社会交往各方面的互相尊重，从而达到人与人之间关系的和谐。在现代社会，礼仪体现着一个人对他人和社会的认知水平、尊重程度，是一个人学识、修养和价值的外在表现。遵守礼仪是人获得自由的重要手段和途径之一。

（1）礼节

礼节是人们在交际过程中逐渐形成的约定俗成的和惯用的各种行为规范之总和。礼节是社会外在文明的组成部分，具有严格的礼仪性质。它反映着一定的道德原则的内容，反映着对人对己的尊重，是人们心灵美的外化。在阶级社会，由于不同阶级的人在利益上的根本冲突，礼节多流于形式。在现代社会中，由于人与人之间地位平等，其礼节从形式到内容都体现出人与人之间相互平等、相互尊重和相互关心。现代礼节主要包括：介绍的礼节、握手的礼节、打招呼的礼节、鞠躬的礼节、拥抱的礼节、亲吻的礼节、举手的礼节、脱帽的礼节、致意的礼节、作揖的礼节、使用名片的礼节、使用电话的礼节、约会的礼节、聚会的礼节、舞会的礼节、宴会的礼节等。当今世界是一个多元化世界，不同的国家、不同的民族、不同的地区的人们在各自生存环境中形成了各自不同的价值观、世界观和风俗习惯，其礼节从形式到内容都不尽相同。

（2）礼貌

礼貌是指人们在社会交往过程中良好的言谈和行为，主要包括口头语言的礼貌、书面语言的礼貌、态度和行为举止的礼貌。礼貌是人的道德品质修养的最简单、最直接的体现，也是人类文明行为的最基本的要求。在现代社会，使用礼貌用语，对他人态度和蔼，举止适度，彬彬有礼，尊重他人已成为日常的行为规范。

（3）仪表

仪表是指人的外表，包括仪容、服饰、体态等。仪表属于美的外在因素，反映人的精神状态。仪表美是一个人心灵美与外在美的和谐统一，美好纯正的仪表来自于高尚的道德品质，它和人的精神境界融为一体。端庄的仪表既是对他人的一种尊重，也是自尊、自重、自爱的一种表现。

（4）仪式

仪式是指行礼的具体过程或程序，是礼仪的具体表现形式。仪式是一种比较正规、隆重的礼仪形式。人们在社会交往过程中或是在组织开展各项专题活动过程中常常要举办各种仪式，以体现出对某人或某事的重视，或是为了纪念等。常见的仪式包括：成人仪式、结婚仪式、安葬仪式、凭吊仪式、告别仪式、开业或开幕仪式、闭幕仪式、欢迎仪式、升旗仪式、入场仪式、签字仪式、剪彩仪式、揭匾挂牌仪式、颁奖授勋仪式、宣誓就职仪式、交接仪式、奠基仪式、洗礼仪式、捐赠仪式等。仪式往往具有程序化的特点，这种程序有些是人为地约定俗成的。在现代礼仪中，仪式中有些程序是必要的，有些则可以简化。因此，仪式也大有越来越简化的趋势。但是，有些仪式的程序是不可省略的，否则就会不符合礼仪。

（5）礼俗

礼俗即民俗礼仪，是指各种风俗习惯，是礼仪的一种特殊形式。礼俗是由历史形成的，普及于社会和群体之中，并根植于人们心里，在一定的环境中经常重复出现的行为方式。不同国家、不同民族、不同地区在长期的社会实践中形成了各具特色的风俗习惯。"十里不同风，百里不同俗"，不但每一个民族、每一个地区，甚至一个小小的村落都可能形成自己的风俗习惯。

2. 礼仪的特性

礼仪是人们在漫长的社会实践中逐步地形成、演变和发展的。现代礼仪是在一番脱胎换骨之后形成的，它具有文明性、共通性、多样性、变化性、规范性和传承性等特性。

（1）文明性

礼仪是人类文明的结晶，是现代文明的重要组成部分。人类从诞生那天起就开始了对文明的追求。人类从茹毛饮血到共享狩猎成果，从盲目迷信、敬畏鬼神到崇尚科学、论证无神，从战争到和平，尤其是文字的发明，人类运用语言文字来表达文明、宣传文明、建设文明。文明的体现宗旨是尊重，既是对他人也是对自己的尊重，这种尊重总是同人们的生活方式有机地、自然地、和谐地、毫不勉强地融合在一起，成为人们日常生活、工作中的行为规范。这种行为规范包含着个人的文明素养，如待人接物热情周到、彬彬有礼；人们彼此间互帮互助、彼此尊重、和睦相处，体现出人们日常生活中的文明、友好；注重个人卫生，穿着适时得体，见人总是微笑着问候致意，礼貌交谈，文明用语，这也体现出人们的品行修养。总之，礼仪是人们内心文明与外在文明的综合体现。

（2）共通性

无论是交际礼仪、商务礼仪还是公关礼仪，都是人们在社会交往过程中形成并得到共同认可的行为规范。我们今天生活的世界可谓千姿百态。人们尽管分散居住于五大洲、四大洋的不同角落，但是，许多礼仪都是世界通用的。如问候、打招呼、礼貌用语、各种庆典仪式、签字仪式等，大体上是世界通用的。虽然由于各国家、各地区、各民族形成了许多特有的风俗习惯，但就礼仪本身的内涵和作用来说仍具有共通性。正是由于礼仪拥有共通性，才形成了国际交往礼仪。

（3）多样性

世界是丰富多彩的，其中礼仪也是五花八门、绚烂多姿的。世界各地的民俗礼仪千奇百怪，几乎没有人能说清楚世界上到底有多少种礼仪形式。从语言的表达礼仪到文字的使用礼仪，从举止礼仪到规范化礼仪，从服饰礼仪到仪表礼仪，从风俗礼仪到宗教礼仪等，在不同的国家、不同的场合，礼仪的表达方式也有所不同。如在人们常见的国际交往礼仪中，仅见面礼节就有握手礼、点头礼、亲吻礼、鞠躬礼、合十礼、拱手礼、脱帽礼、问候礼等。礼仪可谓多种多样、纷繁复杂。有些礼仪所表达的方式和内容在不同国家或地区可能截然相反。

（4）变化性

礼仪并不存在僵死不变的永恒模式。随着时间的推移，礼仪会发生巨大的变化。可以说，每一种礼仪都有其产生、形成、演变、发展的过程。礼仪在运用时也具有灵活性。一般说来，在非正式场合，有些礼仪可不必拘于约定俗成的规范，可增可减，随意性较大。在正式场合，讲究礼仪规范是十分必要的。但如果双方已非常熟悉，即使是较正式的场合，有时也不必过于讲究礼仪规范。

（5）规范性

礼仪指的就是人们在交际场合待人接物时必须遵守的行为规范。这种规范性不仅约束着人们在一切交际场合的言谈话语、行为举止，使之合乎礼仪；而且也是人们在一切交际场合必须采用的一种"通用语言"，是衡量他人、判断自己是否自律、敬人的一种尺度。礼仪是约定俗成的一种自尊、敬人的惯用形式，任何人要想在交际场合表现得合乎礼仪、彬彬有礼，都必须对礼仪无条件地加以遵守。另起炉灶，自搞一套，或是只遵守个人适应的部分，而不遵守不适应自己的部分，都难以为交往对象所接受、所理解。

（6）传承性

任何国家的礼仪都具有自己鲜明的民族特色，任何国家的当代礼仪都是在本国古代礼仪的基础上继承、发展起来的。离开了对本国、本民族既往礼仪成果的传承、扬弃，就不可能形成当代礼仪。这就是礼仪传承性的特定含义。作为一种人类的文明积累，礼仪将人们在交际应酬之中的习惯做法固定下来、流传下去，并逐渐形成自己的民族特色，这不是一种短暂的社会现象，而且不会因为社会制度的更替而消失。但对于既往的礼仪遗产，正确的态度不应当是食古不化、全盘沿用，而应当是有扬弃、有继承，更有发展。

3. 礼仪的功能

礼仪是人类社会文明发展的产物，是人们社会交际活动的共同准则。加强礼仪教育，对于提高自身的修养和素质，促进社会主义精神文明建设，塑造良好形象，扩大社会交往，促进事业成功都具有十分重要的作用。礼仪具有多方面的功能，主要表现在以下几个方面。

（1）弘扬礼仪传统

文明古老的中华民族以聪颖的才智和勤奋的力量创造了人类历史上最灿烂的文化。中华民族素以"礼仪之邦"著称于世。几千年来，各族人民创造了独具特色的礼节、仪式、风尚、习俗、节令、规章和典制等，并为广大人民所喜爱、所沿袭，这些礼仪习俗反映了我国民族的传统美德与优良品质，勾画了我国民族的历史风貌。

我国古代思想家、教育家们十分重视"礼"的教育。"礼"的内容比较全面地规定为处理调整当时社会各种关系的准则和规范。春秋末期的孔子就曾指出："不学礼，无以立"。孔子小时常做练习"礼"的游戏。"入太庙，每事问"，后来还专程赴周向老子请教"礼"。他对于"礼"的研究下过不少工夫，认为周礼吸收夏、商两代的经验，并有所发展，是比较完备的，所以他说"吾从周"。孔子选取了士必须学习的礼制十七篇，编辑成《礼》，也就是流传至今的《仪礼》。孔子非常重视对学生在日常行为方面的教育，他要求学生衣冠整齐，走有走的样子，坐有坐的姿势，为人处世要彬彬有礼、温文尔雅。《史记·孔子世家》中就说："孔子以诗、书、礼、乐教弟子，盖三千焉，身通六艺者，七十有二人"。其中"六艺"指的是以"礼"为首的礼、乐、射、御、书、数。

《仪礼》、《周礼》、《礼记》合称为"三礼"。"三礼"是我国最早最重要的礼仪论著。《礼记·曲礼》第一句便是"毋不教"。文中还记载着对父母"出告反面"，意思是出门告诉父母一声，回家要和父母打个照面问候一下。对老师应该是"遭先生于道，趋而进"，"从于先生不越路"。书中有关礼仪的内容是十分广泛具体的。

《三字经》是我国流传时间最长、范围最广、影响最大的一本启蒙教材，相传为南宋学者王应麟所著，它被人们誉为"古今奇书"和"袖里通鉴纲目"。《三字经》已经被翻译成英、法、俄等多种文字在国外流传，还被联合国教科文组织选入《世界儿童道德教育丛书》。书中写道："为人子，方少时，亲师友，习礼仪。"意思是，做儿女的，正当年少时，就要拜师访友，学习礼仪。清代李毓秀撰辑了一本《弟子规》，书中详细规定了学生在言谈举止方面的礼仪规范，其中有尊敬长者方面的要求："或饮食，或走坐，长者先，幼者后。"有仪表方面的要求："冠必正，钮必结，袜与履，俱紧切。"有仪态方面的要求："步从容，立端正，揖深圆，拜恭敬。"有禁酒的要求："年方少，勿饮酒，饮酒醉，最为丑。"有语言方面的要求："刻薄语，秽污词，市井气，切戒之。"此书礼仪教育方面的内容是十分丰富具体的。

在我国的历史上还流传着许多讲究礼仪的佳话。如"廉蔺交欢"（讲究礼让）、"张良纳履"（尊老敬贤）、"程门立雪"（尊敬老师）、"管鲍之交"（交友之道）、"三顾茅庐"（待人以诚），这些故事脍炙人口、妇孺皆知，对今人仍有很大的教育意义。

我国近现代历史上有许多的伟大人物，在礼仪修养上堪称楷模，其修养十分深厚，他们的作风、态度、处事、举手投足都成为我们的典范。如周恩来总理是世界公认的最有风度的领导人和外交家，他的一举一动都给人留下深刻难忘的印象，人们用"富有魅力"、"无与伦比"等优美的词语来赞美他的翩翩风度。在外事活动中周总理十分注重礼节。在他病重时，脚因为过度肿胀而穿不上原来的鞋了，只有穿拖鞋走路。工作人员心疼周总理，让他穿着拖鞋参加外事活动，认为外宾是能够理解的，但周总理不同意，他说："这不行，要讲个礼貌嘛！"于是，他请工作人员为他特制了一双鞋，留着接见外宾时穿。周总理在外事活动中注重礼节，受到外宾的盛赞，表现出传统美德，是我们学习的榜样。

可见，讲究礼仪，按照礼仪要求规范我们的行为对继承我国礼仪传统、弘扬我国优良的礼仪风范具有十分重要的作用。

（2）提高自身修养

在人际交往中，礼仪往往是衡量一个人文明程度的准绳。它不仅反映一个人的交际技巧与应变能力，而且还反映一个人的气质风度、阅历见识、道德情操、精神风貌。因此，在这个意义上，完全可以说礼仪即教养，而有道德才能高尚，有教养才能文明。这也就是说，通过一个人对礼仪运用的程度，可以察知其教养的高低、文明的程度和道德的水准。学习礼仪、运用礼仪有助于提高个人的修养，有助于"用高尚的精神塑造人"，真正提高个人的文明程度。

（3）完善个人形象

美国第 25 任总统威廉·B.麦金利的好朋友查尔斯·道斯曾经讲述过这样一件事："多日来，总统为任命一个重要的外交职务而犯难——他要在两个同样有才干的候选人中选出一个，然而始终举棋不定，难以拍板。突然，他回忆起一件事，此事竟如此清晰地浮现在眼前——一个风雨交加的夜晚，总统搭乘一辆市内有轨电车，坐在后排的最后一个位子上，电车停在下一站，上来一位洗衣老妇人，挽着一个沉重的篮子，孤零零地站在车厢的过道上。老妇人面对着这位男子，该男子举着报纸将脸挡住，故意装着没看见。

社交与家庭礼仪

总统从后排站起来,沿着过道走去,提起那一篮子沉甸甸的衣物,把老妇人引到自己的座位上坐下。该男子仍然举着报纸低着头,对车厢里发生的一切似乎什么也没有看见。总统顺便朝那男子瞅了一眼,那张脸庞深深地印入了脑海。这个男人不正是总统要任命的两位候选人之一。总统果断地做出决定,取消该人的任命资格,而另一位候选人则理所当然地成为了外交官。查尔斯·道斯说:"这位候选人永远不会知道,就是这一点点的自利行为,或者说缺少那么一点点的仁慈之心,而失去了他一生雄心勃勃想实现的东西。"

由此可以看出,讲究礼仪对个人的成功是至关重要的,因为它关系到个人的形象。个人形象是一个人仪容、表情、举止、服饰、谈吐、教养的集合,而礼仪在上述诸方面都有自己详尽的规范,因此学习礼仪、运用礼仪无疑将有益于人们更好地、更规范地设计个人形象、维护个人形象,更好地、更充分地展示个人的良好教养与优雅的风度。

(4) 改善人际关系

马克思说过"社会是人们交往作用的产物"。没有社交活动,人类的生活是不可想象的。人们参加社交活动,多为调节紧张的生活,建立友谊、交流感情、融洽关系、广结良友、增长见识、获取信息。现代化的社会对人们的社交提出了新的要求,社会越发展,物质生活越丰富,人们社交的需要就会越显示出它的价值,而处在社交活动中的每个人的仪表、仪态及对礼仪知识的了解也变得极其重要。一个人只要同其他的人打交道,就不能不讲礼仪。运用礼仪,除了可以使个人在交际活动中充满自信、胸有成竹、处变不惊之外,最大的好处还在于它能够帮助人们规范彼此的交际活动,更好地向交往对象表达自己的尊重、敬佩、友好与善意,增进大家彼此之间的了解与信任。

用现代人的眼光来看,礼仪与礼貌是一种信息传递,它可以以闪电般的速度把我们的尊重之情准确表达出来并传递给对方,使对方立即获得情感上的满足,与此同时,礼貌又反馈回来——对方以礼貌回敬。于是双方热情之火点燃了,支持与协作便开始了。假如人皆如此,长此以往,必将促进社会交往的进一步发展,帮助人们更好地取得交际成功,进而造就和谐、完善的人际关系,取得事业的成功。

(5) 塑造组织形象

良好的组织形象是任何组织都追求的目标,组织形象的塑造处处都需要礼仪。如我们想和某一单位联系业务,当我们拨打对方办公室的电话竟无人接听或铃响五六声之后才有人接听时,会对该单位产生一种印象——工作效率不高,制度不健全,员工素质差等。反之,当我们一拨通电话就听到对方和蔼可亲的问候、得体的称谓、礼貌的语言、简捷干练的回答、热情的接待,我们立即会有一种亲切之感。

组织形象常常是在不经意间体现并塑造出来的。整洁优雅的环境,宽敞明亮、井然有序的办公室,独具个性、富有哲理的价值观,色彩柔和的服饰,彬彬有礼的员工,富于特色的广告等都会给公众留下深刻的印象。礼仪则是通过组织员工的仪容仪表、言谈举止、礼貌礼节、仪式及活动过程表现出来,它是塑造组织形象的基础工程。任何不讲究礼仪的组织都不可能获得良好的社会形象。

组织通过各种规范化的礼仪可以激发员工对组织的自豪感,增强组织的凝聚力、向心力。如松下公司创作了自己的"松下之歌"、"松下社训",每天早晨八点钟,遍布各地的松下企业员工一起高唱松下歌曲,使每一名员工都以自己是松下的员工而感到光荣。目前，我国的许多企业通过统一企业标识、统一企业服装、统一色彩等塑造组织统一的社会形象，也使组织的员工自觉地维护组织的形象；组织通过开业庆典、周年纪念、表彰大会等仪式激发员工对本组织的了解、爱戴，加深感情，增强组织的凝聚力和向心力。可见，礼仪在塑造组织形象中的作用是十分巨大的。

（6）建设精神文明

世界各国和各民族都十分重视交往时的礼节礼貌，把它视为一个国家和民族文明程度的重要标志，正如古人所说："礼仪廉耻，国之四维"，礼仪是立国的精神要素之本。在社会主义精神文明建设中，讲究礼节礼仪、注重礼貌是最基本的要求，它对建设精神文明的大厦起着基础作用，只有基础打得扎实，大厦才能巩固。

随着我国改革开放的深入和社会主义市场经济体制的确立，我经济发展要和国际接轨，这些都对我国精神文明建设提出了更高的要求。只有提高中华民族整体的文明礼貌素质才能创造一个和谐的社会环境，吸引更多的外资和促进国际间的贸易往来，从而推动我国经济社会的发展。提倡讲究礼仪礼节，做到文明礼貌，必将有力地促进社会主义精神文明建设。如大连市就是从礼仪教育入手，提高大连市民的文明素质，从而推动大连市的精神文明建设。20世纪90年代一度说脏话、粗话，乱吐口香糖，践踏草坪等不文明行为直接影响了大连市的对外形象和城市的整体美感，于是大连市精神文明办等部门开展了使用文明用语活动，大力倡导讲普通话，不讲方言土语，杜绝脏话、粗话；用"家园意识"整治乱吐口香糖行为，不吐口香糖从我做起，清除口香糖大家动手，组织市民上街清洗口香糖污渍；组织学校、居委会建立义务护绿队，教育市民爱护绿地、美化城市。市民的良好行为和文明素养使这个环境优美的城市更放异彩，精神文明之花随处盛开，2006年大连市跻身全国首批文明城市行列。

二、社交与社交礼仪

美国教育家卡耐基认为，一个人事业上的成功，只有15%是由于他的专业技术，另外的85%要靠人际关系、处世技巧。卡耐基对人际交往的重视程度基于他对人生的深刻理解和领悟。今天尽管我们无法测定卡耐基的量化数值的精确程度，但是，几乎没有人否定社交在人生、家庭、事业中的重要性。

1. 社交与社交礼仪的含义

古希腊哲学家亚里士多德曾说：一个生活在社会之外的人，同人不发生关系的人，不是动物就是神。如果人完全脱离了人际交往，脱离了社会，人就不再是人，而成为动物。美国心理学家沙赫特曾做过这样的实验：他以每小时15美元的酬金先后聘请了5位志愿者进入一个与外界完全隔绝的小屋，屋里除提供必要的物质生活条件外，没有任何的社会信息侵入，以观察人在与世隔绝时的反应。结果，其中1个人在小屋里只待了2小时就出来了，3个人待了2天，最长一个人待了8天。这位待了8天的人出来说："如果让我再在里面待1分钟，我就要疯了。"实验证明，没有一个人愿意与其他人隔绝，人们都害怕孤独。国外有的学者估计，人们在日常生活中，除8小时的睡眠时间以外，其余16小时中约70%（10小时左右）都在进行着社交。那么，究竟什么是社交呢？

社交与家庭礼仪

　　社交是标志人类活动的特殊领域的概念。社交在英语中使用"communication"一词表达，其含义有通信、传达、交流、意见的交换等。社交在汉语中又称为交往、交际。"交"有接合、通气、赋予的意思；"际"有接受、接纳、交合、会合、彼此之间等意思。社交是人在共同社会活动中，通过人与人之间相互接触、互通信息、交流情感，或达到相互了解，彼此吸取对方的长处和积极因素，从而增进友情，和谐合作，促进事业成功；或彼此满足相互间的精神慰藉，实现自我价值，增加社会群体的聚合力。

　　社交是人得以生存、人类社会得以存在和发展的基础和保证。纷繁复杂的人类社会是人际关系耦合的网络系统，而社交是将个人与个人、个人与群体、群体与群体联结成社会网络必不可少的手段，是促进人际关系和谐、保持社会有机体稳定发展的强有力的纽带。社交根植于人类的合群性，发展升华于人的劳动过程。人要生存，就要生产，而生产必然有人与人之间的各种联系和交往，从而使社交成为社会生产的必要条件。马克思说，人的本质是一切社会关系的总和。人的一切社会关系正是在社会交往中得以暴露和展示的。每个人在社交中实现其自身，实现其人的社会属性，肯定其价值。总而言之，没有了社交，便没有了社会的人和人的社会。

　　社交是人类生活不可或缺的重要组成部分。在现代社会中，人们所从事的劳动和工作越来越复杂，社会化程度越来越高，既有严密科学的分工，又有严格的整体配合，需要越来越多的人合作才能成功。同样，随着物质生活水平的提高，各种信息纷至沓来，人们比以往更渴望理解，更渴望沟通，更多地渴望文化生活和精神交往，而社交恰似劳动、语言和闲暇一样，是人类生活不可或缺的重要组成部分。

　　社交活动是非常复杂的，有着各种各样的形式和内容，但在人际关系的一般结构中，包括以下六种要素。

　　（1）具有两个或两个以上的人

　　两个人构成社交的最基本单位。单个人所进行的活动尽管可能涉及另外的人，但也不能称为社交；同时，社交中的个人都具有自己的个性心理特征，每个人的个性心理特征都会影响交际过程。

　　（2）具有特定的交际动机

　　人的任何社交活动都是由特定的动机推动的，是为了满足某种需要。动机所指向的目标可能是物质的，也可能是精神的。

　　（3）具有相互认知

　　社交中的人与人之间存在相互的觉察、了解以及相互理解。同时，伴随相互认识，每个人都会有感情的移入，产生或喜欢、或厌恶的情感倾向。

　　（4）具有相互沟通

　　社交中的双方存在着信息的交换。沟通既包括认识上的沟通，也包括情感上的沟通。沟通可能以语言为媒介，也可能以非语言的体态表情为媒介。信息沟通是产生相互认知、达到交际目的、建立人际关系的基础。

　　（5）具有心理上和行为上的互动

　　在社交中，一方发出的信息刺激会引起另一方心理上和行为上的反应，这种反映又会作为新的信息刺激作用于前者，由此产生双方的相互作用与相互影响。

（6）具有一定的交往情景

人和人之间的任何交往都是在一定的社会背景和现实的社会环境中进行的，特别是交往时所处的现实微观环境会给交往带来直接的影响。

为了使交际双方能够愉快地相识相知、理解合作，交际双方都希望寻找达到交际目的，实现各自需要。这种交际规则可以说就是社交礼仪。所谓社交礼仪，是指人们在交往活动中约定俗成的各种行为规范及其实施程序。

社交礼仪无论从内容，还是到形式都纷然杂陈。从见面时的握手礼、鞠躬礼、拥抱礼、亲吻礼、合十礼、脱帽礼、作揖礼、介绍礼、称呼礼，到交谈告辞时的礼貌用语；从仪容仪表到举止谈吐；从成年仪式、结婚仪式到丧葬仪式；从家庭礼仪到社会礼仪；从官方规定的礼宾程序到形形色色的风俗礼仪，可以说交际礼仪无孔不入。人们在社交中稍不注意，就容易进入交际的误区，从而导致交际障碍，处于交际困境。

有人对社交礼仪不以为然，认为那无非是摆摆样子，装腔作势，其实不然。一个人在社交中是否懂礼仪、能否自然而然地运用社交礼仪，这绝不仅仅是个表象问题，而是一个人内在素养的体现。社交礼仪的自觉运用涉及人的性格特征、知识程度、价值观念、心理因素等诸多要素，它体现着一个人的文化修养和内在气质。同时，讲究礼仪既是尊重别人，也是尊重自己，有利于形成良好的社会道德观、伦理观和社会风气，对社会的物质文明建设和精神文明建设，尤其是对于提高人的素养起着积极的作用。

2. 社交礼仪的原则

人们的各种交际活动自始至终都有一些具有普遍性、共同性、指导性的规律可循，这就是社交礼仪的原则。探讨这些原则，有助于社交基本礼仪的规范化，增强人们对礼仪的认识，进而加强礼仪在社会活动中的指导作用。

（1）遵守原则

礼仪规范是为维护社会生活的稳定而形成和存在的，实际上是反映了人们的共同利益要求。社会上的每个成员不论身份高低、职位大小、财富多寡，都有自觉遵守、应用礼仪的义务，都要以礼仪去规范自己的一言一行、一举一动。如果违背了礼仪规范，会受到社会舆论的谴责，自然交际就难以成功。如前苏联领导人赫鲁晓夫在这方面就有前车之鉴，他在一次联合国会议上为了让人们安静下来，竟然脱下鞋子，并用鞋子敲打会议桌子，他的不雅举止显然违背了礼仪规范，更有损他本人及前苏联的国际形象，在这次会议上联合国做出决定：对前苏联代表团罚款一万美元，可见违背社交礼仪的遵守原则是不行的。

（2）敬人原则

孔子说："礼者，敬人也"，敬人是礼仪的一个基本原则，它要求人们在交际活动中互尊互敬、友好相待，对交往对象要重视、恭敬。尊敬是"礼"的本义，是礼仪的重点和核心。在对待他人的诸多做法中最重要的一条，就是要敬人之心长存，处处不可失敬于人，不可伤害他人的个人尊严，更不能侮辱对方的人格。可以说，掌握了敬人的原则就等于掌握了社交礼仪的灵魂。尊敬的作用是十分巨大的，日本东芝电器公司董事长土光敏夫的做法就是很好的说明。日本东芝电器公司曾一度陷入困境，员工士气低落。当土光敏夫出任董事长时，他经常不带秘书，一个人深入各工厂与工人聊天，听工人的意见。更有意思的是，士光敏夫还经常提着一瓶酒去慰劳员工，和他们共饮。他终于赢得了公司上下的支持，员工的士气也高涨了起来。在三年内，士光敏夫终于重振了末日穷途的东芝公司。士光敏夫的诀窍就是关心、重视、尊重每一个员工，"敬人者，人恒敬之"，他同时也赢得了员工的信服与支持。

（3）宽容原则

一般来说，交往双方的心理总存在一定的距离，存在不相容的心理状态，这种差异会在交往者之间产生思想隔膜，甚至会使关系僵化，要想缩小这种心理上的差异，求得人与人之间能多一份和谐、多一份信赖，就必须抱着宽容之心。宽容就是要求人们既要严于律己，又要宽以待人，要多容忍他人、体谅他人、理解他人，而不能求全责备，斤斤计较，过分苛求，咄咄逼人。惟有宽容才能排除人际交往中的各种障碍，不能宽容他人的人往往会得理不饶人，使人际间关系恶化。共性是寓于个性之中的，人们应该维护和发展共性，以理解和宽容来增强人们之间的凝聚力。

（4）真诚原则

社交礼仪的运用基于交际主体对他人的态度，如果能抱着诚意与对方交往，那么交际主体的行为自然而然地便显示出对对方的关切与爱心。因为无论用何种语言表达，行为则是最好的证明。在通常情况下人们可以用假话来掩饰自己的企图，但却无法用行为来掩饰自己的虚伪，因为体态语是无法掩饰虚假的。因此唯有真诚，才能使我们的行为举止自然得体，与此相反，倘若仅把运用礼仪作为一种道具和伪装，在具体操作礼仪规范时口是心非，言行不一，弄虚作假，投机取巧，或是当面一个样，背后一个样，有求于人时一个样，被人所求时又一个样，将礼仪等同于"厚黑学"，是违背社交礼仪的基本原则的。

（5）适度原则

俗话说："礼多人不怪"。人们讲究礼仪是基于对对方的尊重，这是无可厚非的，但是，凡事过犹不及，人际交往要因人而异，要考虑时间、地点、环境等条件。如果施礼过度或不足，都是失礼的表现。如见面时握手时间过长，或是见谁都主动伸手，不讲究主次、长幼、性别；告别时一次次地握手，或是不住地感谢，让人觉得厌烦。礼仪的施行只是内心情感的表露，只要内心情感表达出来，就完成了礼仪的使命。如果以为反复重复，似乎有别人不理解、不领情之嫌，画蛇添足，实无必要。

3. 社交礼仪的修养

社交礼仪修养是指一个人在社会交往实践活动中，根据一定的社交礼仪原则和规范自觉地进行学习和训练，以使自己养成一种时时事事按礼仪要求待人接物的行为习惯的过程。社交礼仪的修养不仅指对礼仪的学习、练习，还包括将所学之礼培养成一种习性或者说是品性的过程，非一朝一夕可练就。一般说来，应着重于知、情、意、行的统一，注重运用以下方法。

（1）树立学习礼仪的意识

在明确礼仪重要性的基础上，最要紧的就是必须树立长久的"习礼意识"，处处留心，时时经意。礼仪是一个社会文化沉淀的外显方式。经历了传承，变异的过程，它的习得首先便是个体的"社会化"的过程。也就是说，大量的是靠传统，靠有意无意地模仿，靠周围环境的影响，靠在交际实践中不断地学习、摸索，逐渐地总结经验教训而习得。同时，就社会方面而言，为适应现代市场经济发展的需要，开办一些礼仪的学校或短期培训，也可通过电视、广播等传播媒介开办专题系列讲座，发挥大众传媒的示范作用，这些都是人们学习礼仪的良好方法。

（2）陶冶尊重他人的情感

在礼仪教育过程中，情感是由知到行的一个桥梁。陶冶情感就是要使受教育者产生一种尊重他人的真挚的感情，能够时时处处替他人着想，对人始终抱有一种热情友好的态度。我们大约都有这样的体验，在交际活动中如果遇到一个对人热情诚恳的人，那么就能与其建立起一种良好的关系；相反，如果碰到的是一个冷漠无情或虚情假意的人，则难以产生一种融洽交流的气氛。一个人可以很快就了解一些礼仪方面的知识，但若缺少对人的情感，那么他就无法使这些礼仪形式完满地表现出来，这些形式也就成了没有灵魂的僵死的躯壳。因此也可看出，情感比认识具有更大的保守性，改变情感比改变认识要困难得多，陶冶情感是礼仪教育中更为艰巨的一项任务。

（3）锻炼履行礼仪的意志

要使礼仪规范变成自觉的行为，没有坚韧不拔的意志是办不到的。意志坚强的人能有效地控制自己的言行，特别是在不顺利的情况下也能不畏困难，始终不渝地按照自己的信念待人处事。要有意识地摒弃不合礼仪的旧习惯、养成遵从礼仪的新习性。

习性是一个人行为方式的自动化，是不需要多加思考和意志努力的行为方式，它受人的性格核心层和中介层的支配与制约。一个人的行为习惯是其观念、态度下意识的表现。习性一旦形成后，具有一定的稳固性，但通过意志努力可以使之改变。因此，不该以"习惯成自然"为由姑息迁就那些不合礼仪的坏习惯，而应从思想观念上重视、加强"礼仪意识"，牢记坚强的意志是保证实现礼仪规范的精神力量。

（4）养成遵从礼仪的行为

礼仪教育的综合结果就在于使人们养成良好的礼仪行为，也就是使人们在交际活动中对于礼仪原则和规范的遵从变成为一种习惯的行为。衡量礼仪教育的效果如何，主要不是看受教育者了解了多少有关礼仪的书本知识，而是看他在交际活动中的行为是否符合礼仪规范的要求，是否能够促进交际活动顺利的进行。因此，在礼仪教育中，要认真组织和指导受教育者的行为演练，通过严格的训练掌握调节行为的能力，养成良好的行为习惯。从一件件具体、琐碎的小事做起，点滴养成；大处着眼，小处着手；寓礼仪于细微之中，逐渐成习。

在礼仪教育过程中，知、情、意、行是相互联系、相互渗透、相互促进，缺一不可的。没有知，情就失去了理性指导，意和行就会是盲目的；没有情，就难以形成意，知就无法转化为行；没有意，行即缺乏巨大的力量，知和情也就无法落到实处；没有行，知、情、意都没有具体的表现，也就都变成了空谈。因此，在礼仪教育过程中，要坚持晓之以理、动之以情、炼之以意、守之以行。

学习情境1　个人形象设计

凡人之所以为人者，礼义也。礼义之始，在于正容体、齐颜色、顺辞令、容体正、颜色齐、辞令顺、而后礼义备。

——《礼记·冠义》

你就是你所穿的。

——西方谚语

任务1　仪容礼仪

情境导入

1960年9月，尼克松和肯尼迪在全美的电视观众面前，举行他们竞选总统的第一次辩论。当时，这两个人的名望和才能大体上是相当，棋逢对手。但大多数评论员预料，尼克松素以经验丰富的"电视演员"著称，可以击败比他缺乏电视演讲经验的肯尼迪。但事实并非如此。为什么呢？肯尼迪事先进行了练习和彩排，还专门跑到海滩晒太阳，养精蓄锐。结果，他在屏幕上出现，精神焕发，满面红光，挥洒自如。而尼克松没听从电视导演的规劝，加之那一阵十分劳累，更失策的是面部化妆用了深色的粉，因而在屏幕上显得精神疲惫，表情痛苦，声嘶力竭。正如一位历史学家所形容："他让全世界看来，好像是一个不爱刮胡子和出汗过多的人带着忧郁感等待着电视广告告诉他怎么不要失礼。"正是仪容仪表上的差异和对比，帮助肯尼迪取胜，使竞选的结果出人意料。

（资料来源：http://www.loveliyi.com/society/gerenliyi/yirong.html）

任务分析

仪容，通常是指人的外貌，是一个人的精神面貌和内在气质的外在体现。具体而言，仪容由一个人的面容、发式以及身体所有未被服饰遮掩的肌肤所构成。在社会交往中要维护良好的自我形象，就必须讲究仪容仪表。良好的仪容仪表不仅能给人以端庄、大方、舒适的印象，还能体现个人的自尊自爱以及对他人的尊重和礼貌。

为完成本项学习任务，建议在班上举行一次"仪容形象设计展示"会，具体操作如下：

1. 准备化妆盒、棉球、粉底霜、胭脂、眼影、眉笔、唇彩、香水等化妆用品。

2. 将全班学生分组，两两一组，要求其根据所学仪容礼仪知识，扬长避短展现出最美丽的妆容。

3. 在课堂上分组进行形象展示，最好用数码相机进行拍摄，由学生互评，要求从面部化妆、发型设计方面进行重点评价。

4. 由教师进行总结评价，重点评价各组存在的共性问题。

5. 由全班评出"最佳表现"妆容。

知识储备

一、仪容的基本要求

1. 整洁

整洁是仪容的基本要求，要做到仪容整洁重要的是需要长年累月坚持不懈，不厌其烦地进行以下仪容细节的修饰工作。

（1）坚持洗澡、洗脸

洗澡可以除去身上的尘土、油垢和汗味，并且使人精神焕发。有可能的话要常洗澡，至少也要坚持每星期洗一次。在参加重大礼仪活动之前还要加洗一次。若脸上常有灰尘、污垢、泪痕或汤渍，难免会让人觉得此人又懒又脏。所以除了早上起床后、晚上睡觉前洗脸之外，只要有必要、有可能，随时随地都要抽出一点时间洗脸净面。

（2）保持手部卫生

在每个人的身上，手是与外界进行直接接触最多的一个部位，它最容易沾染脏东西，所以必须首先勤洗手。除饭前、便后外，还要在一切有必要讲究卫生的时候。还要常剪手指甲，绝不要留长指甲，因为它不符合礼仪人员的身份，还会藏污纳垢，给人不讲卫生的印象，所以要经常剪，手指甲的长度以不长过手指指尖为宜。

（3）注意口腔卫生

口腔是表现清洁感的另一个重点。与人说话的时候露出牙齿上嵌有、沾有的食物残渣，这是很让人厌恶的，它会让人产生窝囊或作风马马虎虎的印象。所以我们应该注意口腔卫生。还应当特别注意口中的异味，尽量不要吃葱、韭菜、大蒜、萝卜等刺激性食物。在与人交往、工作之前，如果碰巧吃了这一类食物，可在口中嚼一点茶叶、红枣和花生，它们有助于清除异味。必要时可以使用口香糖减少口腔异味，但应该指出，参加比较正式的交际活动，在他人面前大嚼口香糖是不礼貌的。

（4）保持脚部清洁

脚是支撑人体的重要部位，每天要进行运动。脚会分泌出大量的汗液，恶化脚底环境，为真菌繁衍提供温床，如不及时改善，会导致各种脚部疾病，如脱皮、脚癣、脚部溃烂等。所以，平时要注意清洗脚部，让其通气，擦些护脚霜，还要加以适当保健按摩，美化脚部肌肤。

（5）保持衣裳整洁

要勤换内衣，外衣也要定期清洗、消毒。要勤换鞋袜，保持鞋袜舒适干净，不要在集会或看演出等公众场合脱鞋。

2. 美观

漂亮、美丽、端庄的外观仪容是形成优美良好的商务形象的基本要素之一。人们都希望自己在商务场合中变得更美丽，但事实上，有些人认为把发胶、摩丝喷在头上，把各种色彩涂抹在脸的相应部位就美了，因此，我们经常可以看到"横眉冷对"、"血盆大口"、"油头粉面"，这不是美，而是丑了。要使仪容达到美观的效果，首先必须了解自己的脸形及脸的各部位特点，孰优孰劣要心中有数；其次要清楚怎样化妆、美发和矫正才能扬长避短，使容貌更迷人。这些原则要在把握脸部个性特征和正确的审美观的指导下进行。

3. 自然

自然是美化仪容的最高境界，它使人看起来真实而生动，不是一张呆板生硬的面具。失去自然的效果，那就是假，假的东西就无生命力和美了。有位化妆师说过："最高明的化妆术，是经过非常考究的化妆，让人家看起来好像没有化过妆一样，并且这化出来的妆与主人的身份匹配，能自然表现个人的个性与气质。次级的化妆是把人突显出来，让她醒目，引起众人的注意。拙劣的化妆是一站出来别人就发现她化了很浓的妆，而这层妆是为了掩盖自己的缺点或年龄。最坏的一种化妆，是化妆后扭曲了自己的个性，又失去了五官的谐调，例如小眼睛的人竟化了浓眉，大脸蛋的人竟化了白脸，阔嘴的人竟化了红唇……"可见化妆的最高境界是无妆，是自然。因此，美好仪容，要依赖正确的技巧、合适的化妆品；要一丝不苟、井井有条；要讲究过渡、体现层次；要点面到位、浓淡相宜，这样才能使人感到自然、真实的美。

4. 协调

美化仪容的协调包括以下几个方面。

（1）妆面协调

妆面协调是指化妆部位色彩搭配、浓淡协调，所化的妆针对脸部个性特点，整体设计协调。

（2）全身协调

全身协调是指脸部化妆、发型与服饰协调，力求取得完美的整体效果。

（3）角色协调

角色协调指针对自己在社交中扮演的不同角色，采用不同的化妆手法和化妆品。如作为职业人员，应注意化妆后体现端庄稳重的气质。

（4）场合协调

场合协调是指化妆、发型要与所去的场合气氛要求一致，如日常办公，略施淡妆；出入舞会、宴会，可浓妆扮之；参加追悼会，素衣淡妆。

二、手部的护理

社交活动中要经常与人握手，要做各种手势，所以健康美观的双手以及手上的指甲都是不可忽视的一部分，一定要讲究手部的护理。

1. 滋润双手

拥有一双美丽的纤纤玉手对女性来说是非常重要的。在招待客人端茶给对方时，在签字仪式上众目注视时，如果我们的手非常漂亮，不但可表现出自己的魅力，同时也会让他人觉得非常舒服。因此，平时就要多多注意手部的保养。

手部肌肤的油脂腺较少，比身体的其他部分更易变得干燥，但又经常需要暴露于空气中。因此细心呵护双手要注意：每晚用滋润的润手霜按摩双手；经常除去手上的死皮；做家务或粗活时戴上手套；经常运动，使之保持柔软；偶尔可敷上一些现成或自制的护手膜。

2. 护理指甲

和保持身体其他部分的健康一样，指甲也必须从护理和营养着手才可保持其健康。指甲是身体最先表露紧张、疾病或不良饮食习惯症状的部分，如果它们的健康被忽视，便会出现干燥、起薄片和脆裂的现象，因此必须注意日常的营养和定期护理。定期修剪指甲，将其修剪成椭圆形不仅使之变得美观，而且可保持它们的健康，手指简单的按摩运动可促进指尖血液循环，有利于将营养和氧气输至指甲。

三、美观的发型

发型是构成仪容美的重要内容。美观的发型能给人一种整洁、庄重、洒脱、文雅、活泼的感觉。发型的选择要与性别、发质、服装、身材、脸型等相匹配，还要与自己的气质、职业、身份相吻合。只有这样才能扬长避短、和谐统一，显现出真正的美。

1. 发型与性别

对于男士来讲，头发的具体长度有着规定的上限和下限。所谓上限，是指头发最长的极限。按照常规，一般不允许男子在工作时长发披肩，或者梳起辫子，在修饰头发时要做到前发不覆额、侧发不掩耳。男士头发长度的下限是不允许剃光头。对于女士来讲，在工作岗位上头发长度的上限是：不宜长于肩部，不宜挡住眼睛。长发过肩的女子在上岗之前可以采取一定的措施，如将超长的头发盘起来、束起来、编起来，不可以披头散发。女士头发长度的下限也是不允许剃光头。

2. 发型与发质、服装

一般来说，直而硬的头发容易修剪得整齐，故设计发型时应尽量避免花样复杂，应以修剪技巧为主，做成简单而又高雅大方的发型，如梳理成披肩长发，会给人一种飘逸秀美的悬垂美感；用大号发卷梳理成略带波浪的发型或梳成发髻等，会体现一种雍容、典雅的高贵气质。细而柔软的头发，比较服帖，容易整理成型，可塑性强，适合做小卷曲的波浪式发型，显得蓬松自然；也可以梳成俏丽的短发，能充分体现个性美。

在现代美容中，一个人的发式与服装有着十分密切的关系。什么样的服装应当有什么样的发式相配，这样才显得谐调大方。假如一个高贵典雅的发髻配上一套牛仔服系列就显得不伦不类，因此，只有和谐统一才体现美。

3. 发型与身材

身材高大威壮者，应选择显示大方、健康洒脱美的发式，以避免给人大而粗、呆板生硬的印象。高大身材的女士,一般留简单的短发为好,切忌花样复杂。烫发时,不应卷小卷,以免造成与高大身材的不协调。

身材高瘦者,适合留长发型,并且适当增加些发型的装饰性。如若梳卷曲的波浪式发型,会对于高瘦身材者更有一定的协调作用。但高瘦身材者不宜盘高发髻,或将头发削剪的太短,以免给人一种更加瘦长的感觉。

身材矮小者,适宜留短发或盘发,因露出脖子可以使身材显得高些,并可以根据自己的喜爱将发式做得精巧、别致些,追求优美、秀丽。但矮小身材者不宜留长发或粗犷、蓬松的发型,那样会使身材显得更矮。

身材较胖者,适宜梳淡雅舒展、轻盈俏丽的发式,尤其是应注意将整体发势向上,将两侧束紧,使脖子亮出,这样会显得瘦些。但若留长波浪,两侧蓬松,则会显得更胖。

另外,上身比下身长或上下身等长者,发式可选择长发以遮盖其上身;肩宽臀窄者,就应选择披肩发或下部头发蓬松的发式,以发盖肩,分散肩部宽大的视角;颈部细长者可选择长发的发式,不适宜采用短发式,以免使脖颈显得更长;若颈部短粗,则适宜选择中长发式或短发式,以分散颈粗的感觉。

总之,进行发式选择时必须根据自己的体型,选择一个与之相称的发型。

4. 发型与脸型

椭圆型脸:任何发式都与它配合,能达到美容效果。但若采用中分头路,左右均衡、顶部略蓬松的发式,会更贴切,以显示脸型之美。

圆脸型:接近于孩童脸,双颊较宽,因此应选择头前部或顶部略半隆的发式,两侧则要略向后梳,将两颊及两耳稍微留出,这样既可以在视觉上冲淡脸圆的感觉,又显得端庄大方。圆脸型的人尤其适合梳纵向线条的垂直向下的发型或是盘发,使人显得挺拔而秀气。

长脸型:端庄凝重,但给人一种老成感。因此,应选择优雅可爱的发式来冲淡这种感觉,顶发不宜太丰隆,前额部的头发可适当下倾,两颊部位的头发适当蓬松些,可以留长发,也可以齐耳,发尾要松散流畅,以发型的宽度来缩短脸的视觉长度。若将头发做成自然成型的柔曲状,会更理想。

方脸型:前额较宽,两腮突出,显得脸型短阔。适宜选择自然的大波纹状发式,使整个头发柔和地将脸孔包起来,两颊头发略显蓬松遮住脸的宽部,使人的视觉由线条的圆润冲淡脸部方正直线条的印象。

"由"字型脸:应选择宜表现额角宽度的发型,而中长发型较好。可使顶部的头发梳得松软蓬松些,两颊侧的头发宜向外蓬出以遮住腮,在人的视觉上减弱腮部的宽阔感。

"甲"字型脸:宜选择能遮盖宽前额的发型,一般两颊及后发应蓬松而饱满,额部稍垂"刘海",顶部头发不宜丰隆,以遮住过宽的额头。此脸型人适宜将头发烫成波浪型的长发。

四、化妆的技巧

1. 做好妆前准备

(1) 束发

用宽发带、毛巾等将头发束起或包起,这样会使脸部轮廓更加清晰明净,以便有针对性地化妆。最好再在肩上披块围巾，防止化妆时弄脏头发和衣服，也可避免散发妨碍化妆。

（2）洁肤

用清洁霜、洗面奶或洗面皂清洁面部的污垢及油脂，有条件的话还可用洁肤水清除枯死细胞皮屑，然后结合按摩涂上有营养的化妆水。

（3）护肤

选择膏霜类，如日霜、晚霜、润肤霜、乳液等涂在脸上，令肌肤柔滑，并可防止化妆品与皮肤直接接触，起到保护皮肤的作用。

（4）修眉

用眉钳、小剪修整眉形并拔除多余的眉毛，使之更加清秀。

2. 化妆的具体过程

（1）抹粉底

选择与肤色较接近的粉底，用海绵块或手指从鼻子处向外均匀涂抹，尤其不要忽视细小的部位，在头与脖子衔接处要渐淡下去。粉底不要太厚，以免像戴上一个面具。粉底抹完后要达到调整肤色、掩盖瑕疵，使皮肤细腻光洁的目的。

（2）画眉毛

首先用眉刷自下而上将眉毛梳理整齐。然后用眉笔顺眉毛生长方向一道道描画，眉毛从眉头起至 2/3 处为眉峰，描至眉峰处应以自然弧度描至眉尾，眉尾处渐淡。最后用眉刷顺眉毛生长方向刷几遍，使眉道自然、圆滑。

（3）画眼影

眼影用什么颜色、多少种颜色、如何画，是因人、因事而异的。一般深色眼影刷在最贴近上睫毛处，中间色刷在稍高处向眼尾处晕染，浅色刷在眉骨下。

（4）画眼线

眼线要贴着睫毛根画，浓妆时可稍宽一些，淡妆时可稍细一些。上眼线内眼角方向应淡而细，外眼角方向则应加重，至外眼角时要向上挑一点，把眼角向上提，显得眼角上翘。

（5）刷睫毛

先将睫毛用睫毛夹子夹得由内向外翻卷。然后用睫毛刷从睫毛根到睫毛尖刷上睫毛液，为了使睫毛显得长些浓些，可在睫毛液干后再刷第二遍、第三遍。最后再用眉刷上的小梳子将粘在一起的睫毛梳开。

（6）抹腮红

腮红应抹在微笑时面部形成的最高点，然后向耳朵上缘方向抹一条，将边缘晕开。可用腮红和阴影粉做脸型的矫正。如在宽鼻梁两侧抹浅咖啡色，鼻梁正中抹上白色，使鼻子立体感增强。

（7）定妆

用粉扑蘸上干粉轻轻地、均匀地扑到妆面上，只需薄薄一层，以起到定妆作用，使妆面柔和，吸收粉底过多的光泽。扑好粉后，用大粉刷将妆面上的浮粉扫掉。

（8）画口红

先用唇线笔画好唇廓，再用唇膏涂在唇廓内，可用唇刷涂，也可用棒式唇膏直接涂。

口红的颜色应与服装及妆面相协调。为了使口红色彩持久，可用纸巾轻抿一下口红，然后扑上透明粉饼，再抹一次唇膏。

（9）喷香水

使用香水应注意两方面的问题。首先是选择香型问题。一般来说应选择香味淡雅清香的香水。如果香味浓烈刺鼻，四周的人会很难忍受。其次是按正确部位喷洒或搽香水。搽香水的正确部位一般是：耳后根、胸前、手肘、手腕内侧及膝盖关节后面。也可将香水直接喷洒在空中，让香水粒子自然掉落在身上。千万不能全身各部位都搽上香水，这样不仅不能有助于塑造整体形象，反而会使人"敬而远之"。

3. 做好妆后检查

按照以上步骤化妆后，不要忘记进行妆后检查，主要包括：第一，检查左右是否对称，眼、眉、腮、唇、鼻侧等两边形状、长短、大小、弧度是否对称，色彩浓淡是否一致；第二，检查过渡是否自然，脸与脖子，鼻梁与鼻侧，腮红与脸色，眼影、阴影层次等过渡是否自然；第三，检查整体与局部是否协调，各局部是否缺漏、破坏，要符合整体要求，浓淡是否达到应有效果，整个妆面是否协调统一；第四，检查整体是否完美。化妆要忌把镜子贴近脸部检查。虽然这样会看清细小的部分，但一般人只是在 1 米之外的距离面谈或招呼。所以要在镜前 50 厘米处审视自己，对脸部整体的平衡做出正确的判断。

4. 适当进行补妆

化妆的妆面很容易被外界的环境破坏，因此，随时补妆对保持妆面的完整是非常必要的。及时补妆要注意以下方面：第一，随身备带吸面油纸，方便迅速去除分泌的面油；第二，喷射矿泉水在面上，再用面纸吸干，可代替爽肤水；第三，要使化妆保持更长久，可用润肤膏搽在干燥处，油脂分泌特别多的应搽爽肤粉；第四，搽唇膏要省时且效果好，可先用自然色唇膏，然后再用同色唇笔描出唇形，最后才搽上配衬衣颜色的唇膏；第五，在眼部化妆前，先在眼下扑一层粉，这样即使眼部化妆的粉屑掉到眼下，只要用扫子一扫便成，不会弄污眼部及所有化妆了。

5. 不同脸型的化妆①

脸部化妆一方面要突出面部五官最美的部分，使其更加美丽，另一方面要掩盖或矫正缺陷或不足的部分。经过化妆品修饰的美有两种：一种是趋于自然的美，另一种是艳丽的美。前者是通过恰当的淡妆来实现的，它给人以大方、悦目、清新的感觉，最适合在家或平时上班时使用。后者是通过浓妆来实现的，它给人以庄重、高贵的印象。可出现在晚宴、演出等特殊的社交场合。无论是淡妆还是浓妆，都要利用各种技术，恰当使用化妆品，通过一定的艺术处理，才能达到美化形象的目的。

（1）椭圆型脸化妆

椭圆型脸可谓公认的理想脸型，化妆时宜注意保持其自然形状，突出其可爱之处，不必通过化妆去改变脸型。

---

① 化妆吧网：不同脸型如何化妆。

涂胭脂时，应涂在颊部颧骨的最高处，再向上向外揉化开去。

涂唇膏时，除嘴唇唇形有缺陷外，尽量按自然唇形涂抹。

修眉毛时，可顺着眼睛的轮廓修成弧形，眉头应与内眼角齐，眉尾可稍长于外眼角。

正因为椭圆型脸无须太多修饰，所以化妆时一定要找出脸部最动人、最美丽的部位，予以突出，以免给人平平淡淡、毫无特点的印象。

（2）长脸型化妆

长脸型的人在化妆时力求达到的效果应是增加面部的宽度。

涂胭脂时，应注意离鼻子稍远些，在视觉上拉宽面部。涂抹时，可沿颧骨的最高处与太阳穴下方所构成的曲线部位，向外、向上抹开去。

涂唇膏时，依自己的唇样涂成最自然的样子，修改不宜过大。

施粉底时，若双颊下陷或者额部窄小，应在双颊和额部涂以浅色调的粉底，造成光影，使之变得丰满一些。

修眉毛时，应令其成弧形，切不可有棱有角的。眉毛的位置不宜太高，眉毛尾部切忌高翘。

（3）圆脸型化妆

圆脸型予人可爱、玲珑之感，若要修正为椭圆型并不十分困难。

涂胭脂时，可从颧骨起始涂至下颌部，注意不能简单地在颧骨突出部位涂成圆形。

涂唇膏时，可在上嘴唇涂成浅浅的弓形，不能涂成圆形的小嘴状，以免有圆上加圆之感。

施粉底时，可用来在两颊造阴影，使圆脸削瘦一点。选用暗色调粉底，沿额头靠近发际处起向下窄窄地涂抹，至颧骨部位下可加宽涂抹的面积，造成脸部亮度自颧骨以下逐步集中于鼻子、嘴唇、下巴附近部位。

修眉毛，可修成自然的弧形，可作少许弯曲，不可太平直或有棱角，也不可过于弯曲。

（4）方脸型化妆

方脸型的人以双颊骨突出为特点，因而在化妆时要设法加以掩蔽，增加柔和感。

涂胭脂时，宜涂抹得与眼部平行，切忌涂在颧骨最突出处。可抹在颧骨稍下处并往外揉开。

涂唇膏时，可涂丰满一些，强调柔和感。

施粉底时，可用暗色调在颧骨最宽处造成阴影，令其方正感减弱。下颚部宜用大面积的暗色调粉底造阴影，以改变面部轮廓。

修眉毛时，应修得稍宽一些，眉形可稍带弯曲，不宜有角。

（5）三角脸型化妆

三角型脸的特点是额部较窄而两腮较阔，整个脸部呈上小下宽状。化妆时应将下部宽角"削"去，把脸型变为椭圆状。

涂胭脂时，可由外眼角处起始，向下抹涂，令脸部上半部分拉宽一些。

涂唇膏时，注意使唇角稍向上翘，唇型可适当外阔。

施粉底时，可用较深色调的粉底在两腮部位涂抹、掩饰。

修眉毛时，宜保持自然状态，不可太平直或太弯曲。

(6) 倒三角脸型化妆。倒三角脸型的特点是额部较宽大而两腮较窄小，呈上阔下窄状。人们常说的"瓜子脸"、"心形脸"即指这种脸型。化妆时，掌握的诀窍与三角型脸相似，需要修饰部分则正好相反。

涂胭脂时，应涂在颧骨最突出处，而后向上、向外揉开。

涂唇膏时，宜用稍亮些的唇膏以加强柔和感，唇形宜稍宽厚些。

施粉底时，可用较深色调的粉底涂在过宽的额头两侧，而用较浅的粉底涂抹在两腮及下巴处，造成掩饰上部、突出下部的效果。

修眉毛时，应顺着眼部轮廓修成自然的眉形，眉尾不可上翘，描时从眉心到眉尾宜由深渐浅。

6. 化妆的禁忌

主要包括以下方面：切忌在公共场合化妆；女士不能当着男士化妆；不能非议他人的化妆；不要借用别人的化妆品；男士使用化妆品不宜过多；女士不要忽视颈部皮肤的护理；女士把自己的颈部护理的与自己的脸一样年轻，就会更加完美了。

7. 男士的"化妆"

以上化妆主要针对女士而言，其实男士也应注意面容之美。除了具有宗教信仰与风俗习惯者之外，男性一般不宜蓄留胡须，因为在交际场合"美髯公"并不美，反而显得不清洁，还对交往对象不尊重，因此男性最好每天坚持剃一次胡须，绝对不可以胡子拉碴地上班或会面。如果有必要蓄须的话，也要考虑工作是否允许，并且要经常修剪，保持卫生，不管是留络腮胡还是小胡子，整洁大方最重要。

此外男士还要注意经常检查和修剪"鼻毛"。在人际交往中，偶尔有一两根鼻毛"外出"，是很会破坏他人对自己的看法的；吸烟的男子要注意吸烟后嚼口香糖等去除烟味；有"汗脚"的男士应注意保持鞋袜清洁，鞋最好准备两双以上，换着穿。

1. 案例分析

松下与理发师

日本著名跨国公司"松下电器"的创始人、被称为"经营之神"的松下幸之助，从前不修边幅，企业也不注重形象，因此企业发展缓慢。一次到银座的一家理发室去理发，理发师看到他的形象后，毫不客气地对他说："你对自己的容貌修饰毫不重视，就如同将你的产品弄脏似的。作为公司的代表，如果你不注意形象，产品能打开销路吗？"一句话将松下幸之助问得哑口无言。他将理发师的劝告牢记在心，从此后对自己的外在形象十分重视，生意也随之兴旺起来，现在，松下电器的产品享誉天下，与松下幸之助长期率先垂范，要求员工懂礼貌、讲礼节是分不开的。

（资料来源：国英，《公共关系与现代礼仪案例》，机械工业出版社，2004。）

思考讨论题:
(1) 为什么要注意仪容美?
(2) 本案例对你有何启示?

一道道奇特的风景线

阿美和阿娟是一所美容学校的学生,初学化妆非常感兴趣,走在大街上,总爱观察别人的妆容,因此发现了一道道奇特风景线。

一位中年妇女没有做其他化妆,只涂了嘴唇,而且是那种很红很艳的唇膏,只突出了一张嘴。一位女士的妆容看起来很漂亮,只可惜脸上精彩纷呈,脖子却粗糙得马虎,在脸庞轮廓上有明显的分界线,像戴了面具一样。再看,还有的女士用粗的黑色眼线将眼睛轮廓包围起来,像个"大括号",看上去那么生硬、不自然。一位很漂亮的女士,身穿蓝色调的时装,却涂着橘红色的唇膏……

(资料来源:国英,《公共关系与现代礼仪案例》,机械工业出版社,2004。)

思考讨论题:
(1) 请帮助阿美和阿娟分析一下,针对以上几种情形,自己化妆时应注意哪些问题?
(2) 本案例对你有何启示?

2. 假如你是一名即将毕业的大学生,准备去参加招聘面试,为了能更好地展示自己良好的形象,能在众多的应聘者中脱颖而出,除了注意服装搭配外,在仪容修饰方面你该如何准备?

能力评价表

内　容		评　价	
学习目标	评价内容	小组评价(5、4、3、2、1)	教师评价(5、4、3、2、1)
知识(应知应会)	仪容修饰的基本原则和技巧		
	头发护理常识及头发美化原则和技巧		
专业能力	简单化妆		
	头发护理		
通用能力	自我管理能力		
	审美能力		
	自控能力		
态　度	一丝不苟、遵守规范		
努力方向:		建议:	

社交与家庭礼仪

任务2 着装礼仪

情境导入

有一家海外知名企业的董事长要来本市访问,有寻求合作伙伴的意向。某商务信息公司的王总经理获悉这一情况后,请有关部门为双方牵线搭桥,让他喜出望外的是,对方也有合作意向,而且希望尽快见面。到了双方会面的那一天,王总特意在公司挑选了几个漂亮的部门女秘书来做接待工作,并特别指示她们穿紧身的上衣、黑色的皮裙。他认为这种时尚、性感的装束一定会让外商觉得自己对他们到来的格外重视,因此,一定会赢得他们的好感和信任。这时,正在准备工作的办公室秘书小李惊异地看到这几位漂亮姑娘,她皱着眉头,想要说什么又咽了回去。过了一会儿后她还是忍不住对王总说:"王总,做接待工作是不适合穿这种服装的。"王总惊讶地问道:"是吗?为什么?"

(资料来源:王芬,《秘书礼仪实务》,电子工业出版社,2009。)

任务分析

心理学家曾做过一个实验,把10张小姑娘的照片给受试者看,其中8人容貌服饰姣好,另两位姑娘长相较差,衣服也破旧,心理学家告诉受试者,其中一人是小偷,结果,有80%的受试者认为后者是小偷。这说明人们总是喜欢那些看上去令人感觉舒适、有美感的人。美好的长相、匀称挺拔的身材、美观大方的服饰均能增添人的仪表魅力,给人以舒服、美好的感觉。如果说,人的长相天生、身材长短难以变更,而服饰确实是可以变化的。

整洁美观的服饰是人们能用以改变自己或烘托自己的最好、使用最频繁的"武器"。早在1972年,世界著名心理学家及讲演大师肯利教授发现,在高中女孩的交往友谊中,穿衣最重要,占留给别人印象的67%之多,在多年之后,我们即便回忆不起当年的容貌,却对"当时穿什么"印象特深,其次才是个性,再次是共同的兴趣。因而他发现了着装是一个强烈、显著的信号,并告诉人们一个原则:服装只要运用得当,就是最有利的沟通工具之一,也是最便捷的人际交往"名片"。并且进一步通过实验证实,着装能让我们得到不同的待遇。假如穿戴像一个成功的人,就能在各种场合得到应有的尊敬和善待。肯利教授最后指出,在任何事业上,成功穿着能够帮助我们取得更大成功。

本任务"情境导入"中的案例说明:着装是要分场合、讲礼仪的。在正式的商务接待中,接待人员不适宜穿紧身上衣和皮裙。女性穿紧身上衣只适合于休闲或一般的交际场合,而穿皮裙则更不合适,因为在西方传统的观念中,这种打扮是一些社会地位低微、行为举止轻浮的女性的所爱。

这里拟通过组织班级"着装展示会"活动，完成本任务的学习，具体操作建议如下。

1. 学生分成小组，每组 5 至 6 人，每组设计不同场合（可以是正式场合、休闲场合、运动场合、商务酒会场合等）的服饰穿戴与搭配。

2. 每组学生进行角色扮演，演示各岗位服饰的穿戴与搭配，用数码摄像机记录整个过程，然后投影回放，学生自我评价，找出不合规范之处。

3. 授课教师总结点评学生存在的个性问题和共性问题。

4. 最后全班评选出"最佳表现组"。

一、服装的类别

1. 正式服装

正式服装用于会客、拜访、社交场合。这类服装式样一般是根据穿用的目的、时间、地点而定的。现在的正式服装正在简化，但仍保持着它的美感和庄重感。在穿着正式服装时，要注意与自身条件相协调，并慎重选择款式和面料，才能给人以雅致的印象。

（1）晚礼服

晚礼服用于晚间宴会或外交场合，有正式、略式之分，在款式上没有固定的格式，但都有高格调和正统感。欧洲女士晚礼服的特点是露出肩、胸，有无袖的式样，也有紧领、长袖的式样，长至脚边。多选用丝绸、软缎、织锦缎、麻丝等面料加工制作。如果装饰物合理，会显得格外漂亮雅致。晚礼服只能在特定的时间、场合穿。

（2）午后礼服

午后礼服是在下午比较正式的拜访、宴会场合穿用的礼服。有正式和非正式之分。正式的用于参加婚礼、宴会等场合，非正式可用于外出或拜访。裙长一般较长，款式不固定，格调高雅、华贵。典型的午后礼服要配戴帽子、提包，还要佩戴项链。

正式服装中还有晚会服、酒会服、婚礼服等。

2. 便装

便装是指平常穿的服装，使用范围广泛，根据不同的用途和环境，便装又分很多种。街市服比礼服随便得多，如上街购物、看影剧、会见朋友等可以穿着。它很大程度上受流行趋势影响，是时装的重要组成部分。每个人可根据自己的爱好及自身的客观条件选择各式各样的街市服，但穿着时一定要注意到它是否符合将要去的环境与气氛。面料可用毛、丝绸、化纤等，并可根据季节的变化而变换。

旅游服、运动服等依据具体情况做准备，重要的是舒适、实用、便于行动。

家庭装与家庭的气氛相称。在家里要做家务，还要休息，以便养精蓄锐，所以家庭装应随便、舒适、格调轻松活泼。早晚穿着的有晨衣、睡衣等，但不能穿这类服装会客。

3. 补正装

补正装是指贴身服装，可以起到保温、吸汗、防污垢、保持身体清洁的作用，还能成为外衣的配衬，使外衣显得更美。补正装包括胸衣、围腰、衬裙、马甲等，其主要作用是调整或保护体型，使得外衣的形状更加完美。这种服装应选伸缩性能好、有弹性的面料。法国服装设计大师费里，因有着肥胖厚实、强壮的身躯，一件小马甲背心对于他几乎成了一种规范："我的背部太厚，而且突起呈圆弧状，背后的衣服总容易弄皱，加上一件紧身背心，不仅遮住了背后皱巴的衬衫，上衣也有了架子。"一件小小的马甲背心也有很多的讲究。现代生活更要注意补正装的效果。

4. 职业装

职业装即工作服装，适合各自职业的性质、工作环境，实用又便于活动，给人整齐划一、美观整洁之感，能振奋人心，增强职业自豪感。如果是旅游接待人员的工作服，应便于人体的各部分活动，自然得体大方；而作为教师，其职业服装应显出端庄、严谨并富有亲和力的特征。

二、着装的基本要求

1. 个性谐调

所谓穿着的个性谐调，是指一个人的穿着要与他的年龄、体形、职业和所处的场合等吻合，表现出一种和谐，这种和谐能给人以美感。

（1）穿着要与年龄相谐调

年轻人应穿着鲜艳、活泼、随意一些，这样可以充分体现出青年人的朝气和蓬勃向上的青春之美；中、老年人的着装则要注意庄重、雅致、整洁，体现出成熟和稳重。

（2）穿着要与体形相谐调

在现实生活中，并非每个人的体形都十分理想，人们或多或少地存在着形体上的不完美或欠缺，或高或矮，或胖或瘦。若能根据自己的体形挑选合适的服装，扬长避短，则能实现服装美和人体美的和谐、统一。

一般来说，身材较高的人，上衣应适当加长，配以低圆领或宽大而蓬松的袖子，宽大的裙子、衬衣能给人以"矮"的感觉，衣服颜色上最好选择深色、单色或柔和的颜色。身材较矮的人，不宜穿大花图案或宽格条纹的服装，最好选择浅色的套装，上衣应稍短一些，使腿比上身突出，服装款式以简单直线为宜，上下颜色应保持一致。体型较胖的人应选择小花纹、直条纹的衣料，最好是冷色调，以达到显"瘦"的效果，在款式上，胖人要力求简洁，中腰略收，后背扎一中缝为好，不宜采用关门领，以"V"型领为最佳。体型较瘦的人应选择色彩鲜明、大花图案以及方格、横格的衣料，给人以宽阔、健壮的视觉效果，在款式上，瘦人应当选择尺寸宽大、上下分割花纹、有变化的、较复杂的、质地不太软的衣服，切忌穿紧身衣裤，也不要穿深色的衣服。另外，肤色较深的人穿浅色服装，会获得健美的色彩效果，肤色较白的人穿深色服装，更能显出皮肤的细洁柔嫩。

（3）穿着要与职业相谐调

穿着除了要和身材、体形协调之外，还要与职业相谐调。这一点非常重要，不同的职业有不同的穿着要求。如教师、干部一般要穿得庄重一些，衣着款式也不要过于怪异，这样可以给人留下一个良好的印象；医生穿着要力求显得稳重和富有经验，一般不宜穿得过于时髦给人以轻浮的感觉，这样不利于对病人进行治疗；青少年学生穿着要朴实、大方、整洁，不要过于成人化；而演员、艺术家则可以根据他们的职业特点，穿着得时尚一些。

2. 色彩搭配

色彩是服装留给人们记忆最深的印象之一，而且在很大程度上也是服装穿着成败的关键所在。色彩对他人的刺激最快速、最强烈、最深刻，所以被称为"服装之第一可视物"。对一般人而言，在服装的色彩上要想获得成功，最重要的是掌握色彩的特性、色彩的搭配以及正装色彩的选择这三个方面。

（1）色彩的特性

色彩具有冷暖、轻重、缩扩等特性。

① 色彩的冷暖。使人产生温暖、热烈、兴奋之感的色彩为暖色，如红色、黄色；使人有寒冷、抑制、平静之感的色彩叫冷色，如蓝色、黑色、绿色。

② 色彩的轻重。色彩明暗变化程度被称为明度。不同明度的色彩往往给人以轻重不同的感觉。色彩越浅，明度越强，它使人有上升之感、轻感；色彩越重，明度越弱，它使人有下垂之感、重感。人们平日的着装，通常讲究上浅下深。

③ 色彩的缩扩。色彩的波长不同给人收缩或扩张的感觉有所不同。一般来讲，冷色、深色属收缩色，暖色、浅色则为扩张色。运用到服装上，前者使人显得苗条，后者使人显得丰满，二者皆可使人在形体方面避短扬长，运用不当则会在形体上出丑露怯。

（2）色彩的搭配

色彩的搭配方法主要有以下几种。

① 统一法。即配色时尽量采用同一色系之中各种明度不同的色彩，按照深浅不同的程度搭配，以便创造出和谐感。如穿西服按照统一法可以选择这样搭配，如果采用灰色色系，可以由外向内逐渐变浅，如深灰色西服搭配浅灰底花纹的领带和白色衬衫，这种方法适用于工作场合或庄重的社交场合的着装配色。

② 对比法。即在配色时运用浅色、深色，明暗两种特性相反的色彩进行组合的方法。它可以使着装在色彩上反差强烈，静中求动，突出个性。但有一点要注意，运用对比法时忌讳上下 1/2 对比，否则给人以拦腰一刀的感觉，要找到黄金分割点即身高的 1/3 点上（即穿衬衣从上往下第四个、第五个扣子之间），这样才有美感。

③ 呼应法。即在配色时，在某些相关部位刻意采用同一色彩，以便使其遥相呼应，产生美感。如在社交场合穿西服的男士讲究"三一律"。所谓"三一律"，就是男士在正式场合时应使公文包、腰带、皮鞋的色彩相同，即为此法的运用。

（3）正装色彩的选择

正装色彩的选择非正式场合所穿的便装，色彩上要求不高，往往可以听任自便，而正式场合穿的服装，其色彩却要多加注意。总体上要求正装色彩应当以少为宜，最好将其控制在 3 种色彩之内。这样有助于保持正装保守的总体风格，显得简洁、和谐。正装若超过 3 种色彩则给人以繁杂、低俗之感。正装色彩，一般应为单色、深色并且无图案。最标准的正装色彩是蓝色、灰色、棕色、黑色。衬衣的色彩最佳为白色，皮鞋、袜子、公文包的色彩宜为深色（黑色最为常见）。

此外，肤色也关系着装的色彩，浅黄色皮肤者，也就是我们所说的皮肤白净的人，

社交与家庭礼仪

对颜色的选择性不那么强,穿什么颜色的衣服都合适,尤其是穿不加配色的黑色衣裤则会显得更加动人。暗黄或浅褐色皮肤者,也就是皮肤较黑的人,要尽量避免穿深色服装,特别是深褐色、黑紫色的服装。一般来说,这类肤色的人选择红色、黄色的服装比较合适。肤色呈病黄或苍白的人,最好不要穿紫红色的服装,以免使其脸色呈现出黄绿色,加重病态感。皮肤黑中透红的人,则应避免穿红色、浅绿色等颜色的服装,而应穿浅黄色、白色等颜色的服装。

3. 注意场合

所谓穿着要注意场合,是说要根据不同场合来进行着装。英国女王伊丽莎白二世访问中国时,走出机舱门第一个亮相,穿的是正黄色西服套裙,戴正黄色帽子。这位女王本人喜欢红色和天蓝色,很少穿黄色衣服。但在中国,几千年的历史上黄色是皇帝的专用色。女王来中国访问穿正黄色,既表示尊重中国的传统习俗,又显示了她作为一国君主的高贵身份。

(1) 正式场合

正式场合是指商务谈判、重要的商务会议、求职面试等正规、严肃的场合。男士在正式场合通常穿严肃的西服套装(上下装面料相同、颜色相同)。纯黑色西服在西方通常用于婚礼、葬礼及其他极为隆重的场合,而正式的商务场合最常使用的西服套装颜色为深蓝色和深灰色,深蓝色或深灰色西装搭配白衬衫是商务场合男士的必备服装。女士在正式的商务场合当中,与男士西装相对应的是女士西服套裙(上衣领子与男士西装领子相似)。

(2) 半正式场合

商务人员的半正式场合是指无重大活动、无重要严肃事务的商务场合(需要注意的是,有些着装要求非常严格的公司只有周末允许穿半职业装)。在半正式场合,男士不用系领带,可以选择不太正式的西服上衣,如亲切感更强的咖啡色西服,以及其他权威感较弱的明快的颜色。面料可以选择更随意更舒适的粗花呢等。上装和长裤采用不一样的面料和不一样的颜色,看上去更加轻松。

搭配的时候要注意颜色与面料的平衡感。男士半职业装可以搭配高品质的针织衫以及时尚感、休闲感较强的衬衫,衬衫的领型可有较多的变化。长裤的面料和颜色可以更加自然随意。需要注意的是,长裤的款式还是以西裤款式为主,不可出现宽松裤、萝卜裤、牛仔裤等休闲时尚裤型。女士的半职业装款式变化与组合非常丰富,可以将正装的西服套裙与套裤分开来穿,搭配经典款式的连衣裙、针织衫、短裙、衬衫。各个款式的细节处理可以更加富有创意,颜色可以更加明亮丰富,但仍然要保持躯干线条的清晰干练。

(3) 休闲场合

所谓"休闲",是指"停止工作或学习,处于闲暇轻松状态"。在这种休闲状态下,服装应当舒适、轻松、愉快,因此在款式上,男士和女士都采用宽松的款式,如夹克衫、T恤衫、棉质休闲裤、牛仔装等。服装颜色可以选择鲜艳新奇的色彩。女士连衣裙、短裙或衬衫的款式细节、图案和色彩都可以更大胆、更丰富。

(4) 商务酒会场合

西方男士在特殊场合的礼服分为晨礼服、晚礼服等,但近年来有逐渐简化的趋势。

国内一般公司的小型商务酒会、聚会，男士穿深色西装即可，但是领带的图案和颜色都需要更加华丽一些。女士的服装尽量以小礼服风格的款式为主，但不宜过于暴露肌肤，领、袖、肩既不可过于裸露又不可过于严实，千万不要过于隆重、夸张，裙长在膝盖上下比较妥当。布料可以选用丝缎、纱等，也可用无领无袖单色连衣裙搭配亮丽的首饰、富有质感的毛皮围巾、丝巾等增强闪光点和华丽感。酒会穿的鞋可以选有丝缎面料、露趾的晚装鞋，提包换成小巧一些的晚装包。

（5）晚宴场合

国际商务场合隆重的晚宴需要晚礼服。晚礼服是晚上 20:00 以后穿用的正式礼服，是礼服中档次最高、最具特色、最能充分展示个性的礼服样式。女士的晚礼服常与披肩、外套、斗篷等相搭配，与华美的装饰手套等共同构成整体装束效果。西方传统晚礼服款式强调女性窈窕的腰肢，夸张臀部以下裙子的重量感，肩、胸、臂的充分展露为华丽的首饰留下表现空间。面料通常选用闪光缎、丝光面料，充分展现华丽、高贵感。多配高跟细袢的凉鞋或修饰性强、与礼服相宜的高跟鞋。中国女性的身材和西方女性有所不同，因此可以选用面料华丽、制作精美的旗袍式晚礼服，同样能够产生惊艳的效果。男士参加晚宴的时候可以根据自身的喜好选择正式晚礼服或黑色西装，但一定注意细节处理要恰到好处。

（6）运动场合

商务人员会经常参加公司组织的体育比赛或观看体育比赛，参加此类活动应当穿运动装。运动装与休闲装都具有宽松、舒适的特点，但是运动装比休闲装更加适宜人体运动。不同的体育比赛有不同的运动装款式，参加活动之前应当准备好相应的服装。

（7）家居场合

下班回家之后通常应当换上家居服。家居服也有晨衣、睡衣等诸多款式，但其一致的特点是非常舒适、宽松、随意。因此，需要提醒商务人员注意的是，假如有客人来访，只要不是非常熟悉的人，就一定要换上休闲服或半职业装会见客人。即使是在家里，穿着睡衣之类的家居服见同事或客户也是非常不礼貌的。有些家居服的款式是会客时穿的，但也只适用于很熟的私人朋友或邻居等。最后要提醒大家的是，家居服绝不可以穿到自家大门以外，哪怕只是去楼下小卖店买瓶酱油，穿着睡衣也是非常失礼的。

三、男士西装的穿着

西装是男士最常见、最得体的正装。为了塑造良好的服务形象，男士必须掌握西装的穿着规范。

1. 男士西装的选择

首先要选择合适的款式。西装的款式可分为英国、美国、欧洲三大流派。尽管西装在款式上有流派之分，但是各流派之间的差异并不是很大，只是在后开叉的部位、扣是单排还是双排、领子的宽窄等方面有所不同。不过，在胸围、腰围的胖瘦，肩的宽窄上还是有所变化的。因此，我们在选择西装时要充分考虑自己的身高、体形，如身材较胖的人最好不要选择瘦型短西装，身材较矮者也最好不要穿上衣较长、肩较宽的双排扣西装。

社交与家庭礼仪

其次要选择合适的面料和颜色。西装的面料要挺括一些。作正式礼服用的西装可采用深色如黑色、深蓝、深灰等颜色的全毛面料制作。日常穿的西装颜色可以有所变化，面料也可以不必讲究，但必须熨烫挺括。如果穿着皱巴巴的西装，会损坏自己的交际形象。

再次要选择合适的衬衣。穿着西装时一定要穿带领的衬衣，衬衫领子应根据脖子的长短来选择，脖子较短的人不宜选用宽领衬衫；相反，脖子较长的人也不宜选用窄领衬衫。花衬衣配单色的西装效果比较好，单色的衬衣配条纹或带格西装比较合适；方格衬衣不应配条纹西装，条纹衬衣也不要配方格西装。衬衫袖子的长度以长出西装袖口2厘米左右为标准。

最后要选择合适的领带。在交际场合穿西装必须要打领带，领带是西装的灵魂，在西装的穿着中起着画龙点睛的作用。领带的颜色、花纹和款式要与所穿的西装相协调。领带的面料以真丝为最优。在领带颜色的选择上，杂色西装应配单色领带，而单色西装则应配花纹领带；驼色西装应配金茶色领带，褐色西装则需配黑色领带等。

2. 男士西装的穿着

（1）穿好衬衣

穿西装必须要穿长袖衬衣，衬衣最好不要过旧，领头一定要硬扎、挺括，外露的部分一定要平整干净。衬衣下摆要掖在裤子里，领子不要翻在西装外，衬衣长于西装袖子。衬衫口要扣上。

（2）注意内衣不可过多

穿西装切忌穿过多的内衣。衬衣内除了背心之外，最好不要再穿其他内衣，如果确实需要穿内衣的话，内衣的领圈和袖口也一定不要露出来。如果天气较冷，衬衣外面还可以穿上一件毛衣或毛背心，但毛衣一定要紧身，不要过于宽松，以免穿上显得过于臃肿，影响穿西装的效果。

（3）打好领带

在比较正式的社交场合，穿西装应系好领带。领带常可体现一个人的心理特征，如系短领带，领带结头宽大，则表明此人自信心极强，相反，领带的结头打得过紧过小，则表明此人的自卑，因此领带应打得宽松得体。领带的长度要适当，以达到皮带扣处为宜。如果穿毛衣或毛背心，应将领带下部放在毛衣领口内。系领带时，衬衣的第一个纽扣要扣好，如果佩带领带夹，一般应在衬衣的第四个、第五个纽扣之间。在喜庆宴会场合，应该选用色彩鲜艳亮丽的领带；在庄严肃穆的场合，应该选用深色或者黑色的领带。领带的打法主要有以下几种。

① 平结。平结为最多男士选用的领结打法之一，几乎适用于各种材质的领带。领结下方所形成的凹洞需让两边均匀且对称。

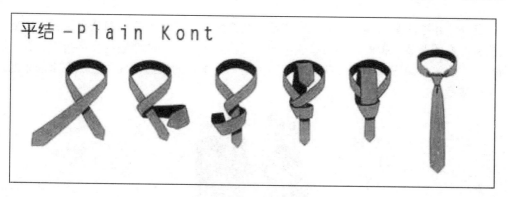

图 1-1 平结

② 交叉结。这是对于单色素雅且质料较薄的领带适合选用的领结,喜欢展现流行感的男士不妨多加使用。

图 1-2 交叉结

③ 温莎结。温莎结适用于宽领带型的衬衫,该领结应多往横向发展,应避免材质过厚的领带,领结也勿打得过大。

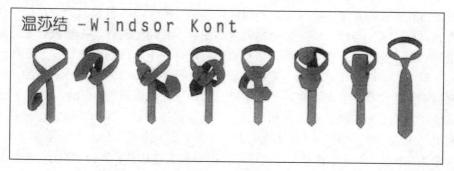

图 1-3 温莎结

（4）鞋袜整齐。穿西装一定要穿皮鞋,而不能穿布鞋或旅游鞋。皮鞋的颜色要与西装相配套。皮鞋还应擦亮,不要蒙满灰尘。穿皮鞋还要配上合适的袜子,袜子的颜色要比西装稍深一些。使它在皮鞋与西装之间显示一种过渡。

（5）扣好扣子。西装上衣可以敞开穿,但双排扣西装上衣一般不要敞开穿。在扣西装扣子时,如果穿的是 2 个扣子的西装,不要把 2 个扣子都扣上,一般只扣上面一个。如果是 3 个扣子只扣中间一个。

此外，还要注意西装前襟外侧口袋都是装饰用的，除左上方的口袋可以根据需要置放折叠考究的西装手帕外，别的口袋不应放任何东西，以保证西装的"笔挺"。钱夹、名片、钥匙等物品应放入西装前襟两边内侧的口袋里。西装裤兜内不宜放沉重的东西，不要鼓鼓囊囊。

图 1-4　男士西装的穿着

四、女士西装套裙的穿着

女士西装套裙是女士的重要正装之一。著名设计师韦斯特任德说过："职业套装更能显露女性高雅气质和独特魅力。"在女性所有的服装中，西装套裙是所有职业女性的正式场合穿着的首选，也是标准的职业装。

1. 选择合适的套裙

面料最好是纯天然质地、又是质量上乘的面料。上衣、裙子及背心等应选用同一种面料。在外观上，套裙所用的面料，讲究的是匀称、平整、滑润、光洁，不仅有弹性、手感好，而且应当不起皱、不起毛、不起球。色彩上应当以冷色调节为主，借以体现出着装者的典雅、端庄与稳重。一套套裙的全部色彩不要超过两种，不然就会显得杂乱无章。按照常规，商界女士在正式场合穿着的套裙，可以不带任何图案。不宜添加过多的点缀。一般而言，以贴布、绣花、花边、金线、彩条、亮片、珍珠、皮革等加点缀或装饰的套裙都不适宜商界女士穿着。上衣不宜过长，下裙不宜过短。裙子下摆恰好达小腿最丰满处，乃是最为标准、最为理想的裙长。紧身式上衣显得较为正统，松身式上衣则看起来更加时髦一些。"H"型上衣较为宽松，裙子多为简式；"X"型上衣多为紧身式，裙子大多为喇叭式；"A"型上衣为紧身式，裙子则为宽松式；"Y"型上衣为松身式，裙子多为紧身式，并以筒式为主。套裙款式的变化主要体现在上衣和裙子方面。上衣的变化主要体现在衣领方面，除常见的平驳领、驳领、一字领、圆状领之外，青果领、披肩领、燕翼领等并不罕见。裙子的式样常见的有西装裙、一步裙、筒式裙等，款式端庄、线条优美；百褶裙、旗袍裙、"A"字裙等，飘逸洒脱、高雅漂亮。

2. 选择和套裙配套的衬衫

与套裙配套穿着的衬衫，有不少的讲究。从面料上讲，主要要求轻薄而柔软，如真丝、麻纱、府绸、罗布、涤棉等都可以用作其面料。从色彩上讲，则要求雅致而端庄，不失女性的妩媚。除了作为"基本型"的白色外,其他各式各样的色彩,包括流行在内,只要不是过于鲜艳,并且与所穿的套裙的色彩不相互排斥,均可用作衬衫的色彩。不过,还是以单色为最佳之选。同时,还要注意,应使衬衫的色彩与所穿的套裙的色彩互相般配,要么外深内浅,要么外浅内深,形成两者的深浅对比。

3. 选择和套裙配套的内衣

一套内衣往往由胸罩、内裤以及腹带、吊袜带、连体衣等构成。它应当柔软贴身,并且起着支撑和烘托女性线条的作用。有鉴于此,选择内衣时,最关键的是要使之大小适当。

内衣所用的面料,以纯棉、真丝等面料为佳。它的色彩可以是常规的白色、肉色,也可以是粉色、红色、紫色、棕色、蓝色、黑色。不过,一套内衣最好同为一色,而且其各个组成部分亦为单色。就图案而论,着装者完全可以根据个人爱好加以选择。

内衣的具体款式甚多。在进行选择时,特别应当关注的是,穿上内衣之后,不应当使它的轮廓一目了然地在套裙之外展现出来。

4. 选择合适的鞋袜

选择鞋袜时,首先要注意其面料。女士所穿的与套裙配套的鞋子,宜为皮鞋,并且以牛皮鞋为上品。同时所穿的袜子,则可以是尼龙丝袜或羊毛袜。

鞋袜的色彩则有许多特殊的要求。与套裙配套的皮鞋,以黑色最为正统。此外,与套裙色彩一致的皮鞋亦可选择。但是鲜红、明黄、艳绿、浅紫的鞋子,则最好莫试。穿着套裙时所穿的袜子,可有肉色、黑色、浅灰、浅棕等几种常规选择,只是它们宜为单色。多色袜、彩色袜以及白色、红色、蓝色、绿色、紫色等色彩的袜子都是不适宜的。

鞋袜在与套裙搭配穿着时,要注意其款式。与套裙配套的鞋子,宜为高跟、半高跟的船式皮鞋或盖式皮鞋,系带式皮鞋、丁字式皮鞋、皮靴、皮凉鞋等都不宜采用。高筒袜与连裤袜则是与套裙的标准搭配,中筒袜、低筒袜绝对不宜与套裙同时穿着。

图1-5 女士套裙的穿着

社交与家庭礼仪

1. 案例分析

面试因何失败

南山宾馆根据收到的求职材料约见小赵作为预选对象。面试时，小赵涂着鲜艳的口红，烫着时髦的发式，穿着低领紧身的吊带，首饰华丽而夸张，给人以一种轻佻的感觉。第一轮小赵面试就落选了。事后一位人事总监对她说："我认为你不可能仅仅由于化了美丽的妆而取得一个职位，但是我可以肯定你穿错了衣服就会使你失去一个职位。"

思考讨论题：

（1）案例中人事总监的话对你有何启示？

（2）结合本案例内容谈谈面试时应该怎样着装？

2. 某IT行业的老总对企业员工的仪容着装提出了许多的要求，其中一条是："全毛西装应定期（穿不过三天，最好每天换）送干洗、熨烫、吊挂。"当他将他的要求发表在他的博客上时，一些网友发表了他们的评论，其中一位认为："根本没必要，这和学校天天穿'校服'有什么区别，还三天送干洗，你以为在IT行业都挣多少钱呢，只要不是赤膊打领带就行了！"对此，你有何看法？

3. 请根据周围同学的脸型、形体和个性特点，给他（她）在服饰运用上提些合理化建议。

4. 在班级进行校服设计活动。可分小组查找资料，设计研讨，形成校服图样。全班分组进行图样展示，并简介设计思想。选出大家最满意的校服设计图样献给学校，供学校参考。

能力评价表

内容		评价	
学习目标	评价内容	小组评价（5、4、3、2、1）	教师评价（5、4、3、2、1）
知识（应知应会）	服装的类别		
	服务人员着装的基本要求		
专业能力	男士西装的穿着		
	女士西装套裙的穿着		
通用能力	自我管理能力		
	审美能力		
	自控能力		
态　度	一丝不苟的精神、遵守规范		
努力方向：		建议：	

任务3 仪态礼仪

情境导入

一次，有位老师带着三位毕业生同时去应聘一家酒店总台接待职位，面试前老师怕学生面试时紧张，同人事部经理商量让三位同学一起面试。三位同学进入人事部经理的办公室时，经理上前请三位同学入座。当经理回到办公桌前，抬头一看欲言又止，只见两位同学坐在沙发上，一个架起二郎腿而且两腿不停地抖动，另一个身子松懈地斜靠在沙发一角，两手攥握手指咯咯作响，只有一位同学端坐在椅子上等候面试，人事部经理起身非常客气地对两位坐在沙发上的同学说："对不起，你们的面试已经结束了，请退出。"两位同学四目相对，不知何故，面试怎么还没问，就结束了呢？
（资料来源：http://wenwen.soso.com/z/q64796231.htm）

任务分析

面试怎么还没问，就结束了呢？从上述案例中不难看出，问题出在"仪态"上！

仪态，又称"体态"，是指人的身体姿态和风度。姿态是身体所表现的样子，风度则是内在气质的外在表现。人的一举手、一投足、一弯腰乃至一颦一笑，并非偶然的随意的，这些行为举止自成体系，像有声语言那样具有一定的规律，并具有传情达意的功能。人们可以通过自己的仪态向他人传递个人的学识与修养，并能够以其交流思想、表达感情。正如艺术家达·芬奇所说："从仪态了解人的内心世界、把握人的本来面目，往往具有相当的准确性和可靠性。"人的内心隐秘不可能每时每刻都隐藏得那么深，总有流露之时，人的体态每时每刻都在传达信息。因此，在社交中用优雅的仪态礼仪表情达意，往往比语言更让人感到真实、生动。所以在社交中必须讲究仪态美。

怎样才能具有优雅的仪态呢？为完成本项学习任务，建议在班上组织"情景模拟"活动，具体操作如下。

1. 同学分组，每个小组5至6人，设计各种情景如求职面试、商务接待、商务拜访等展示基本的仪态礼仪。
2. 每组同学根据设计的情景进行角色扮演，展示基本的站姿、坐姿、走姿和蹲姿、表情、手势等仪态，用摄像机记录展示的全过程。
3. 根据录像，找出不规范的地方，同学可进行相互评价。
4. 最后由授课老师进行总结评价，全班同学评选出"最佳表现组"。

知识储备

仪态比相貌更能表现人的精神。"站如松，坐如钟，走如风，卧如弓"是中国传统礼仪的要求，在当今社会中已被赋予了更丰富的含义。仪态属于人的行为美学范畴，它

社交与家庭礼仪

既依赖于人的内在气质的支撑,同时又取决于个人是否接受过规范的和严格的体态训练。英国哲学家培根说:"在美的方面,相貌的美,高于色泽的美,而优雅合适的动作又高于相貌的美。"在人际沟通与交往过程中,仪态充当着极为重要、有效的交际工具,它用一种无声的语言向人们展示出一个人的道德品质、礼貌修养、人品学识、文化品位等方面的素质与能力。

一、站姿

站姿是静态的造型动作,是指人的双腿在直立静止状态下所呈现出的姿势,站姿是走姿和坐姿的基础,一个人想要表现出得体雅致的姿态,首先要从规范站姿开始。所谓"站如松",就是指人的站立姿势要像松树一样直立挺拔,双腿均匀用力。

1. 标准站姿

(1) 头正

两眼平视前方,嘴微闭,脖颈挺直,头顶上悬,下颌微收,表情自然,面带微笑。

(2) 肩平

肩部微微放松,稍向后下沉,自然呼吸。

(3) 臂垂

两肩平整,两臂自然下垂于体侧,虎口向前,手指自然弯曲。

(4) 躯挺

挺胸收腹,臀部向内向上收紧。

(5) 腿并

女性两腿立直、贴紧,脚跟靠拢,脚尖呈 45°～60°夹角,男性可两脚分开,与肩同宽。

2. 不同场合的站姿

在升国旗、奏国歌、接受奖品、接受接见、致悼词等庄严的仪式场合,应采取严格的基本站姿,而且神情要严肃。在发表演说、新闻发言、作报告宣传时,为了减轻身体对腿的压力,减轻由于较长时间站立双腿的疲倦,可以用双手支撑在讲台上,两腿轮流放松。主持文艺活动、联欢会时,可以将双腿并得很拢站立,女士甚至站成"丁"字步,让站立姿势更加优美。站"丁"字步时,上体前倾,腰背挺直,臀微翘,双腿叠合,玉立于众人间,富于女性魅力。门迎、侍应人员往往站的时间很长,双腿可以平分站立,双腿分开不宜超过肩。双手可以交叉或前握垂放于腹前;也可以背后交叉,右手放到左手的掌心上,但要注意收腹。礼仪小姐的站立,一般可采取立正的姿势或"丁"字步。如双手端执物品时,上手臂应靠近身体两侧,但不必夹紧,下颌微收,面含微笑,给人以优美亲切的感觉。

3. 不雅的站姿

主要包括身躯歪斜、弯腰驼背、趴伏倚靠、腿位不雅、脚位欠妥如"内八字"等。另外还有手位失当,如将手插在衣服的口袋内、双手抱在胸前或脑后、将双手支于某处或托住下巴等,以及站立时全身乱动等。

4. 站姿的训练

(1) 对镜练习

在他人的帮助下,或自己对着镜子进行训练,便于纠正不良姿势,在找准标准站姿的感觉后,再坚持每次20分钟左右的训练。

(2) 靠墙站立练习

要求脚后跟、小腿、臀部、双肩、后脑勺都要紧贴墙壁。每次训练控制在20~30分钟。

(3) 头顶书练习

要求把书放在头顶中心,为使书不掉下来,头、躯挺直,自然保持平衡,这种训练方法可以纠正低头、仰脸、晃头及左顾右盼等不良习惯。每次训练控制在20~30分钟。

二、坐姿

坐姿是一种基本的静态体位,是指人在就座以后身体所保持的一种姿势。端庄优美的坐姿会给人以文雅、稳重、大方的美感,给人留下良好的印象。所谓"坐如钟",就是指坐姿要像钟一样端庄沉稳、镇定安详。

1. 标准坐姿

轻轻地走到座位前,缓慢转身,从座位左侧入座,坐在椅子上时,至少应坐满椅子的1/2~2/3。坐下后,头正颈直,下额微收,面带微笑,双目平视前方或注视对方。身体要保持正直,挺胸收腹,腰背挺直。双腿并拢,小腿与地面垂直,双膝和双腿脚跟并拢。双肩放松下沉,双臂自然弯曲内收,双手呈握指式,右手在上,手指自然弯曲,放于腹前双腿上。

一般情况下,要求女性的双腿并拢,而男性双腿之间可适度留有间隙。双腿自然弯曲,两脚平落地面,不宜前伸。在日常交往场合,男性可以跷腿,但不可跷得过高或抖动。女性大腿并拢,小腿交叉,但不宜向前伸直。如果女性着裙装,应养成习惯在就座前从后面抚顺一下再坐下。根据不同的场合和不同的座位,坐的位置可前可后,但上身一定要保持直立。

2. 坐姿的分类

以一个人的脚位为依据,男士、女士的坐姿可以做以下分类。

(1) 垂直式坐姿

这一坐姿就是通常说的"正襟危坐",在最正规的场合使用,男士、女士均适用。要领是:上身与大腿、大腿与小腿、小腿与脚部都呈直角,小腿垂直于地面,双膝、双腿完全并拢。

(2) 标准式坐姿

这一坐姿适用于各种场合。要领是:在垂直式坐姿的基础上,女士两脚保持小"丁字"步,男士两脚自然分开呈45°角。

（3）屈直式坐姿

尤其是坐在稍微低矮一些的椅子上更为适用，是女士非常优雅的一种坐姿。要领是：大腿与膝盖靠紧，一脚伸向前，另一脚屈回，两脚前脚掌着地并在一条直线上。

（4）前伸式坐姿

这一坐姿适用于各种场合，一般为女士所采用。要领是：双腿与双脚并在一起，向前伸出一脚左右的距离，按方向共有三种：正前伸直、左前伸直和右前伸直，脚的位置可以是双脚完全并拢，也可以脚踝不交叉，脚尖不可翘起。

（5）后屈式坐姿

这一坐姿适用于各种场合，以女士为主。要点是：两腿和膝盖并紧，两小腿向后屈回，脚尖着地，脚尖不可翘起。

（6）分膝式坐姿。这一坐姿适用于一般场合，为男士坐姿。要领是：两膝左右分开，但不超过肩宽，小腿与地面垂直，两脚脚尖朝向正前方，两手自然放于大腿上。

3. 不雅的坐姿

不雅的坐姿包括不雅的腿姿和不安分的脚姿。

不雅的腿姿主要有以下几种。

（1）双腿叉开过大

面对外人时，双腿如果叉开过大，不论是大腿还是小腿叉开，都极其不雅。

（2）架腿方式欠妥

将一条小腿架在另一条大腿上，在两者之间还留出大大的空隙，成为所谓的"架二郎腿"或架"4"字形腿，甚至将腿搁在桌上，就显得更放肆了。

（3）双腿过分伸张

坐下后，将双腿直挺挺地伸向前方，这样不仅可能会妨碍他人，而且也有碍观瞻。因此，身前若无桌子，双腿尽量不要伸到外面来。

（4）腿部抖动摇晃

力求放松，坐下后抖动摇晃双腿。

不安分的脚姿主要有：坐下后脚后跟接触地面，而且将脚尖翘起来，脚尖指向别人，使鞋底在别人眼前"一览无余"。另外，以脚蹬踏其他物体，以脚自脱鞋袜，都是不文明的。

4. 坐姿的训练

最影响坐姿优美的是腿位和脚位，这是坐姿训练的主要内容。训练时要求上身挺直，腿姿优美。同时，还要注意入座和离座两个环节的训练。入座时，要轻而缓。走到座位前面转身，右脚后退半步，左脚跟上，保持上身的直立和身体的重心，轻轻地坐下。女性入座时，要稍微拢一下裙边。离座时，也要轻而缓。先采用基本的站姿规范，站定之后方可离开。若是起身就走，则会显得过于匆忙，有失稳重。

三、走姿

走姿也称步态，是指一个人在行走过程中的姿势。它以人的站姿为基础，是站姿的延续，始终处于运动中。走姿体现的是一种动态美，能直接反映出一个人的精神面貌，表现一个人的风度、风采和韵味。有良好走姿的人会更显年轻有活力。所谓"行如风"，就是指行走动作连贯，从容稳健。步幅、步速要以出行的目的、环境和身份等因素而定。协调和韵律感是步态的最基本要求。

1. 标准的走姿

走姿的要领：双眼平视臂放松，以胸领动肩轴摆，提髋提膝小腿迈，跟落掌接趾推送。

标准的走姿应该是上身基本保持站立的标准姿势，挺胸收腹，腰背笔直。两臂以身体为中心，前后自然摆动：前摆约35°，后摆约15°，手掌朝向体内。起步时身子稍向前倾，重心落前脚掌，膝盖伸直；脚尖向正前方伸出，行走时双脚踩在一条线缘上。正确的行走，上体的稳定与下肢的频繁规律运动形成对比，和谐、干净利落、鲜明均匀的脚步形成节奏感。前后、左右行走动作的平衡对称都会呈现行走时的形式美。男子走路两步之间的距离要大于自己的一个脚长，女子穿裙装走路时要小于自己的一个脚长。正常的情况下步速要自然舒缓，显得成熟自信，男子行走的速度标准为每分钟108～110步，女子每分钟118～120步为宜。

2. 走姿的种类

（1）前行式走姿

身体保持起立挺拔，行进中若与人问候时，要同时伴随头部和上身的左右转动，微笑点头致意。禁止只转动头部，用眼睛斜视他人的举止。

（2）后退式走姿

当与他人告别时，扭头就走是不礼貌的。应该是先后退两三步，再转身离去。退步时不能轻擦地面，不高抬小腿，后退的步幅要小些，两腿之间距离不能太大，要先转身再转头。

（3）侧行式走姿

当引导他人前行或在较窄的走廊、楼道与他人相遇时，要采用侧行式走姿。引导时要走在来宾的左侧，身体稍向右转体，左肩稍前，右肩稍后，身体朝向来宾，保持两步左右的距离。介绍环境时要辅以手势，这样可以观察来宾的意愿，及时提供满意的服务。

3. 不同环境的走姿

第一，在比较拥挤的环境中，要精神饱满，步态轻盈，行走的步幅、速度要适中，手臂的摆幅不宜过大，路遇来宾要让路，躲闪要灵敏，有礼貌。第二，在要求保持安静的地方，要避免发出大的响声，走路要轻盈；若穿皮鞋或高跟鞋在没有地毯的地方行走，要把脚后跟提起，尽量用脚掌着地行走，以免发出响声。第三，如在楼道、楼梯等环境里，由于过道狭窄，行走时要靠右行，途中如遇来宾走来，要提早侧身让路，并微笑点头致意，表示尊重。第四，进出电梯时，应遵循"先出后进"的原则。进出时，应侧身而行，以免碰撞、踩踏他人，进入电梯后，应尽量靠里边站立。

4. 不良的走姿

（1）横冲直撞

行进中，爱专找人多的地方行走，在人群之中乱冲乱闯，甚至碰撞到他人的身体，这是极其失礼的。

（2）抢道先行

行进时，要注意方便和照顾他人，通过人多路窄之处务必要讲究"先来后到"，对他人"礼让三分"，让人先行。

（3）阻挡道路

在道路狭窄之处，悠然自得地缓慢而行，甚至走走停停，或者多人并排而行，显然都是不妥的。还须切记，一旦发现自己阻挡了他人的道路，务必要闪身让开，请对方先行。

（4）蹦蹦跳跳

务必要注意保持自己的风度，不宜使自己的情绪过分地表面化，如激动起来，走路便会变成了上蹿下跳，甚至连蹦带跳的失常情况。

（5）奔来跑去

有急事要办时，可以在行进中适当加快步伐。但若非碰上了紧急情况，则最好不要在工作时跑动，尤其是不要当着客户或服务对象的面突然狂奔而去，那样通常会令其他的人感到莫名其妙，产生猜测，甚至还有可能造成过度紧张气氛。

（6）制造噪音。应有意识地使行走悄然无声。正确的做法是：第一，走路时要轻手轻脚，不要在落脚时过分用力，走得"咯咯"直响；第二，上班时不要穿带金属鞋跟或钉有金属鞋掌的鞋子；第三，上班时所穿的鞋子一定要合脚，否则走动时会发出吧嗒吧嗒的令人厌烦的噪声。

5. 走姿的训练

（1）顶书训练

将书置于头顶，面对镜子，行走时，双肩自然摆动，保持头正、颈直、目不斜视，可以纠正走路摇头晃脑、东瞧西望的毛病。

（2）步位、步幅训练

在地上划一直线，行走时检查自己的步位和步幅是否正确，可以纠正八字脚及脚步过大或过小的毛病。

（3）步态综合训练

最好在节奏感较强的音乐中训练走姿，行走时各种动作要协调，注意掌握好行走时的速度和节拍。

四、蹲姿

俗话说"蹲要雅"，蹲姿是人的身体在低处取物、拾物、整理物品、整理鞋袜时所呈现的姿势，它是人体静态美与动态美的综合。蹲姿要动作美观，姿势优雅。

1. 标准的蹲姿

标准的蹲姿有以下要求：首先要讲究方位，当需要拣拾低处或地面物品的时候，可走到物品的左侧；当面对他人下蹲时，要侧身相向；当需要整理鞋袜或于低处整理物品时可面朝前方，两脚一前一后，一般情况是左脚在前、右脚在后，目视物品，直腰下蹲。直腰下蹲后方可弯腰捡低处或地面的物品，以及整理鞋袜或低处工作。取物或工作完毕后，先直起腰部，使头部、上身、腰部在一条直线上，再稳稳站起。

2. 蹲姿的种类

蹲姿主要有高低式、单膝点地式和交叉式三种。

（1）高低式

这是常用的一种蹲姿，基本特征是双膝一高一低。此蹲姿男士、女士均可适用。要领是：下蹲后，左脚在前，右脚在后；左脚完全着地，小腿基本垂直地面；右脚要脚掌着地，脚跟提起；右膝要低于左膝，右膝内侧可靠于左上腿的内侧，形成左膝高右膝低的姿态。臀部向下，基本上以有右腿支撑身体。女士应注意紧靠双腿，男士两腿之间可有适当的距离。

（2）单膝点地式

这种蹲姿适用于男士，其特征是双腿一蹲一跪。它是一种非正式的蹲姿，多用于下蹲时间较长或为了用力方便时采用。下蹲后，右膝点地，臀部坐在脚跟之上，以脚尖着地。另一条腿全脚掌着地，小腿垂直于地面。双膝同时向外，双腿尽力靠拢。

（3）交叉式

这种蹲姿优美典雅，其基本特征是双腿交叉在一起，此蹲姿适用于女士。要领是：下蹲后，左脚在前，右脚在后，左小腿垂直于地面，全脚着地。左腿在上，右腿在下，二者交叉重叠，右膝从后下方伸向左前侧，右脚跟抬起，脚掌着地，两腿前后靠近，全力支撑身体。上身略向前倾，臀部朝下。

3. 蹲姿的注意事项

（1）不要突然下蹲

下蹲时，速度切勿过快，特别是在行进中下蹲时尤其要注意。

（2）不要方位失当

在他人身边下蹲时，最好与之侧身相同，正面面对他人或背对他人下蹲都是极不礼貌的。

（3）不要毫无遮掩

在大庭广众之下下蹲时，身着裙装的女性一定要注意掩饰。

（4）不要随意滥用

不要在工作中随意采用蹲姿，也不可蹲在椅子上或蹲在地上休息。

五、眼神

生活中，我们曾被许多眼神所打动。我们不会忘记摄影家解海龙拍摄的照片——《希

社交与家庭礼仪

望工程——大眼睛》中小姑娘苏明娟那渴求读书的眼神。俗话说"眼睛是心灵的窗户",它是人体传递信息最有效的器官,而且能表达最细微、最精妙的差异,显示出人类最明显、最准确的交际信号。据研究,在人的视觉、听觉、味觉、嗅觉和触觉感受中,唯独视觉感受最为敏感,人由视觉感受的信息占总信息的83%。人的七情六欲都能从眼睛这个神秘的器官内显现出来。

1. 眼神的构成

眼神主要由注视的时间、视线的位置和瞳孔的变化等三个方面组成。

(1)注视的时间。据有人调查研究,人们在交谈时,视线接触对方脸部的时间约占全部谈话时间的30%～60%,超过这一平均值,可认为对谈话者本人比谈话内容更感兴趣;低于平均值,则表示对谈话内容和谈话者本人都不怎么感兴趣。不难想象,如果谈话时心不在焉、东张西望,或只是由于紧张、羞怯不敢正视对方,目光注视的时间不到谈话的1/3,这样的谈话必然难以被人接受和信任。当然,必须考虑到文化背景,如南欧人注视对方可能会造成冒犯。

(2)视线的位置。人们在社会交往中,不同的场合和对象,目光所及之处也是有差别的。有的人在与比较陌生的人打交道时,往往因为不知把目光怎样安置而窘迫不安;已被人注视而将视线移开的人,大多怀有相形见绌之感;仰视对方,一般体现"尊敬、信任"的语义;频繁而又急速地转眼,是一种反常的举动,常被用作掩饰的一种手段。当然,如果死死地盯着对方或者东张西望,不仅极不礼貌,而且也显得漫不经心。

(3)瞳孔的变化。瞳孔的变化即视觉接触时瞳孔的放大或缩小。心理学家往往用瞳孔变化大小的规律来测定一个人对不同的事物的兴趣、爱好、动机等。兴奋时,人的瞳孔会扩张到平常的4倍大;相反,生气或悲哀时,消极的心情会使瞳孔收缩到很小,眼神必然无光。所谓"脉脉含情"、"怒目而视"等都多与瞳孔的变化有关。

2. 眼神的运用

在商务交往过程中,与朋友会面或被介绍认识时,可凝视对方稍久一些,这既表示自信,也表示对对方的尊重。双方交谈时,应注视对方的眼鼻之间,表示重视对方及对其发言感兴趣。当双方缄默不语时,就不要再看着对方,以免加剧因无话题而显得冷漠、不安的尴尬局面。当别人说了错话或显拘谨时,务请马上转移视线,以免对方把自己的眼光误认为是对他的嘲笑和讽刺。如果希望在争辩中获胜,那就千万不要移开目光,直到对方的眼神转移为止。送客时,要等客人走出一段路不再回头张望时,才能转移目送客人的视线,以示尊重。

在谈判中也很讲究眼神的运用。一方让眼镜滑落到鼻尖上,眼睛从眼镜上面的缝隙中窥探,就是对对方鄙视和不敬的情感表露。一方在不停地转眼珠,对方就要提防其在打什么新主意。双目生辉、炯炯有神是心情愉快、充满信心的反映,在谈判中持这种眼神有助于取得对方的信任和合作。相反,双眉紧锁、目光无神或不敢正视对方,都会被对方认为无能,可能导致对自己的不利结果。

眼神还可传递其他的信息,已被人注视而将视线移开的人,大多怀着相形见绌之感,有很强的自卑感。无法将视线集中在对方身上或很快收回视线的人,多半属于内向型性格。仰视对方，表示怀有尊敬、信任之意；俯视对方，表示有意保持自己的尊严。视线活动多且有规则，表明在用心思考。听别人讲话，一面点头，一面却不将视线集中在谈话人的身上，表明听话者对此话题不感兴趣。说话时对方将视线集中在听话人身上的人，表明他渴望得到理解和支持。游离不定的目光传递出来的信息是心神不宁或心不在焉。

眼神表达出异常丰富的信息，但微妙的眼神有时是只可意会，难以言传，只能靠我们在社会实践中用心体察，积累经验，努力把握，方能在商务交往中灵活运用眼神。

六、微笑

著名画家达·芬奇的杰作《蒙娜丽莎》是欧洲文艺复兴时期最出色的肖像作品之一，画中女士的微笑给人以美的享受，使人们充满对真善美的渴望，至今让人回味无穷。

1. 微笑的作用

微笑是一种特殊的语言——"情绪语言"。它可以和有声语言及行动相配合，起"互补"作用，沟通人们的心灵，架起友谊的桥梁，给人以美好的享受。工作、生活中离不开微笑，社交中更需要微笑。

2. 微笑的规范

微笑是有规范的，一般要注意四个结合。
（1）口眼结合
要口到、眼到、神色到，笑眼传神，微笑才能扣人心弦。
（2）笑与神、情、气质相结合
这里讲的"神"，就是要笑得有情入神，笑出自己的神情、神色、神态，做到情绪饱满、神采奕奕；"情"，就是要笑出感情，笑得亲切、甜美，反映美好的心灵；"气质"就是要笑出谦逊、稳重、大方、得体的良好气质。
（3）笑与语言相结合
语言和微笑都是传播信息的重要符号，只有注意微笑与美好语言相结合，声情并茂，相得益彰，微笑方能发挥出它应有的特殊功能。
（4）笑与仪表、举止相结合
以笑助姿、以笑促姿，形成完整、统一、和谐的美。尽管微笑有其独特的魅力和作用，但若不是发自内心的真诚的微笑，那将是对微笑的亵渎。有礼貌的微笑应是自然的坦诚，内心真实情感的表露，否则强颜欢笑，假意奉承的"微笑"则可能演变为"皮笑肉不笑"、"苦笑"。如拉起嘴角一端微笑，使人感到虚伪；吸着鼻子冷笑，使人感到阴沉；捂着嘴笑，给人以不自然之感。这些都是失礼之举。

七、手势

手是人体上最富灵性的器官，如果说"眼睛是心灵的窗户"，那么手就是心灵的触角，是人的第二双眼睛。手势在传递信息、表达意图和情感方面发挥着重要作用。手的"词汇"量是十分丰富的。据语言专家统计，表示手势的动词有近二百个。如招手致意、挥手告别、握手友好、摆手回绝、合手祈祷、拍手称快、拱手答谢（相让）、抚手示爱、

社交与家庭礼仪

指手示怒、颤手示怕、捧手示敬、举手赞同、垂手听命等。可见，丰富的手势语在人们交往间是不可缺少的。

在社会交往中，手势有着不可低估的作用，生动形象的有声语言再配合准确、精彩的手势动作，必然能使交往更富有感染力、说服力和影响力。社交中常见的手势和手势语如下。

1. 引领的手势

在各种交往场合都离不开引领动作，如请客人进门，客人坐下，为客人开门等，都需要运用手与臂的协调动作。同时，由于这是一种礼仪，还必须注入真情实感，调动全身活力，使心与形体形成高度统一，才能做出色彩和美感。引领动作主要有以下几种表现形式。

（1）横摆式

以右手为例，将五指伸直并拢，手心不要凹陷，手与地面呈 45 度角，手心向斜上方。腕关节微屈，腕关节要低于肘关节。动作时，手从腹前抬起，至横膈膜处，然后，以肘关节为轴向右摆动，到身体右侧稍前的地方停住。同时，双脚形成右丁字步，左手下垂，目视来宾，面带微笑。这是在门的入口处常用的谦让礼的姿势。

（2）曲臂式

当一只手拿着东西，扶着电梯门或房门，同时要做出"请"的手势时，可采用曲臂手势。以右手为例：五指伸直并拢，从身体的侧前方，向上抬起，至上臂离开身体的高度，然后以肘关节为轴，手臂由体侧向体前摆动，摆到手与身体相距 20 厘米处停止，面向右侧，目视来宾。

（3）斜下式

请来宾入座时，手势要斜向下方。首先用双手将椅子向后拉开，然后，一只手曲臂由前抬起，再以肘关节为轴，前臂由上向下摆动，使手臂向下成一斜线，并微笑点头示意来宾。

2. 招呼他人的手势

手放于体侧，手臂伸直在一条直线上，向前向上抬起，手掌向下，屈伸手指作搔痒状或晃动手腕。这种手势在中国、欧洲的大部分地区以及拉丁美洲的许多国家都比较适用，但在美国、日本等国却与此相反，他们用掌心向上，手指向内屈伸手指作搔痒状或晃动手腕招呼别人，而在中国、南斯拉夫和马来西亚等国这种手势却是用来召唤动物的。

3. 挥手道别的手势

身体要站直，不晃动，目视对方，手臂伸直，呈一条直线，手放在体侧，向前向上抬至与肩同高或略高于肩，手臂不可弯曲，掌心朝向对方，指尖朝向上方，五指并拢，手腕晃动。

4. 指引方向的手势

当有人询问去处时，要先行站直，不可尚未站稳或在行走中指引方向。手臂伸直在一条直线上，五指并拢，手掌翻转到掌心朝上，与肩平齐，直指准确方向。目光要随着手势走,指到哪里看到哪里,否则易使对方迷惑。指引方向后,手臂不可马上放下,要保持手势顺势送出几步,体现对他人的关怀和尊敬。

5. 递接物品的手势

双手递送、接取物品,不方便双手时,也可用右手,但绝不可单用左手。双方距离比较远时,应起身站立,主动走近对方递送或接取物品。递送时最好直接递至对方手中并且要方便对方接取。递送有文字、图案、正反面的物品时,要正面向上且朝向对方;接取物品时,要缓而且稳,不要急欲抢取。递送带尖、带刃或其他易于伤人的物品时,应使其朝向自己或朝向他处,切不可朝向对方。

6. 展示物品的手势

应使物品在身体的一侧展示,不要挡住本人的头部。展示的位置不同表明物品的意义不同:当手持物品高于双眼之处时,适用于被人围观时采用;当手持物品位于眼睛下方,胸部上方,双臂横伸时,自肩至肘部以内时,给人以放心、稳定感;当手持物品位于眼睛下方,胸部上方,双臂伸直时在肘部以外时,给人以清楚感,通常在这个位置展示想让对方看清楚的物品;当手持物品位于胸部以下,给人以漠视感,通常展示不太重要的物品时采用。

7. 鼓掌的手势

鼓掌是在观看文体表演、参加会议、迎候嘉宾时表示赞赏、鼓励、祝贺、欢迎等情感的一种手势。要领是:以右手掌心向下有节奏地拍击左掌,不可左掌向上拍击右掌;不可右掌向左,左掌向右,两掌互相拍击。鼓掌时间要长短相宜,大约5~8秒钟为宜。

8. 常见手势语

手势语是以手的动作和面部表情表达思想、进行交际的手段。使用时,多伴有上肢和身体的动作。社交中常用的手势语如下。

(1)"OK"的手势

拇指和食指合成一个圆圈,其余三指自然伸张。这一手势于19世纪初期风靡美国,其意义相当于英语的"OK",即"好了"、"一切妥当"、"赞扬"、"允许"、"了不起"、"顺利"。"OK"手势在西方某些国家比较常见,但应注意在不同国家其语义有所不同,如在法国表示"零"或"无";在印度表示"正确";在中国表示"零"或"三"两个数字;在日本、缅甸、韩国则表示"金钱"。

(2)伸大拇指手势

大拇指向上,在说英语的国家多表示"OK"之意或是打车之意;若用力挺直,则含有骂人之意;若大拇指向下,多表示坏、下等人之意。在我国,伸出大拇指这一动作基本上是向上伸表示赞同、一流、好等,向下伸表示蔑视、不好等。

(3)"V"字型手势

伸出食指和中指,掌心向外,其语义主要表示胜利(英文 Victory 的第一个字母)。这一手势来源于英国首相温斯顿·丘吉尔。在第二次世界大战中,英国在对德国抵抗中处于较为不利的地位。首相丘吉尔在演说中使用了这样的手势,代表"Victory"(胜利)

社交与家庭礼仪

之义,号召人们起来保家卫国,坚决同法西斯斗争到底。这一手势受到人们的欢迎和喜爱,很快风靡全国。现在,这一手势已经风靡世界。在赛场上,在人们互相祝贺的各种场合都不难发现这一手势频频亮相。需要注意的是,如果将手心向内做出这样的手势,在英国、澳大利亚和新西兰等国,就成了一种亵渎侮辱他人的信号。在中国,可以使用类似的手势表示数字"2"。在欧洲各地,这一手势也用来表示"2"。

(4) 伸出食指手势

在我国以及亚洲一些国家表示"一"、"一个"、"一次"等;在法国、缅甸等国家则表示"请求"、"拜托"之意。在使用这一手势时,一定要注意不要用手指指人,更不能在面对面时用手指着对方的面部和鼻子,这是一种不礼貌的动作,容易激怒对方。

(5) 捻大拇指手势

商人、推销员、银行职员等经常与钱打交道的人常常使用捻指手势表示"钱"。这是因为在日常生活中,人们使用这一动作来点钱。捻大拇指的手势是这样的:拇指与食指相捏,然后用拇指向上,食指向内,做出两指相捻的动作。人们注意到,在使用这一手势时,食指是向里、向内移动的。这一下意识的动作方向暗示了谈钱者希望"向里"收钱的愿望。当人想得到报酬或各种形式的好处时,其食指一定会向"里"移动,这是无意识地对有形的钱或无形的其他好处的"期盼"与"接收"。相反,如果使用这一手势时,食指是向外移动的,这恰恰与人们弹掉什么东西的手势相似,那么,他所表示的意思就不再是内敛或内聚了,就成了表示"排除"和"解除"的信号。

(6) 十指交叉的手势

这是将十指交叉在一起,置于桌上或身体一侧的动作。这一手势的含义不一。实际上,对这种手势的理解有两种:许多情况下,人们将这种姿势看做是自信,因为使用这一手势的人总是神情自若,面带微笑,言谈中也总显得无忧无虑。另一方面,也有人将这种手势看做是一种消极的人体信号,它表示情绪沮丧、心理矛盾或敌对情绪,也可以表示紧张或被控制的思想情绪,但到底是哪一类,需结合具体情况而定。

(7) "尖塔式"手势

这是将左手的五指和右手的五指,分别指尖相对和相交,形成近似尖塔的形状。根据"尖塔"的指向,可以把这种手势分为"上耸式"和"下垂式"两种。哪些人喜欢使用"尖塔式"手势呢?那些比较自信的人较之不那么自信的人,更经常使用这一手势以此显示他们的高傲和自信。在上下级之间,这种手势主要用来表示"高人一等"、"万事皆通"和"唯我独尊"的心理状态。具体而言,具有相当权势的各级各类领导人物较多地使用这种手势。上耸式手势是两拇指朝向自身,其余各指相对,指向上方的塔尖式手势。这一手势是大脑产生"拔尖儿"思想时,手做出的下意识动作,它与高傲、盛气凌人以及"我比人强"等思维活动有关。一般来说,大多数自信的男人喜欢使用这一手势。下垂式手势是与之相反的手势,拇指向外,其余各指指向下方。对于大多数女性而言,她们更习惯于使用这种手势。下垂式的尖塔式手势也是思维中的"拔尖儿"的一种下意识表现,是在遇到"山外有山,人外有人"的情况,遇到比自己更"拔尖儿者"时,手势者做出的"让步"的人体表示。

（8）捻指作响手势

就是用手的拇指和食指弹出声响，其语义或表示高兴，或表示赞同，或是无聊之举，有轻浮之感。应尽量少用或不用这一手势，因为其声响有时会令他人反感或觉得没有教养，尤其是不能对异性运用此手势，这是带有挑衅、轻浮之举。

总之，手势语能反映出复杂的内心世界，但运用不当，便会适得其反，因此在运用手势时要注意几个原则：首先要简约明快，不可过于繁多，以免喧宾夺主；其次要文雅自然，因为拘束低劣的手势会有损于交际者的形象；再次要协调一致，即手势与全身协调，手势与情感协调，手势与口语协调；最后要因人而异，不可能千篇一律地要求每个人都做几个统一的手势动作。

八、克服不良的举止

这里所说的不良举止是常被人称之为"小节"、"冒失"的动作举止、"小节"虽小，但它却是影响人整体形象的主要因素，是构成个人公德的重要内容。不拘小节、行为莽撞、举止失措的"冒失鬼"是不受人欢迎的。在社交中，我们要努力克服以下不良举止。

1. 冒冒失失的行为

行为冒失的人，往往是"目中无人"，以自我为中心，不考虑自己的行为是否会对他人造成影响。行为冒失的人的行为特征是手脚太"快"，动作太"硬"，幅度太"大"。有些人是手脚冒失，如在庄重肃穆的场合，冒失的人往往会蹿来蹿去；展览会上的展品他会随便去摸；进别人的房间时，往往忘了敲门；由于手脚冒失经常将物品损坏。有些人是语言冒失，他们常常说话不看对象、不分场合、不讲分寸，结果常常闹出笑话或得罪人。如初次相识，冒失的人便会对对方提出一些不恰当的问题或要求；连别人是否结了婚都没闹清楚，便贸然问人家的孩子是男孩还是女孩；一不小心言语就伤害了别人的自尊心等。有人认为这是性格粗犷、豪爽仗义，其实这些冒冒失失的行为举止，正表现出其在礼仪方面的修养很不成熟。

2. 公共场合大声说话

在公共交通工具上、餐厅里、剧院、电梯等地方经常可以看到一些人大声交谈，即使是一些很隐私的问题，他们也旁若无人地进行大声地交流。这必将影响周围人的心情、思绪，有时甚至让听到者感到难堪。所以，在公共场合应注意控制自己说话的音量，以免干扰别人。如果可以找到一个不影响他人的区域，最好到这样的区域去谈话。

3. 随便吐痰，乱扔垃圾

吐痰是最容易直接传播细菌的途径，随地吐痰是非常没有礼貌而且绝对影响环境、影响我们的身体健康的行为。如果要吐痰，应该把痰吐在纸巾上，丢进垃圾箱，或去洗手间吐痰，但不要忘记清理痰迹和洗手。随手扔垃圾也是应当受到谴责的最不文明的举止之一。

社交与家庭礼仪

4. 当众搔痒

搔痒的举止很不文雅,但瘙痒的原因很多,出现这些情况时,要按所处场合来灵活掌握。如果处在极严肃的场合,应稍加忍耐,如果实在是忍无可忍,则只有离席到较为隐蔽的地方去挠一下,然后赶紧回来。一般来说在公共场合不得用手抓挠身体的任何部位,因为不管怎么注意,抓挠的动作都是不雅的。

5. 当众嚼口香糖

有些人必须当众嚼口香糖以保持口腔卫生,那么,应当注意在别人面前的形象。咀嚼的时候闭上嘴,不能发出声音,并把嚼过的口香糖用纸包起来,扔到垃圾箱里。

6. 当众挖鼻孔、掏耳朵

有些人用小指当众挖鼻孔或用钥匙、牙签、发夹等当众掏耳朵,这是一个很不好的习惯。尤其是在餐厅或茶坊,别人正在进餐或饮茶,这种不雅的小动作往往令旁观者感到非常恶心。

7. 当众挠头皮

有些头皮屑多的人,因为头皮发痒往往在公共场合忍不住挠起头来,顿时头皮屑飞扬四散,令旁人大感不快。特别是在那种庄重的场合,这样是很难得到别人谅解的。

8. 在公共场合抖腿

有些人坐着时会有意无意地抖动双腿,或者让跷起的腿像钟摆似的来回晃动,而且自我感觉良好,以为无伤大雅,其实这会令人觉得很不舒服。记住,这不是文明的表现,也不是优雅的行为。

9. 当众打哈欠

在交际场合,打哈欠给对方的感觉是对所讲话题不感兴趣,表现出很不耐烦了。因此,如果控制不住要打哈欠,一定要马上用手盖住嘴,跟着说"对不起"。

10. 体内发出各种声响

生活经验告诉我们,任何人对发自别人体内的声响都不欢迎,如咳嗽、喷嚏、打嗝、响腹、放屁等。总之,大庭广众之下一定要注意克服。

11. 公共场合吃零食

公共场合吃零食,既不雅观也不卫生,为了维护自身的良好形象,在人来人往的公共场合,最好不要吃零食。

12. 在大庭广众之下行为要稳妥

在大庭广众之下要保持行为举止的稳重大方。如不要趴在或坐在桌子上;不要在他人的面前躺在沙发里;遇到急事时,要沉住气,不要慌张奔跑,表现出急不择路的样子。这些不稳妥的举止都会影响自身的交际形象。

此外,参加正式活动前吃带有刺激性气味的食品、公共场合对别人品头论足等也是必须克服的不良举止。

1. 案例分析

最好的介绍信

一位经理录用了一个没带任何介绍信的年轻人，很多人感到奇怪。经理说："其实，他带来了不止一封介绍信。他精神抖擞、神态清爽、服饰整洁，他在进门前蹭掉脚上带的泥土，进门后随手轻轻地关上了门，这说明他很懂礼貌，做事很仔细；当看到那位残疾老人时，他立即起身让座，这表明他心地善良，知道体贴别人；那本书是我故意放在地上的，所有的应试者都不屑一顾，只有他俯身捡起，放在桌上；当我和他交谈时，他谈吐温文尔雅，思维十分敏捷。这些难道不是最好的介绍信吗？"

（资料来源：杨友苏、石达平，品礼，《中外礼仪故事选评》，学林出版社，2008。）

思考讨论题：

（1）本案例对你有哪些启示？

（2）你已经拥有哪些"介绍信"了？

（3）反省自身一天的言谈举止，看看有哪些忽略的细节，并请注意及时改进。

用微笑沟通心灵

今年28岁的孟昆玉是北京宣武区和平门岗的一位普通交警，凡是从这个十字路口经过的人，几乎第一感觉都是他的微笑。他的微笑不仅是他的一张"名片"，而且成为他工作中与司机有效沟通的"秘密武器"。孟昆玉参加工作8年来，每天都把笑容挂在脸上，用微笑化解矛盾，赢得理解，建立了非常和谐的警民关系，工作8年没有一起投诉，他不仅获得了"微笑北京交警之星"、"百姓心中好交警"、"首都五一劳动奖章"等荣誉称号，而且还被广大网友盛赞为"京城最帅交警"。

警察，在人们心目当中，一般都是很严肃的。而孟昆玉，一个年轻的"80"后交警，何以有这样好的心态，能保持8年如一日的微笑呢？孟昆玉说："从参加工作以来，我的口头语就是'您好'。无论是路面上还是在单位见到同志，我觉得一个微笑，一个'您好'，就能够拉近人和人之间的距离，如果你给司机一个微笑，一个敬礼，一个'您好'，就有了沟通的基础。"

是啊，微笑是人类最美的表情，是人们心灵沟通的钥匙。当一个人对你微笑的时候，你能感觉到他心中的暖意，感受到他对你的善意和友好。反之，一个人若总是紧绷着脸，冷若冰霜，就会让人退避三舍，不愿接近。让我们都像孟昆玉一样，用微笑去沟通心灵，让文明成为一种行动，让我们居住的这座城市因你我更加绚烂！

（资料来源：侯爱兵，profile.blog.sina.com.cn/u/1511388290）

思考讨论题：

（1）结合自身感受谈谈微笑的作用。

（2）本案例对你有哪些启示？

社交与家庭礼仪

2. 将全班同学按每组五人进行分组,分组时男生和女生分开。要求同学根据站姿、坐姿、走姿、蹲姿的基本要领进行训练,纠正不正确的姿势,以养成良好的姿态习惯。

3. 微笑训练

每人准备一面小镜子、音乐播放器材、音乐歌曲 CD、磁带、优秀影视剧中的演员和节目主持人微笑的影像资料等物品,在教室进行以下训练。①情绪记忆法,即将自己生活中最高兴的事件情绪储存在记忆里,当需要微笑时,可以想起那件最令你兴奋的事,脸上会流露出笑容。注意练微笑时,要使双颊肌肉用力向上抬,嘴里念"一"音,用力抬高口角两端,注意下唇不要过分用力。普通话中的"茄子"、"田七"、"前"等的发音也可以辅助微笑口型的训练。②对着镜子,练习微笑,调整自己的嘴形,注意与面部、其他部位和眼神的协调,做最令自己满意的微笑表情,到离开镜子时也不要改变它。③练习微笑之前要忘掉自我和一切的烦恼,让心中充满爱意。注意:训练时可以配上优美的音乐,放松心情,减轻单调、疲劳之感。

4. 手势训练

准备音乐播放器材、音乐歌曲 CD、磁带、投影设备,毛泽东、周恩来等伟人的音像资料等物品。训练时首先观看毛泽东、周恩来等伟人的音像资料,然后在四面墙安装了长度及地镜子的形体训练室开始训练。每两人一组对着镜子练习常用手势并互相纠正。教师最后点评、总结。注意练习时调整体态,保持良好的站姿,并且表情自然。

能力评价表

内 容		评 价	
学习目标	评价内容	小组评价(5、4、3、2、1)	教师评价(5、4、3、2、1)
知识(应知应会)	仪态礼仪的内容		
	站姿、走姿、坐姿、蹲姿的标准做法		
专业能力	能够在不同的场合中展现出正确的姿态		
通用能力	自我管理能力		
	审美能力		
	自控能力		
态 度	敬业、一丝不苟的精神、遵守规范		
努力方向:		建议:	

学习情境 2　家庭生活礼仪

　　家庭美德是每个公民在家庭生活中应该遵循的行为准则，涵盖了夫妻、长幼、邻里之间的关系。家庭生活与社会生活有着密切的联系，正确对待和处理家庭问题，共同培养和发展夫妻爱情、长幼亲情、邻里友情，不仅关系到每个家庭的美满幸福，也有利于社会的安定和谐。要大力倡导以尊老爱幼、男女平等、夫妻和睦、勤俭持家、邻里团结为主要内容的家庭美德，鼓励人们在家庭里做一个好成员。

　　　　　　　　——引自《中共中央国务院关于公民道德建设实施纲要》

　　家庭是文明的核心。

　　　　——佚名

任务 1　家 庭 相 处

情境导入

　　丁丁是一名职业学校的学生，酷爱玩电脑。今天中午放学回到家，也没有和爸爸妈妈打招呼，他就直奔自己房间开始玩电脑游戏。爸妈不知道儿子早已回来，继续在厨房做饭。直到饭做熟了，还不见儿子回家，就一直等了两个多小时。妈妈坐在沙发上乱想：是不是自行车爆胎了，或者是与同学打架了，还是发生了……她越想越害怕，就忍不住给老师打了电话，得知丁丁早已离校。妈妈吓坏了，对丁丁爸爸讲："快，你换上衣服去学校一趟吧，我心跳得厉害，真怕儿子出什么事。"正当丁丁爸爸换鞋刚要出门之时，发现丁丁从房间里出来上厕所，气得爸妈狠狠教训了他一顿，丁丁十分不耐烦地听着，捂住耳朵大声喊叫："你们真唠叨，就事论事好吗？我又没让你们等我吃饭，你们的儿子长大了，给我些自由好不好？"说完就打开门冲了出去……

任务分析

　　本任务"情境导入"中的案例说明了在家庭生活中，讲究礼仪是十分重要的。

　　作为社会的一个基本单位，家庭是在潜移默化中保存和传递社会文化的重要力量。社会的伦理道德、风俗习惯等都是通过家庭才内化为社会成员的行为规范，从而产生社会效应。家庭形式本身也发挥着维护社会秩序的重要功能，而家庭的稳定和谐离不开家庭成员对礼仪规范的遵守。

　　所谓家庭礼仪，是指人们在长期的家庭生活中，因沟通思想、交流信息、联络感情而逐渐形成的行为准则和礼节、仪式的总称。"家和万事兴"，可见"和"是关键，这个"和"用现代的话来解释，就是相互尊重、亲善、谦恭有理的意思。家庭礼仪在现代

社交与家庭礼仪

社会生活中发挥着重要的作用。简单地说,家庭礼仪是维持家庭生存和实现幸福的基础,家庭礼仪不仅能促进家庭成员之间的和谐,也有助于社会的安定、国家的发展。

这里拟通过组织班级学生自编、自导、自演《家有儿女》短剧的形式,完成本任务的学习,具体操作建议如下。

1. 学生分成小组,每组5至6人,每组设计不同家庭生活的片段,形成富有吸引力的剧情,反映家庭礼仪的一个侧面,并形成剧本。
2. 每组学生按照编写的剧本进行表演,用数码摄像机记录整个过程。
3. 然后投影回放,学生自我评价,授课教师总结点评学生存在的个性和共性问题。
4. 最后全班评选出"最佳编剧组"和"最佳表演组"。

知识储备

一、家庭称谓礼仪

1. 家庭一般称谓语

受传统文化的影响,我国的家庭称谓礼仪比较复杂,主要包括以下几个方面。

(1) 尊称语

古代常以"尊"、"贵"、"大"、"台"等词构成尊称语,如"恭候尊驾光临"、"恭候大驾光临"、"贵体"、"贵府"、"台驾"、"台鉴"等。现在对长辈老者,以"老"字构成尊称语较多,如"老伯"、"老人家"、"老先生"等;又如对德高望重的老人,常于"老"前冠其姓氏以表敬重,如"钱老"、"赵老"、"吴老"等。

"同志、师傅"是我国除了亲属外的一种常用敬语,使用上不受年龄、地位、性别限制。但海外人士间宜以"先生"、"女士"、"小姐"相称。

(2) 自谦语

使用自谦语是我国一种良好的交际传统,其目的也是表现对他人的尊重,就连古代帝王也用"孤"、"寡"自谦称呼。不过,大多自谦语还是以"愚"、"愚下"、"敝"、"敝人"、"不才"、"卑人"、"鄙夫"、"区区"等词构成。现在,以"奴"、"妾"、"老朽"等词构成的自谦语现已不多见,成为历史陈迹了。

(3) 家庭成员的介绍

在向别人介绍自己的亲属时,应谦恭地先说对方的姓名,如"老李,这是家母"。客人有优先知情权,如"王姐,我想请你认识一下我的妻子淑芳"。当然,在非正式场合,平辈之间或介绍晚辈时可直呼其名。不过,无论什么场合,都得注意采用适当的语调来介绍,因为不同的语调可以反映出不同的情感,或钟爱,或冷漠。

在介绍丈夫或妻子的父母时,仅用"父亲"、"母亲"的形式易使对方混淆误会,不如用"小梁,这是我婆婆"或"黄磊,这是孙丽的母亲"来得简单准确。

在具体的交际活动中,人们为使自己的礼节更显庄重优雅,往往使用敬称、美称、自谦语,如"令"、"尊"、"贤"、"家"、"舍"、"敝"等词。因为这些敬称在语气上已包含了第二人称的意义,自谦语在语气上已包含了第一人称的意义,所以在使用过程中不必再前冠人称代词,如"您令尊"、"我舍弟"。

(4) 职衔称谓

用职衔称呼对方也是一种对对方表示尊敬的用语,但无亲切意味,同事亲友或关系密切的上下级之间往往很少采用。但有时在庄重场合,还得以职衔相称。

2. 对父系亲属的称谓

对父系亲属的称谓参见表2-1。

表2-1　对父系亲属的称谓

称呼对象	称　呼	自　称
父亲的祖父、祖母	曾祖父、曾祖母	曾孙、曾孙女
父亲的父亲、母亲	祖父、祖母（爷爷、奶奶）	孙子、孙女
父亲的姑父、姑母	姑爷爷、姑奶奶	内侄孙
父亲的舅父、舅母	舅爷爷、舅奶奶	外孙
父亲的姨父、姨母	姨爷爷、姨奶奶	姨外孙
父亲	父亲（爸爸）	儿子
父亲的后妻	继母（妈妈）	继子
父亲的兄、嫂	伯父、伯母	侄子
父亲的弟、媳	叔父、婶母	侄子
父亲的姐妹及其丈夫	姑妈、姑夫	内侄
父亲的侄儿、侄媳	堂兄、堂嫂、堂弟、堂弟媳	*
父亲的侄女、侄女婿	堂姐、堂姐夫、堂妹、堂妹夫	*

注:同宗而非嫡亲者称"堂",母亲之后裔为表亲关系,称"表"。"*"表示对应的称呼,即如果对方为"堂兄",则自称"堂弟",如果对方为"堂弟",则自称为"堂兄"。表2-3中的"*"含义与此相同。

3. 对母系亲属的称谓

对母系亲属的称谓参见表2-2。

表2-2　对母系亲属的称谓

称呼对象	称　呼	自　称
母亲的祖父、祖母	外曾祖父、外曾祖母	外曾孙
母亲的父、母	外祖父、外祖母（姥爷、姥姥）	外孙、外孙女
母亲的后夫	继父（爸爸）	继子
母亲的兄弟及其妻子	舅舅、舅妈	外甥、外甥女
母亲的姐妹及其丈夫	姨妈、姨夫（姨丈）	外甥、外甥女
母亲的表兄弟、姐妹	表舅父、表姨母（表姨妈）	表外甥

社交与家庭礼仪

4. 对兄弟姐妹亲属的称谓

对兄弟姐妹亲属的称谓参见表 2-3。

表 2-3　对兄弟姐妹亲属的称谓

称呼对象	称　呼	自　称
兄及其妻	哥哥、嫂嫂	弟、妹（夫弟）
弟及其妻	弟弟、弟媳	兄、姐（夫兄）
姐及其夫	姐姐、姐夫	弟、妹（内弟）
妹及其夫	妹妹、妹夫	兄、姐（内兄）
叔伯之子及其妻	堂兄、堂嫂、堂弟、堂弟媳	*
叔伯之女及其夫	堂姐、堂姐夫、堂妹、堂妹夫	*
姑父、舅父、姨父之子及其妻	表兄、表嫂、表弟、表弟媳	*
姑父、舅父、姨夫之女及其夫	表姐、表姐夫、表妹、表妹夫	*
嫂嫂、弟媳、姐夫、妹夫之父母	姻家父、姻家母	*
嫂嫂、弟媳、姐夫、妹夫之兄弟及妻	姻兄（姻嫂）、姻弟（姻弟媳）	*

5. 对夫家家属的称谓

对夫家家属的称谓参见表 2-4。

表 2-4　对夫家家属的称谓

称呼对象	称　呼	自　称
丈夫	夫（爱人）	妻
丈夫的祖父、祖母	爷爷、奶奶	孙媳
丈夫的父、母	公公、婆婆（爸爸、妈妈）	儿媳
丈夫的兄弟及其妻	大伯、嫂嫂、阿叔、阿姑	弟媳、嫂
丈夫的姐妹及其夫	姑爷、姑姑	内弟媳、内兄嫂
丈夫的姑母、姑父	姑母、姑父	内侄媳
丈夫的舅父、舅母	舅父、舅母	甥媳

6. 对妻家亲属的称谓

对妻家亲属的称谓参见表 2-5。

表 2-5　对妻家亲属的称谓

称呼对象	称　呼	自　称
妻子	妻（爱人）	夫
妻子的祖父、祖母	岳祖父、岳祖母	孙婿
妻子的父、母	岳父、岳母	婿
妻子的兄弟及其妻	内兄、内弟、内嫂、内弟媳	妹夫、姐夫、姑丈
妻子的姐妹及其夫	姨姐、姨妹、姨夫（襟兄、襟弟）	姨妹夫、姨姐夫
妻子的姑母、姑父	内姑母、内姑父	内侄婿
妻子的舅母、舅父	内舅母、内舅父	内甥婿

注：因泰山有丈人峰，故岳父又称泰山，岳母又称泰水。

学习情境2　家庭生活礼仪

7. 常见亲属合称称谓

常见的亲属合称称谓有：公孙（祖父与孙子女）、父母、父子、母女、叔伯（叔父与伯父）、叔侄（叔父伯父与侄儿侄女）、公婆、翁姑（对丈夫之父母的旧称）、翁媳（公公与媳妇）、婆媳、翁婿（岳父母与女婿）、舅甥（舅父舅母与外甥）、兄弟、姐妹、夫妻、妯娌（兄妻与弟媳）、姑嫂（丈夫的姐妹与嫂嫂、媳）、连襟（姐妹的丈夫）、郎舅（姐妹之丈夫与其兄弟）等。

二、父母子女礼仪

1. 父母对子女的礼仪

（1）明确责任

首先明确父亲的角色和责任。父亲的角色形象不仅是和母亲一起管理家庭的家长，更是孩子心目中的强者、朋友、可以信赖的合作伙伴，对孩子思想、学习、生活和成长等方面在一定程度上起决定性的影响。父亲在执行上述角色功能过程中，需要克服自身的不足。比如，一是不能因为工作或人际关系的原因借故施暴于孩子；二是克服传统的大男子主义、唯我独尊的观念，要能细心倾听孩子的意见，以平等的态度与孩子交谈各种问题。特别重要的是父亲和母亲一样，必须从各方面修养自身，事事处处为孩子做出榜样。

其次明确母亲的角色和责任。母亲不仅要给孩子美好的生命，抚养孩子成人，更重要的是应懂得如何教育好孩子，把孩子培养成社会需要的人才。要懂得如何尊重孩子，并按孩子的特点把他培养成具有独立人格的人。母亲要细心观察和悉心研究孩子各个发展阶段的生理与心理的变化，因势利导，施以教育。在孩子需要帮助时，无论是因疾病、学习，还是思想、精神、心理所带来的困难，都能给予无条件、无保留的关怀和鼓励。同时，母亲也是对孩子成长影响最大的人，她的思想品德乃至言行举止都潜移默化地影响着子女，因此，要求母亲自身成为子女的楷模。

（2）细心培养

培养子女，是作为父母义不容辞的职责。子女的健康成长，有赖于父母的栽培。而子女的成才，又是父母的殷切希望。古语有云"十年树木，百年树人"，由此可知培养一个人谈何容易。父母对子女的培养，应当从大处着眼，小事做起。在言传与身教这两个方面，特别要注意多下工夫。

首先要注意言传。对于子女，父母应当注重双方的语言交流，通过彼此之间的交谈，及时交流思想，并且有意识地对其批评、指点或者帮助，这就是对子女言传的基本意义。对子女言传，一方面要有耐心。不论自己是忙是累，都要争取时间，创造条件，与子女多做交谈。子女，尤其是年幼的子女，害怕被人冷落。父母若是一味只管个人之事，而与其疏于语言交流，甚至反感于对方的打搅，就会使其满腹委屈，心情不佳。因此，对晚辈的言传，必须细致、耐心、经常化。对子女言传，另一方面需要真心。跟子女交谈时，要求真务实，力戒虚伪。不要对子女言而无信，言而失真。否则不仅会有损于个人威信，也会使子女被自己误导。另外，与子女交谈，要重在关心、帮助，并且以真、善、美之事对其进行潜移默化，既要不忘教育之本，又要善于采用易被对方所接受的方法。

社交与家庭礼仪

其次要注意身教。与对子女进行言传相比,身教具有更加重要的意义。对子女进行的身教指父母在子女面前注意以身作则,身体力行,有意识地发挥自身的示范作用。父母对子女的培养,主要是传、帮、带,即传授知识、帮助指点、带领进步。这一过程中,"坐着谈,何如起来行?"父母自身的所作所为,犹如一面镜子,不但可以正自己而且可以正子女。

父母要言行一致,凡事身体力行。任何时候都不要对孩子撒谎。许诺孩子的事,要尽量兑现。倘若父母为老不尊,口是心非,言行不一,当面跟子女说一套,背着子女又去做另外一套,那么即使会骗对方一时,也终有被对方识破之日。到了这个时候,长辈不仅会失去子女的信任,而且还会对其产生恶劣的影响。相反,父母若是言行一致,凡事身体力行,就会为子女树立好榜样。身教重于言教,每一位做父母的人,对于自己在子女面前的示范作用,绝对不应当忽略或者低估。

(3)严格管教

溺爱子女或放纵子女,是长辈之大忌,其最大的恶果,是使子女失去了约束而放任自流。因此,长辈对于子女,必须负起管教之责。古人曾经说过"子不教,父之过",可见,父母管教子女是合乎天理人情的。

在管教的过程中,要注意摆事实,讲道理,以理服人而非以势压人。尽量不要当着外人的面批评孩子。平时应注意观察和表扬子女的优点,多鼓励孩子。对孩子提出的问题,父母要尽量给予答复。父母发现孩子的不足和过错,要及时予以指正,以便于防微杜渐。对于子女在人际关系中出现的问题,尤其是与他人产生矛盾瓜葛时,更不可护短,对子女的短处熟视无睹。管教子女,应当注意以下三条。

一是对子女负责。对于子女,父母必须全面地负责。在生活上要扶持,学习上要督促,工作上要指点。对子女不负责任的长辈,绝对是不称职的。父母对子女负责,首先必须对其处处严格要求。发现了子女的过失与不足,要及时予以指正。对于子女在人际关系中出现的问题,尤其是在其与人产生矛盾纠缠时,不要只指责别人,而对属于子女的短处熟视无睹。对于子女,切忌娇生惯养,百依百顺。在条件允许的情况下,要支持子女经受困难的考验,自己动手,自立自强。不要处处对其包办代替,而不允许子女自作主张。"娇是害,严是爱"。真正关心爱护子女的父母,在管教自己的子女时,绝不要敷衍了事,随意应付。当其他人管教自己的子女时,要予以支持和谅解。不要出面加以干涉,或是纵容子女与之对抗。父母对子女负责,着重点应当在人生大事方面,不要为了只做到这一点点而事事为子女代劳,从而有碍其自主、自立。

二是对子女理解。在管教自己子女的具体过程中,要注意摆事实,讲道理,以理服人。不要动辄摆起父母的架子,随口训人、骂人;更不能对子女乱动"家法",又打又罚。对子女进行管教,"武力镇压"在任何时候都不是好方法。父母对子女的管教,应当建立在相互理解的基础上。不了解子女的所思所想,不让子女了解自己的一片善意,父母对子女的管教就容易让子女产生逆反心理。对子女要加以理解,应当注意在人格上与之相互平等。与子女打交道,不要自以为是,只端架子,论辈分,重要的是要能够站在与对方完全平等的位置上,去公平地讨论问题。对子女要加以理解,还应注意对其表示应有的尊重。父母要懂得尊重子女,要让对方说话,并鼓励对方表达己见。不要只会打骂对方，羞辱对方。在外人面前，尤其忌讳这样做。

三是教育子女独立。正确的照顾、教育子女的目的，应该是让他们尽早且顺利地脱离父母而独立，独立成为社会所需要的健全的成员。

（4）尊重孩子

没有尊重，便无所谓礼仪，人与人交往的前提条件是互相尊重，教育孩子同样遵循这一规矩。只有做父母的学会尊重孩子，孩子才能学会尊重父母。不要错将畏惧当成尊重。

① 一旦孩子就某件事尝试着独立发表意见，要仔细地聆听，绝不能呵斥或嘲笑。像家庭会议一样试着讨论，能使孩子学会处理事件的逻辑方法和思路。

② 不要把自己的判断强加给孩子。即使父母认为气温已经很低了，给旁边奔跑玩耍的儿子增添衣服时也要听听他的感受。

③ 尊重孩子的生活目标。不要以自己设立的生活目标代替孩子的想法，让他学钢琴、踢足球或画画达到某种令父母骄傲的程度。这会给孩子巨大的精神压力，实际上也是做父母的自私。

④ 避免让孩子感觉到任何强迫的滋味。无论在语调上、态度上，还是道理的铺垫上。避免使用下述语型："你怎么总是这样"、你老是……"、"你为什么从不……"、"你应该知道……"、"我告诉过你多少次了……"、"你为什么总是孩子气"、"你什么时候才能长大"、"你能不能懂点事……"。孩子的眼光与父母的往往截然不同，换一种说法"给我讲讲你是怎么想的"、"你看爸爸是不是理解了你说的意思"，这样能更好地实现沟通。

⑤ 让孩子自己处理和他人的关系，发贺卡、送礼物、写信，不要横加干涉。尊重孩子们的小朋友，就是在教育孩子尊重别人，包括父母在内。

⑥ 当夫妻两人对教育孩子的方式产生分歧时，不要让孩子学会利用这种分歧。任何一方都不应干涉另一方与孩子的关系，让孩子自己解决与父母之间产生的僵局。当然可以帮助孩子分析一下自己的不足，以改正错误来扭转局面。

⑦ 当孩子对老师的行为表示委曲或不满时，不要擅自出头，讨个公道。站在孩子的角度谈出自己的感受，给出一些切实的指导，让孩子自己去处理人际问题。以下方法对父母赢得孩子的合作大有帮助：向孩子讲出你理解他的感受，让孩子感到你的理解是与他相同的；用自己的经验故事与孩子分享，告诉他你也有过类似的麻烦；与孩子一起探讨是否有解决问题的方法，是否能够避免再产生此类问题。只要用大人的身份来对待孩子，孩子是很乐意共同讨论的。

2. 子女对父母的礼仪

（1）明确责任

首先，儿子要明确自己的角色和责任。传统家庭中，儿子的角色责任非常明确，其家庭地位仅次于父亲，不仅要为家庭续"香火"，更是法定的财产继承人。他有赡养父母、为父母养老送终、创造财富、维持一家人生计的责任。在现代家庭里，儿子对家庭承担的责任、义务和权利是与女儿同等的，做儿子的要尊敬父母，接受父母的教育，承担家务劳动，关心父母的生活；长大成人到能独立生活后，要赡养父母、孝敬父母、让

社交与家庭礼仪

父母过一个快乐的晚年。

其次,女儿要明确自己的角色和责任。女儿的家庭地位和角色责任在现代家庭中,与儿子是一样的。为此,女儿应该从以下方面来设计自己的角色形象:一是从严要求自己,为将来胜任繁复的人生义务打下良好基础;二是要保持积极向上、豁达的人生观,高标准要求自己,培养自己;三是婚后无论是否与父母同住,都要承担起赡养父母、孝敬父母、让父母安度晚年的责任。

(2)尊重父母

首先要听从父母教诲。孝和顺总是相联系的,没有顺也就没有孝。孝敬长辈,就应该听从长辈的正确教诲,不应随便顶撞,有不同想法可以和父母商量,应讲道理。

其次要分担父母忧虑。孝心是一种前进的动力。真孝敬长辈,就应该严格要求自身,体谅长辈的艰辛,尽可能少让长辈为晚辈操心,不给父母添麻烦,并为父母分忧解难。在父母生病或有困难时,尽力去关心照顾父母、协助父母;刻苦学习,努力求知,让父母少为自己的学习担心;自己照顾好自己,离家外出时应及时向父母汇报情况,注意安全。有孝心的孩子,懂礼貌,责己严,为父母分忧解难。

最后要体谅父母。子女应该宽厚待人,包括对自己的父母。当受到父母的惩罚或错怪时;或自己的要求被父母否定或拒绝时,子女应该冷静地想一想,理解父母,体谅父母。受到父母惩罚时,首先态度要端正。受惩罚一定是自己有了过错,父母在生气之极不够理智所致,所以,一定要老老实实承认错误。顶撞、争辩、赌气、使性子都是不明智的做法,只会火上浇油。另外要理解父母,惩罚的教育方式虽不妥当,有失文雅,但可以用强制的手段"强迫"子女改正错误。小错不改会酿成大错,严厉惩罚造成的压力,很可能使子女一次就纠正错误,改掉坏毛病。另外要明白,管教孩子是每个做父母的责任,父母都希望自己的孩子健康成长,不要有错误和过失。有时子女犯的错误比较严重,让父母生气,父母出于关心疼爱的目的,对子女进行惩罚。可以想象,父母绝不会对一个与他们毫不相干的人去进行惩罚。所以要体谅父母,即使受到惩罚,也要主动关心父母,主动和父母交流解释。受到父母错怪时,应该耐心听完父母所说的话,不要认为自己没错就顶撞父母。要心平气和地解释说明,当父母了解了真相后,也就消气了,家庭问题就化解了。

(3)孝敬父母

首先要主动关心问候。在家里,子女要向长辈勤问候、主动问候,表达对长辈的尊重关心体贴。早上要向长辈问好,晚上要向长辈问安;长辈外出或下班也要问候。父母工作劳累之余,如果能得到子女一个充满爱心、关怀的问候,那么,父母的疲惫、烦恼,甚至病痛,都会在子女像春风一般的亲情关怀中消失。当长辈生病的时候,在端药送水的同时,应加以劝慰、问候。过新年、过春节,或每逢母亲节、父亲节时应向长辈问候祝福。平时走进父母房间要先敲门,经允许后进入;不得随意翻动父母的私人物品;外出或回到家要打招呼;出门必敬告去向,回家必面见父母;父母召唤,应立即答应并趋前承命。

其次要关心父母的健康。当父母劳累时,子女应主动帮助或请父母休息一下;当父母外出时,子女应提醒父母是否遗忘东西或注意天气变化;当父母有病时,应主动照护,煎药、喂药、问寒问暖，多说宽慰话并陪同就医。父母生病、住院，就会打破过去长期形成的正常家庭生活秩序，会使子女感到心慌意乱、手足无措，不知父母的病严重到什么程度，为父母担心。从来不做家务活的子女要亲自动手，有时还会影响睡眠，妨碍读书学习，如果不能合理地安排处理，时间长了会产生厌烦情绪，一旦流露出来肯定会伤害父母。此时此刻，做子女的要十分理解父母的心情，给父母以更多的体贴和关心。长辈生病后都有求助心理，特别渴望子女亲人能为自己提供种种方便，从心理上得到安慰和满足。但长辈得到子女的照顾、体贴后，看到子女被自己所拖累，内心深处又会感到不安和痛苦，存有矛盾心理。因此子女就要更加主动关心、体贴父母的病痛，在讲话的态度、语调、方式上均要比平时更为亲切和蔼，尽可能在精神上消除父母的痛苦和不安。子女要承担力所能及的家务劳动，合理安排好学习、娱乐等各项活动，始终保持良好的心理状态。当父母因病痛而情绪不佳时，要格外小心谨慎，切不要为了父母某些不恰当的话或举动就与他们争执，要理解病人的烦躁心情，要忍让。当父母需要长期照顾时，更须事事处处表现出耐心，用行动消除父母的顾虑。

再次要参与家务劳动。父母养育了子女，子女应为父母多做点事。这是每个子女都应该做到的。有些子女懒得铺床叠被，懒得洗袜子、洗手绢，懒得收拾桌子，甚至于懒得洗脸、洗脚，连喝水也懒得自己倒。子女应承担需要完成的家务劳动，包括吃饭时摆筷子，餐后洗碗、扫地、整理自己的房间、打扫家里的卫生、替父母接待一下客人，因为子女也是家庭的一分子，所以家庭中的事情也是子女的事情，要主动做家务。不仅强调"自己的事情自己干"，还要强调"家里的事情主动干"。

最后要牢记父母的生日。生日，对每个人来说都是值得纪念的日子。生日时总要以某种形式庆贺一下这个日子。做儿女的不记得父母的生日，不一定就是没有孝心，而大多是因为太粗心。要知道记住父母生日并以某种形式表达一下孝心对于老人来说非常的重要。父母生儿育女，操劳一世，对生活没有太多要求，最大愿望就是能得到感情上的安慰，得到儿女的体贴与关怀。孝敬父母并不只是体现在给老人钱或请老人吃顿饭，而是应给予老人一种细腻的情感，一种无微不至的关爱，就像父母呵护年幼的子女一样。孝敬长辈给父母祝寿要有点礼物、有些问候和祝福。养育之恩自然是无法回报的，"谁言寸草心，报得三春晖"。子女应该把父母牢牢记在心里。在父母生日之际，即使儿女在遥远的地方，一个电话，一封书信，一声问候，对父母来说也会是无比的欣慰。

三、尊老礼仪

1. 对长辈礼仪上的禁忌

中国有敬重长辈的传统，敬重分寸随长辈的辈分和亲疏而异，如果辈分不清，亲疏无别，礼仪上失去分寸，就会落下笑柄。

长辈一般有三类：一是亲属长辈，如叔父母、伯父母、姨父母、舅父母、岳父母以及与之相应的更长一辈的亲戚。二是师友长辈，这是没有亲戚关系而又比较亲近的长辈，如老师和老师的妻子与父母，朋友的父母、祖父母和岳父母。三是一般的长辈。

在长辈面前忌"抢"。如举行家宴，一道菜上来长辈还没有动筷子，千万不要一边喊"烤鸭上来了"，一边手筷并用，把细嫩的脯肉抢到自己碟里。

社交与家庭礼仪

在长辈面前忌"野"。如父母说的话不符合实际或不合自己的心思,切忌失态地说"你胡说"之类失礼的话。

在长辈面前忌妄自尊大,应谦虚有礼。

在长辈发生诉讼纠纷,特别是和父母亲或祖父母、外祖父母这些辈分上的至亲发生诉讼纠纷,要依法陈诉或辩驳,切忌谩骂、嘲讽,失去对长辈应有的礼节。父辈与祖辈之间发生的矛盾,孙辈忌以亲疏失礼,不要助父骂祖,也不要助祖谤父,要严守理与礼的立场。

与长辈发生争论,应该先设法使老人平了气,然后心平气和地商谈。

子女外出,要向长辈告知,如说"爸爸,我去……了"之类;每次回家,不要一声不吭,要说"妈妈,我回来了"等。

对相处亲近的长辈生日、结婚纪念日或他自己十分重视的特殊纪念日,要祝贺。

长辈正当的恋爱、婚姻,晚辈不宜不礼貌地干涉或反对。

面对长者的称谓:用表示尊敬的人称代词"您";称辈分名,如爸爸、姥爷、老师、伯伯之类;忌直呼其名,或"你"来"你"去的。

对长辈行礼的礼式,一般可以鞠躬或口头祝福、不宜行握手礼,更不宜先伸手去握。

2. 孙子孝敬祖辈

除了自己的父母外,祖父母、外祖父母都是自己的家庭成员。祖父、祖母、外祖父、外祖母辛苦了一辈子,含辛茹苦地养大了父亲、母亲,没有他们,便没有我们的父母,更没有我们。所以,我们应该孝敬他们,对他们要特别讲礼貌。

老人年岁大了,走动不便,我们对他们要给予特殊的照顾:给他们盛饭夹菜,睡觉时为他们铺床盖被放蚊帐;在他们走动时予以搀扶;有空时陪他们说话解闷……如果老人病了,更要给予精心照料,主动为其煎药、喂药,问寒问暖。俗话说"树老根多,人老话多"。老人上了年纪,说话比较啰嗦,有些事情翻来覆去要说好几遍。对这种必然的生理现象应该充分理解,而不该表示厌烦,总是粗暴地打断老人的絮语。当老人家唠叨时,正确的话,我们要听;就算错了,也让他们说完以后再作解释。如果只是一个劲地嫌老人啰嗦,对他们的话不理不睬,甚至粗暴地顶撞,那就必然令他们伤心。就算我们内心还是孝敬老人的,就算平日里我们也曾用心照顾他们,但只要有过一次粗暴无礼的行为,长辈受伤的心就不易康复。这一点一定要切记。

四、亲属亲戚礼仪

1. 亲属礼仪

现在国家实行计划生育的政策,多数家庭只有一个孩子。但是独生子女的堂兄弟姐妹、表兄弟姐妹还是不少的。不论是亲兄弟姐妹还是堂(表)兄弟姐妹,都要相互尊重、关心、谅解、帮助、谦让,长爱幼,幼尊长,彼此爱护,不争不吵,情同手足,共同创造温馨祥和的家庭氛围。家庭能否愉快和幸福,兄弟姐妹的和睦相处起着重要作用。在现实生活中,兄弟姐妹都是差不多的同龄人,朝夕相处,要做到处处符合礼仪,也并不是一件容易的事。这之间一般要注意以下礼节。

（1）哥哥姐姐的礼仪

假如是哥哥姐姐，就应该时时以身作则，努力成为父母的得力助手；多干家务活；遇事要宽宏大量，不与弟、妹斤斤计较，更不要以为他们比自己小就随意指挥他们干活；当弟、妹求教或请求帮忙时，应耐心帮助和解答，切忌不耐烦或不屑帮忙。弟弟妹妹有错时，不要在父母或他人面前斥责他们，以免伤害他们的自尊心，更不能经常在父母面前"告状"，而引起他们的反感。万一与弟弟妹妹发生争吵，应当看父母的面，在父母面前作自我批评。兄弟姐妹要和睦，如有意见可以通过父母解决，不可相互争吵。

（2）弟弟妹妹的礼仪

假如是弟弟妹妹，就要尊重哥哥姐姐。不能有优越感，更不能骄蛮无理，干什么事都不把哥哥姐姐放在眼里，为所欲为，不为他人着想。与哥哥姐姐发生争执时，不要利用自己的得宠地位到父母亲面前去"告状"，以免加深兄弟姐妹间的隔阂。

称呼时要有礼貌。称呼自己的哥哥姐姐、堂（表）兄、堂（表）姐，不应直呼姓名或小名，也不能起外号。如果在场的堂（表）兄弟姐妹多，称呼时可能不知在叫谁，可在称谓前加上他（她）的名字，如：俊祥哥哥、惠珍姐姐等。

2. 亲戚间的礼仪

（1）亲戚间应多联系

走亲戚，这一俗语生动地反映了亲戚间的联系方式。在交通和通信不太发达的情况下，亲戚间逢年过节串门是不可缺少的内容，平时的联系也靠"走"。现代社会生活节奏快、时间宝贵，但现代社会通信发达，亲戚间的联系已不再只靠"走"的形式来实现。多日不见，应通个电话，表示关心和问候；碰上亲戚有喜事应带上礼物前去祝贺；对长辈，逢年过节应去探望；知道亲戚生病或有困难更不能退避三舍。

（2）贫富高低一样亲

亲戚有贫、有富，亲戚间存在着地位、职业、爱好、性格等方面的差别。对地位高或经济状况好的亲戚，不卑躬屈膝，不逢迎奉承，不低三下四，求怜乞讨。对各方面状况都比自己差的亲戚，应热情，以免损伤对方的自尊心。

亲戚间应只有年龄辈分的差别，做到贫富高低一样亲。当然，亲戚间的远近、关系不可能是完全一样的。住得近或兴趣相投的，走动多一些，关系近一些。住得远或共同话题少的走动少一些，关系会相对远一些，这很正常。但不能以贫富、职务高低来确定远近关系，这与自然形成的远近关系有着本质的差别。

（3）亲戚间切忌搬弄是非

对亲戚中发生纠纷的家庭，不闻不问固然不好，但也不能随意干涉，自以为是。"清官难断家务事"，如果对方委托就其纠纷帮忙解决，应首先弄清情况，客观公正，不可偏袒一方。

（4）亲戚求助时的礼仪

亲戚有所求，自然是遇到了困难。对一般朋友的困难都要尽心帮助，亲戚就更没有理由推脱了。遇到此情况，首先应耐心倾听亲戚的要求，千万不能心不在焉，或表现出高人一等的神情，即使是帮不上忙，也应让亲戚带一份真诚和热情回去。如果答应了对方的求助，应尽心尽力地去办，敷衍了事还不如不答应。没能力帮忙的请求，应耐心解

社交与家庭礼仪

释，以征得对方的理解。

在求亲戚帮忙时，也应有成与不成的心理准备。否则，会责怪对方，并在心理上蒙上阴影。

五、家庭起居礼仪

1. 进餐的礼仪

在家里，我们都是一日三餐，家家如此。家庭用餐时也讲究礼仪，家庭餐饮同样能反映出家庭的文化修养。那么家庭餐饮要注意些什么呢？

（1）餐前准备

如果饭菜还没做好，应该帮家长做些力所能及的下手活。在用餐前要主动帮家长做准备工作，不应坐在餐桌前，等着父母把饭菜端上来。帮助家长摆好桌凳，用干净抹布擦拭饭桌，再摆好碗筷，在饭桌上摆放筷子时，要把筷子一双双理顺，大头冲桌外，小头冲桌里；然后轻轻放在每个人的餐桌前。不要一横一竖交叉摆放，也不要一根是大头，一根是小头，筷子要放在碗的右边，不能搭在碗上。要请长辈入席。

吃饭前要洗手。如果刚放学回来或刚运动完毕，应该先洗手洗脸再上餐桌，否则，满头大汗，满脸灰尘就用餐，不但不讲卫生，还会影响别人的食欲。要主动帮助家长盛饭端菜。盛饭时，不要盛得过满；端菜端饭时，用大拇指扣住碗或盘边，食指、中指、无名指托住碗或盘的底儿，手心空着。要注意，大拇指翘起来，不然大拇指沾到饭菜上很不卫生。端着饭菜要端稳慢走，不要让饭菜洒出来。

饭菜先端给谁，摆在什么位置，要注意按老幼宾主顺序。端饭要先端给长辈，如：先端给爷爷、奶奶，再端给爸爸、妈妈，最后端给自己，如果有客人共同进餐，要先端给客人，再按家庭辈分依次端上。端菜，要先把好吃的菜，合长辈口味的菜，摆放在靠近长辈的面前。即使是自己最爱吃的菜，也不能放在自己面前。有时，长辈出于疼爱，将我们爱吃的菜摆放在面前，也应礼让。

（2）谦让入座

家庭用餐的入座，虽然不像参加宴会或到他人家中做客那样讲究，但也应注意一定的礼仪。

先请长辈入座。一般上座应让爷爷、奶奶或爸爸、妈妈坐，自己坐下首，即对着爷爷、奶奶或爸爸、妈妈的位置。如果爷爷、奶奶年老体弱，行动不便，应搀扶着他们入座。要按照就餐的坐姿来要求自己。坐姿要端正，两小臂靠近桌边上，手臂不要横托在桌上；双手在桌上，右手持筷子，左手扶着饭碗，不要右臂在桌上，左臂在桌下；两腿靠拢，双脚平放，不要一条腿搭在另一条腿上，两腿交叠，更不能坐在桌前跳脚晃身。

如果有客人共同进餐，座次会有变动，一般是请客人坐上座。如果这时饭桌坐不下了，自己应主动地坐另外的桌子上，让出座位。千万不要争座位，那样就有失礼节了。

待用餐时不能在饭菜还未摆好上齐时，就先拿起筷子准备夹菜，或眼睛盯着饭菜，显出迫不及待的样子；更不能坐在饭桌边，一手拿着根筷子随意敲打，或用筷子敲打碗碟。

学习情境2　家庭生活礼仪

（3）文雅用餐

用餐时让长辈先动碗筷用餐，或在听到长辈说"大家一块儿吃吧"，你再动筷，不能抢在长辈的前面。

吃饭时，要端起碗，大拇指扣住碗边，食指、中指、无名指扣碗底，手心空着。不端碗时，要注意吃相文雅。夹菜时，不能用筷子在菜盘里翻来翻去，或用筷子搅菜，应从盘子靠近或面对自己的盘边夹起；不要用筷子穿刺菜肴，当餐叉使用；不要将筷子含在口中，更不能把筷子当牙签使用。如果筷子上有饭粒或菜叶，应吃干净后再去夹菜。注意夹菜时，不要让菜汤滴下来，遇到别人也来夹菜时，要注意避让，谨防"筷子打架"。一次夹菜不要太多。喝汤时，调羹不要碰响碗盘，从外向里舀（吃西餐时则应从里往外舀），调羹就口的程度，要以不离碗、盘正面为限，千万不要把汤滴在碗、盘的外面。喝汤时不能发出响声，也不要用嘴对着热汤吹气。可先用调羹少舀一点尝尝，慢慢喝，或舀到碗里，等汤稍稍凉些再喝。不能将汤碗直接就口喝，当汤碗里的汤快喝尽时，应用左手端碗，将汤碗稍稍侧转，再用调羹舀汤，不要将汤端起一饮而尽。吃饭时，要闭嘴咀嚼，细嚼慢咽，这样既有利于肠胃消化，也是餐桌上的礼仪要求。绝不能张大嘴，大块往嘴里塞，狼吞虎咽，更不能在夹起饭菜时，伸出脖子，张开大嘴伸着舌头用嘴去接菜；一次不要送入口中太多的食物，这样会给人留下一个嘴馋和贪婪的印象，也不要遇到自己爱吃的菜时，就把盘子端到自己跟前，或者大吃特吃，要顾及餐桌上的其他人。如果盘中的菜已不多，我们想把它吃干净，应征询一下同桌人的意见，别人都表示不吃了，才可以把它吃光。

在吃饭中途需要暂时离桌时，要将筷子轻轻搁在桌子上的碗边或碟边，不能插在饭里或放在碗上。不要用筷子指别人，在请别人用菜时，不要把筷子戳到别人面前。总之筷子不能在餐桌上舞动。用餐的动作要文雅一些。夹菜时，注意不要碰到邻座，不要把盘里的菜拨到桌子上，不要把汤泼翻。不挑食、偏食，珍惜粮食不掉饭菜。嘴角沾有饭粒，要用餐纸或餐巾轻轻擦掉，不要用舌头去舔。咀嚼时不要发出响声，口含食物时最好不要讲话，尤其不在用餐时开玩笑，以免口中食物喷出，或口中食物呛入气管，造成危险。如果确实需要与家人谈话时，应轻声细语。

吐出的骨头、鱼刺、菜渣等，要用手取出来，放在自己面前的桌子上或专用的盘子里，不能直接吐到桌面或地面上，如果要咳嗽或打喷嚏，要用手或手帕、餐巾纸捂住嘴，并把头向后方转。吃饭时嚼到沙粒或嗓子里有痰，应离开饭桌去吐掉。

吃饭时，要主动给长辈添饭、夹菜，遇到长辈给自己添饭、夹菜时，要道谢。吃饭时精力集中，不能一边看电视或一边看书报一边吃饭，这样既不卫生，也影响食物的消化吸收，还会损伤视力。与兄弟姐妹在一起用餐时，要相互礼让，不要在吃饭时打打闹闹或边吃边玩左顾右盼。不应随便走动，尽量少说话，使大家能在安静的环境中以良好的情绪进餐。

（4）餐后收拾

用餐后，要轻轻放下碗筷，用餐纸或餐巾擦嘴。如果自己先吃完，要与父母或其他长辈打声招呼再离开座位。如说"爸爸，您慢慢吃。"或者说"大家请慢慢吃"等，不能一推饭碗什么话也不说就离开餐桌，这是不礼貌的。等大家都用餐完毕，应帮助家长

社交与家庭礼仪

一同收拾碗筷，擦桌子，洗刷碗筷，不能碗筷一摆，就扬长而去，或坐在一边由家人忙碌，自己无动于衷，这都是不礼貌、没有教养的表现。

2. 睡眠的礼仪

睡觉可不是一件简单的事，人的一生有将近三分之一的时间是在睡眠中度过的，在酣然入梦之际，切不可失礼。

（1）睡前

准备就寝前，应准备好第二天的工作。这样做既可放心就寝，又为第二天工作、学习提供方便，不要随便一推就上床睡觉。为保护牙齿、促进血液流通，增强睡眠效果，睡前要刷牙、洗脸、洗脚。睡前不要再吃东西，不然有害于牙齿和肠胃消化系统。还要上厕所方便一下，不然夜里起来上厕所，既不方便，也打扰家人睡觉。

（2）就寝

上床前，先把床单扫净、理平，再把枕头放在床的一头，然后铺好被褥，不要硬拉乱扯。上床时要有次序地脱鞋解衣，摆放整齐。不然早上起来会慌乱而耽搁时间。睡前不要看刺激性的电影、电视节目，以免影响睡眠；也不要躺在床上看书，看书姿势不正会损害眼睛。入睡时要关灯，避免浪费。可将闹钟定时。睡觉姿势要端正。应该仰卧或侧卧，不趴着身子睡觉。被子要盖到头部以下，不要用被子蒙着头睡觉，更不要将身子蜷卧进被子，这样有害身体发育，影响健康。如果在半夜里起床上厕所，注意脚步要轻，开门关门要轻，不要能出响声，以防打扰家人休息。

（3）起床

养成按时起床的习惯。穿衣动作要有条理。起床后，要自觉主动地叠好被褥。先刷牙，再洗脸。刷牙时要上下刷，注意方法要正确。漱口时不要故意发出声响。洗脸要注意把脖子和耳朵背后也洗一洗，洗完脸后把毛巾洗净拧干，晾在通风处。每天早起要向父母尊长道早安。如果父母或家人还没起床，要轻手轻脚，不要打扰他们。

3. 看电视的礼仪

应该有节制、有选择地观看电视节目。有节制是指应该在每日完成工作之后再看。有选择是指可以看有助于增长知识的内容。不宜长时间地看多集电视连续剧，这样既会影响学习和工作，也会影响视力。

1. 案例分析

日　记

人们常说家庭是社会的细胞。可是，一个小小的社会细胞也会有许多风波。

有一次，我看完电影带着满意的心情走回家。"妈，我回来了。"我推门喊着，没人答应。大厅里静悄悄的。这时，我发现我房里有灯光，便悄悄地推开了房门。哦，妈妈正坐在写字台旁翻看我的日记本。这时，我一股怒潮从心底涌到头顶。这日记是多年来伴随我的密友，是我的私人秘密呀，别人怎么能随便翻阅呢？"您怎么能偷看我的日记？"

"我都是为你好,你不让我看你的日记,我知道你成天想些什么?"这时我的双眼模糊起来了,接下来的话我没听,我猛一转身,"砰"地关上门出去了。后来整个一星期我都没跟妈妈说过一句话,虽然我愤怒的情绪已经渐渐消退,但我对妈妈仍然怀有怨恨的心情。

又一个星期过去了。一天,我刚放学回到家,忽然发现我房间的写字桌上有一本带锁的日记本。粉红色的日记本上有一张纸条,上面写着:"婷婷,上次妈妈看了你的日记是不应该的,妈妈错了,原谅妈妈吧。"看着妈妈写的字条,我情不自禁地冲向厨房,高兴地喊了一声:"妈妈!"

(资料来源:崔志峰,《礼仪》,科学出版社,2008。)

思考讨论题:

(1)家长应该怎样与子女相处?

(2)本案例对你有哪些启示?

丰子恺教子

丰子恺先生是中国现代漫画家、翻译家、文学家、美术音乐教育家,浙江省崇德县石门湾人(今桐乡石门镇)。丰子恺在平时生活中,经常给孩子们讲要对人有礼貌,还非常具体细致地说:"礼仪",就是待人接物的具体礼节和仪式。

丰子恺是名人,家里经常有客人来访。每逢家里有客人来的时候,父亲总是耐心地对孩子们说:"客人来了,要热情招待,要主动给客人倒茶、添饭,而且一定要双手捧上,不能用一只手。如果用一只手给客人端茶、送饭,就好像是皇上给臣子赏赐,或是像对乞丐布施,又好像是父母给小孩子喝水、吃饭。这是非常不恭敬的。"他还说:"要是客人送你们什么礼物,可以收下,但你们接的时候,要躬身双手去接。躬身,表示谢意;双手,表示敬意。"这些教导,都深深地印在孩子们的心里。

有一次,父亲在一家菜馆里宴请一位远道而来的朋友,把几个十多岁的孩子也带去作陪。孩子们吃饭时,还算有礼貌,守规矩。当孩子们吃完饭,他们之中就有人嘟囔着想先回家。父亲听到了,也不敢大声制止,就悄悄地告诉他们不能急着回家。事后,丰子恺对孩子们说:"我们家请客,我们全家人都是主人,你们几个小孩子也是主人。主人比客人先走,那是对客人不尊敬。就好像嫌人家客人吃得多,这很不好。"孩子们听了,都很懂事地点头。

丰子恺的儿子丰陈宝,小时候很守规矩,但特别害怕见生人。因此,在客人面前,常常显得不大懂礼貌。丰子恺觉得,小陈宝之所以这样,恐怕是因为他平时很少接触生人,缺乏见识和这方面的锻炼。于是,他就利用一些外出的机会,带着小陈宝出去见世面。一次,丰子恺到上海为开明书店做一些编辑工作,把小陈宝也带去了。那时,小陈宝十三四岁,已经能帮着抄抄写写,剪剪贴贴。带上他,一方面是为了有机会让陈宝打下手;另一方面,也考虑给他一个接触生人的机会。有一天,来了一位陈宝不认识的客人。客人跟父亲说完话,要告辞的时候,看到了小陈宝,转过身来就与小陈宝热情地打招呼。小陈宝一下子愣住了,一时间,不知道如何是好,竟没有任何反应,傻呆呆地站在那里,像个木头人似的。送走了客人,父亲责备陈宝说:"刚才,那位叔叔跟你打招呼告别,你怎么不理睬人家?人家客人向你问好,你也要向人家问好;人家跟你说再见,

社交与家庭礼仪

你也要说再见,以后要记住。"

在父亲的正确教导下,丰子恺的孩子个个都是懂规矩,讲礼貌,长大后成为有出息的人。

(资料来源:张振鹏,《名家教子书》——父亲的榜样,青岛出版社,2008。)

思考讨论题:

(1)丰子恺采取了哪些方式对子女进行教育?

(2)本案例对你有哪些启发?

家中没有女王

英国女王维多利亚有一次独自参加一个社交活动,深夜才回到寝宫。

她敲门,只听丈夫在房内问:"谁?"

"我是女王。"女王回答。可是门却没开。

女王再敲门,丈夫又问:"谁呀?"

"维多利亚。"女王答道。

门仍然没有开。女王在门口犹豫了一会儿,又一次敲门。

丈夫仍然问:"谁呀?"

这一次,女王温柔地回答:"你的妻子。"

门终于开了,丈夫热情地将妻子迎了进去。

英国女王终于明白,家中只有妻子,没有女王;在家里,她与丈夫的人格是平等的。

(资料来源:杨友苏、石达平、品礼,《中外礼仪故事选评》,学林出版社,2008。)

思考讨论题:

(1)夫妻相处应该注意哪些礼仪?

(2)本案例对你有何启示?

2. 和同桌分享父母的 20 大优点,并在合适的机会向父母说出你对他们优点的喜欢。

3. 向父母表达感激之情,选择适当的时机说:"谢谢爸爸、谢谢妈妈!",然后将你的感受与同学们分享。

4. 开展"给父母写封信"活动,并进行"最感人家书"评比,评选出校园十大"孝星"。

5. 测一测你的家庭幸福指数

(1)你正与朋友通电话,妈妈希望你讲得不要太久。你就( )。

    A. 不耐烦地大声吼叫:"知道了!"

    B. 放下电话,但心里说:"真烦人!"

    C. 尽快放下电话,说声:"对不起。"

(2)父母下班回家,你会( )。

    A. 视而不见

    B. 懒洋洋地打声招呼,或大叫:"吃什么呀,我饿了!"

    C. 主动打招呼,并做一些力所能及的事

(3)父母在你心中的印象是( )。

    A. 唠叨不断,思想落伍

    B. 勉强跟得上形势

C. 有作为，有能力，为他们骄傲
（4）你们家庭成员之间的关系是（　　）。
　　A. 有了心事懒得跟家里人说
　　B. 有代沟，沟通有障碍
　　C. 平等民主，互相鼓励
（5）父母发脾气，或错怪你时，你会（　　）。
　　A. 顶嘴
　　B. 躲在自己屋子里，懒得解释
　　C. 劝慰父母

测评标准：

如果你选 A 最多，说明你的家庭关系紧张，幸福感低；如果你选 B 多，说明你与父母关系一般，要进一步加强沟通；如果你选 C，说明你和父母关系融洽，家庭幸福。

（资料来源：崔志峰，《礼仪》，科学出版社，2008。）

能力评价表

内容		评价	
学习目标	评价内容	小组评价（5、4、3、2、1）	教师评价（5、4、3、2、1）
知识（应知应会）	家庭礼仪的基本特点		
	家庭称谓的种类		
专业能力	夫妻相处礼仪		
	父母子女相处礼仪		
	尊老礼仪		
	亲属礼仪		
	家庭起居礼仪		
通用能力	自我管理能力		
	沟通交流能力		
	自控能力		
态　度	互敬、互爱		
努力方向：		建议：	

任务2　邻里相处

情境导入

住在楼上的邻居在阳台上养了不少盆花，浇水时，常把水淋到楼下晾晒的衣服上。楼下居民一看楼上浇花，就在楼下阳台上假装骂狗"瞎了眼"，"撒尿"，每看见邻居在场，故意说一些道听途说的"缺德"事，然后说"现在缺德的人真不少"。邻居也听出

社交与家庭礼仪

对方是在故意骂自己，下回浇花时故意往楼下倒水，听见骂声也跟着骂，两家的关系一天比一天紧张。

（资料来源：文泉，《北京青年报》，http://www.zwsky.cn/office/26594.html）

任务分析

本任务"情境导入"中案例说明邻里发生矛盾，即便自己完全有理，也不能得理不让人。邻居家的有些做法确实影响到了自家利益，也不应该怒火中烧，指桑骂槐，没完没了。要心平气和地给邻居讲清自己的意见，听听对方的想法，给邻居一个考虑和改正的时间。切不可自持有理，就逼人太甚，以致矛盾激化，有理变成了无理。

中国有句话："远亲不如近邻"。邻里交往是最频繁的社会交往、低头不见抬头见嘛。注意与邻里之间的友谊，建立一种顺畅和谐的邻里关系，可以使我们生活的质量更高。

这里拟通过组织班级学生编写《邻里文明公约》的形式，完成本任务的学习，具体操作建议如下：

1. 学生分成小组，每组5至6人，每组选一名同学担任楼长，其他人为居民，大家一起编写一份《邻里文明公约》，字数为100~200字，形式不限，应浅显易懂，朗朗上口。

2. 针对这份《邻里文明公约》，各组研究一下，将通过何种方式让邻里知晓。

3. 各组楼长在全班向大家宣布自己的《邻里文明公约》和让邻里知晓这份公约的操作方式。

4. 学生自我评价，授课教师总结点评学生存在的个性和共性问题。

5. 最后全班评选出最佳《邻里文明公约》。

知识储备

一、邻里交往五忌[①]

每一家都有自己的邻居，每一家又都是别人家的邻居。邻居交往有两大特点：一是天天见，二是生活琐事多。这就决定了邻里之间要常常注意避免发生无原则的矛盾。

1. 忌以邻为壑

有些人心眼小、私心重，在邻里生活中总怕邻居沾了自己的光，反过来自己却总想瞅机会沾别人家的光，甚至明里暗里做些损害邻居利益的事。这在邻里交往中是最忌讳的，其结果只能在邻居中孤立自己。

2. 忌"各扫门前雪"

邻里交往中，持这种态度的人不在少数，以为邻居间避免矛盾的办法就是少相互掺和，自家管自家最好，少数人家甚至发展到"老死不相往来"。事实上，邻里之间自顾

---

① 中国温州上会网：邻里交往五忌。

自的做法绝不是上策，俗话说"远亲还不如近邻"，谁保证自己在日常生活中不发生需要别人帮助的事情？到那时候，好邻居的作用可大呢。

3. 忌在邻居间说长道短，拨弄是非

邻居交往，所谈多是家常琐事，稍不注意，就会扯到邻居的长短是非上来，这是邻里团结的一个大威胁。当然，如果是为了解决邻里不和，大家谈一谈，共同想办法搞好团结，这是正常的。如果只是挖苦、嘲讽、攻击别的邻居，有意挑拨邻里关系，这绝不是应取的态度。

4. 忌无端猜疑

有时候，邻里纠纷倒不是有人挑拨产生的，而是纠纷的一方无端猜疑导致的。一家人也免不了有思想上的分歧，何况邻里间要做到完全消除戒备，没有任何疑心，恐怕也不是现实的。关键在于，是合理猜想还是无端起疑。前者多是理智考虑，后者则多是感情用事，所以无端猜疑最容易产生误会，给邻里关系造成不利影响。

5. 忌自以为"常有理"

邻里交往中发生矛盾，应多做自我批评，但有些人总喜欢指责别人家，总觉得自己家正确，胳膊肘总朝里扭。最明显的要算孩子方面的事了，邻居间孩子闹事，有些家长总是偏袒自己的孩子，不管有理没理都不让人，表面上是护孩子，其实是害了孩子，助长了孩子的蛮横心理，而且恶化了邻里关系。所以，在邻里交往中自恃"常有理"实际上是很不明智的。

二、居住的礼仪

如果住在平房，一墙之隔，邻居间的来往就多一些，关系就密切一些。因此，更应注意处理好邻里关系。

保持自家院落的安静整洁。在院落里不要喧哗、吵闹，清晨、午休、深夜尤其要注意，以免影响、惊扰邻居。不要在自家院外随便丢弃垃圾、杂物。要爱护花草树木，不要摘花。自家门前的道路脏了，应主动打扫，搞好环境卫生。冬季雪后，要主动和邻居一起清扫积雪，把周围环境打扫干净。

要爱护公共设施，自觉地节约用水、用电；头脑中要有"公共"意识，不要占用公共地方，不要影响邻居的活动，不要侵占他人的空间。

要懂得谦让，团结互助，不吵嘴打架。电视机、录音机的音量都不宜过大，音量过大不仅会影响、打扰邻居休息，也会影响邻里关系。

随着城市化进程的加快，越来越多的人告别平房而住进了楼房。住楼房更不能忽视礼仪。

搬动桌椅要轻些，尽量不在屋里砸东西；不要穿带钉的皮鞋在屋里走来走去，最好一进门就换拖鞋、布鞋等不会发出响声的鞋子，不要在屋里乱跑乱跳或将东西使劲往上扔等。

社交与家庭礼仪

不要往楼下倒污水或扔脏物。在阳台上浇花草时,小心不要把水洒到楼下,以免污染下面住户晾晒的衣物及室外环境;放在阳台栏杆边沿的花盆或其他杂物应固定好,避免被风刮落或不慎碰落,造成伤害。

做饭洗菜时注意,不要堵塞下水道,那样会给整座楼的人家带来麻烦。

如果家里有事会影响邻居,要事先打个招呼,请求谅解担待。

注意公共楼道礼仪。楼道属于公共场地,上下楼梯,脚步尽量放轻些,不要跑上跳下打打闹闹;不要在楼道大声喧哗、吵闹,尤其是在清晨、午休、深夜,以免影响惊扰邻居。保持楼道整洁。不在楼道里丢弃果皮纸屑,不要乱写乱画;倒垃圾时,要格外小心,不要让垃圾撒到楼道里,一旦撒出立即清扫干净。住户要主动去清扫楼道。不要占用楼道,有的人在楼道里堆杂物,有的把自行车停放在楼道里,这样会给邻居造成不便。如果我们的家人这样做了,应说服家人,把东西挪开,给别人上楼下楼留下方便舒适的空间。

三、邻里相处的其他礼仪

1. 以礼相待

要具有与邻居和睦相处的友好愿望,要以礼相待,平时见面要互相打招呼,并行点头礼或招手礼,不要旁若无人,径直而过。要正确称呼:比自己父母辈分大的称呼:爷爷、奶奶;与自己父母同辈但岁数大的,称呼:伯伯、伯母;与自己父母年龄相仿或比父母年龄小的,称呼:叔叔、婶婶等。

2. 互谅互帮

不打扰左邻右舍,早出晚归进出居室要保持安静,不要大声喧哗和说笑;使用音响设备要掌握适宜的音量;尊重邻居的生活习惯。日常生活中,对邻居的老人和小孩,要给以尊重和照顾,特别是孤寡老人,当他们行动不便或遇到困难时,要及时给以帮助。如在楼道里或窄小的地方遇到长辈,要主动让路,请长者先走,遇到老人,应上前去搀扶。见到邻居提、搬重物,要主动让路,不能抢下抢下或挤上挤下,还应主动询问是否需要帮助。

3. 友好相处

不背后议论、猜疑;不去打听邻居的私事。对于公用场地,不要随便吐痰,不乱扔废弃物,并能主动清扫。向邻居借用东西要有礼貌,如轻轻敲门,等主人开门后用请求、商量的口气说明来意,归还时要表示谢意。借邻居家的东西要小心使用,十分爱惜,不要弄坏弄丢。如果万一损坏要主动赔偿,并赔礼道歉。如果主人不要求赔偿,除了当面赔礼、道歉外,最好以别的方式弥补人家的损失。借用的东西使用完之后应立即送还,不要忘还,更不能让邻居来要。如需延长借用的时间,应向邻居说明,经同意后再继续使用。一般较贵重的东西,最好不去借。

学习情境2 家庭生活礼仪

自主学习

1. 请对以下发生在邻里之间的事例，谈谈你的看法。

（1）在一栋居民楼的8层，住着一位三十五六尚未婚配的女士。6层的一位居民总是非常好奇，坐电梯遇到8层的另一户居民时经常问："你家隔壁的闺女还没出嫁呢？有对象了吗？是不是有什么毛病啊？要不老姑娘变独了？"过了一阵，看还没动静，她会接着问："听说楼上的以前离过婚，是不是受了刺激不愿意找对象了？她妈特着急吧？"每当这位"热心"邻居发问时，一起乘坐电梯的人总是感到很尴尬，一声不吭似乎不礼貌，接话茬更不合适，唯有勉强笑笑以示回应。

（2）住在平房院的一对夫妻经常吵架，经常扯着嗓门大喊，吵得四邻六舍都听得一清二楚。邻居张某平常与这对夫妻关系很好，听到双方吵得没完没了，于是上门去劝架。她一开口就批评吵架的妻子："大哥每天在外辛辛苦苦挣钱，不抽烟不喝酒的，你还不满足，天天跟大哥吵什么呀，把家务事做好就行了。"没说几句，吵架的妻子转而和这位邻居吵上了："你是不是看上我家大哥了？你这么向着他？"

（3）几个年轻人合租一套房子。他们都养成了晚上不睡、早晨不起的习惯，每天过了午夜12点，流行音乐还在轰轰直响。楼下的邻居有神经衰弱，每天被这些音乐搞得头痛欲裂。提了几次意见，音乐倒是小了，可是那几个人穿着硬底鞋一趟趟在屋里走动直到凌晨才消停下来，邻居每天都为此苦恼不已。

（4）有一栋居民楼是单位的宿舍，里面住的都是同事。有当总经理的，有当部门主管的，也有普通的工作人员。总经理的太太已经退休在家，她总觉得自己是这个楼里的"长者"和"长官"，谁家都得让她三分。比如她喜欢安静，谁家孩子在楼道里玩耍吵闹，她就要批评这家的家长；谁家装修，她说自己每天午休要到3点，所以装修工人只能3点才开始干活。时间长了，楼里的人都噤若寒蝉，心中怨气不小。

（5）有两家邻居，住了几年彼此都不认识。有一天，其中一家三岁的小孩出门碰上邻居，见面就叫"阿姨好"，对方愣了一下，也随口跟着说"你好"，然后与大人打招呼。小孩只要见了邻居家的人，都会叔叔阿姨叫个不停，两家大人终于开始熟识起来，见面也亲切自然多了。

（资料来源：文泉，《北京青年报》http://www.zwsky.cn/office/26594.html）

2. 案例分析

孟母择邻

战国的时候，有一个很伟大的学问家孟子。孟子小的时候非常调皮，他的妈妈为了让他受好的教育，花了好多的心血呢！

有一次，他们住在墓地旁边。孟子就和邻居的小孩一起学着大人跪拜、哭嚎的样子，玩起办理丧事的游戏。孟子的妈妈看到了，就皱起眉头："不行！我不能让我的孩子住在这里了！"孟子的妈妈就带着孟子搬到集市旁边去住。到了集市，孟子又和邻居的小孩，学起商人做生意的样子。一会儿鞠躬欢迎客人、一会儿招待客人、一会儿和客人讨价还

社交与家庭礼仪

价,表演得像极了!孟子的妈妈知道了,又皱皱眉头:"这个地方也不适合我的孩子居住!"于是,他们又搬家了。这一次,他们搬到了学校附近。孟子开始变得守秩序、懂礼貌,喜欢读书。这个时候,孟子的妈妈很满意地点着头说:"这才是我儿子应该住的地方呀!"

后来,大家就用"孟母三迁"来表示人应该要接近好的人、事、物,才能学习到好的习惯。

(资料来源:http://hi.baidu.com)

思考讨论题:

(1)孟母为何"三迁"?

(2)本案例对现代人有何启示?

3. 如果你家准备装修房子,请谈谈应该怎样避免邻里纠纷。

能力评价表

内容		评 价	
学习目标	评价内容	小组评价(5、4、3、2、1)	教师评价(5、4、3、2、1)
知识(应知应会)	邻里相处的原则		
	邻里相处的禁忌		
专业能力	住平房的邻里相处礼仪		
	住楼房的邻里相处礼仪		
通用能力	自我管理能力		
	沟通交流能力		
	自控能力		
态 度	互谅、互帮、友善、礼貌		
努力方向:		建议:	

任务3 朋 友 相 处

春秋时,齐国的国君齐桓公是第一个霸主。齐桓公能成功的重要原因之一是他有两个得力的助手——管仲和鲍叔牙。管仲是一位有才干的政治家,而他的成功又和鲍叔牙谦虚让人的品德分不开的。

管仲和鲍叔牙从小就是好朋友。他们互相帮助,真诚相待,长大以后,一同去齐国谋生。当时齐国的国君齐襄王有两个弟弟,一个是公子纠,一个是公子小白。说来真巧,管仲和鲍叔牙分别当了他们两人的老师。后来齐国发生内乱,齐襄王被杀死,谁来当新国君呢?公子纠和公子小白便争起来。结果公子小白当了国君,他就是齐桓公。

学习情境2　家庭生活礼仪

　　为了治理好国家，齐桓公问鲍叔牙有什么高见。鲍叔牙说："您需要一个才智过人的贤人来帮助。"齐桓公说："难道还有比您更能干的人吗？"鲍叔牙肯定地说："有，就是管仲。""管仲？"提起管仲，齐桓公便咬牙切齿，原来在公子纠与公子小白争王位的时候，为保公子纠做国君，有一次，管仲躲在树林中向公子小白暗射了一箭，幸好射在衣带的铜钩上才没受伤，所以结下了一箭之仇。鲍叔牙说："管仲的才能超过我十倍，您要是不记前仇，真心实意请他来，不但能治理好国家，恐怕其他各国也得听您指挥呢！"鲍叔牙说服了齐桓公，设法把管仲请来。管仲见齐桓公不记一箭之仇，非常信任他，就决定帮助齐桓公治理国家了。

　　管仲在齐桓公支持下，对齐国进行了一番改革。几年时间，齐国就富强起来，此时为了让管仲充分发挥才能智慧，鲍叔牙却谢绝挽留，悄悄地离开了齐桓公和管仲。他的为人令大家钦佩，管仲说："真正了解我的是鲍叔牙。"

　　管仲和鲍叔牙之间深厚的友情，已成为中国代代流传的佳话。在中国，人们常常用"管鲍之交"来形容自己与好朋友之间亲密无间、彼此信任的关系。

　　（资料来源：http://zhidao.baidu.com/question/13494667.html）

任务分析

　　在人们的各种社会关系中，朋友关系是自主性较大、亲密性较强的一种关系。朋友亦称友人，一般是指人与人之间通过相互交往产生的情谊，并经常保持联络的一种关系。就人的本性而言，每一个人都需要朋友。在社会生活里，一个人假如没有任何朋友，那么其人际关系至少是不完整的。平时，一个人结交的朋友各种各样。与朋友进行日常交往时，既要维护礼仪，也要不失礼貌。之所以要这样，不仅是尊重朋友，而且也是尊重自己。

　　从本任务"情境导入"的故事不难看出，朋友之间，最重要的就是平等的关系。这种平等，不仅要体现在形式上，更要体现在精神上，那就是彼此之间的尊重与信任。

　　现代人是必须讲究交友之道的。这里拟通过启发学生回忆与朋友相处的点点滴滴，进行"三分钟演讲"活动，完成本任务的学习，具体操作建议如下。

　　1. 学生分成小组，每组5至6人，组内学生分别进行演讲，在小组演讲的基础上推荐一名学生在全班进行演讲。

　　2. 要求演讲富有真情实感，体现交友之道，给人以启迪。

　　3. 授课教师总结点评学生存在的个性和共性问题。

　　4. 最后全班评选出"最佳演讲者"。

知识储备

　　平时，一个人所结交的朋友各种各样。与朋友进行日常交往时，既要维护友谊，也要不失礼貌，这样做，不仅是尊重朋友，而且也是尊重自己。朋友相处要注意以下几个方面。

社交与家庭礼仪

一、把握原则

现实生活中都可能有意无意选择结交一些朋友。真正好的朋友会在学习和生活上给人很大帮助，也有一些不好的人不适合做朋友。因此在选择朋友上要持慎重态度。一定要把握交友原则，选择品质好的人做朋友。选择靠得住的人做朋友，交友要交那些能够与自己共患难的人，能真诚指出自己缺点与不足的人。要善于交比自己强的朋友，促进自己的进步。

二、相互信赖

朋友之间的交往很重要的联系纽带就是信赖，失去了信赖，朋友之间的友谊也就消失了。因此，要注意朋友之间的相约，只要答应朋友了，就一定要按时到达，只有这样才能取得朋友的信任。

朋友之间应有话直说，不要矫揉造作，当然也不要说主人忌讳的事，如果无意中触犯了，应该马上把话题引开，尽量用一些话来淡化触犯主人忌讳的问题。

三、慎开玩笑

开玩笑要恰到好处，情趣高雅，语言幽默，不能低俗。对朋友的父母不可开玩笑，要用比较严肃的态度进行交谈。开玩笑要注意场合、地点、对象，不能想说什么就说什么，这会带来不好的后果。如场面很庄重，或是大家心情都很不好时，就不适宜开玩笑。开玩笑还要注意对象，如果对方是一个内向性格的人，一般就不要开玩笑，因为开玩笑的话往往是没有经过讲话人认真推敲的，不知哪句话就可能触犯了内向性格的人的禁区，产生不必要的误解。也不可以拿别人的短处开玩笑，朋友之间也是如此，因为这会伤害朋友。

四、倾听诉说

作为朋友，要学会倾听。当朋友遇到挫折、碰上烦恼，需要找一个发泄情感的对象时，作为朋友，能够真诚、耐心地倾听对方的诉说，就是为朋友开了一个情感的发泄口。朋友在诉说的过程中，不仅耐心地倾听，而且时不时地插上一两句富有情感的安慰话，抑或为朋友出出点子想想法子，朋友的情感就会步出沼泽。这样，朋友的情感会加深，友谊更会与日俱增。

五、容忍朋友

世界上没有两片相同的叶子。尽管朋友跟你气质相仿、兴趣相近、性恪相投、但朋友毕竟是个活生生的人，跟你总会有些不同之处，总会有这样那样的不足，总会有自己不愿人知的秘密。所以，跟朋友交往，不要过于将朋友理想化，不可把朋友的一切言行都以"我"为参照物。首先，要容忍朋友的缺点，所以，一旦发现朋友的缺点，要抱着

学习情境 2　家庭生活礼仪

"将军额上能跑马，宰相肚里能撑船"的宽宏气度，容忍朋友的缺点，并选择合适的时机和方法善意地帮助他克服缺点。其次，要让朋友保留"自我"。与朋友交往，不可强求朋友必须是自己的"翻版"。要让朋友拥有自己的爱好、自己的个性。如果主观武断、独断专行地要求朋友的爱好跟自己一样，那么，朋友将会离你而去。再次，要尊重朋友的隐私。不要让朋友事事都向你报告，似乎朋友有事不跟你通气，就是不忠，就不够朋友。

六、重视礼节

大多数人，总是以为在好朋友之间可以随便一些、举止随便、做事随便。其实，朋友与其他人一样，有自己的自尊，也有自己的好恶。在与朋友交往的过程中，往往会因为一些小事没做到而影响相互之间的感情。因此，对待朋友，最重要的是在任何情况下都要相互尊重。如约好会面时间而无缘无故地迟到或失约，事先不打招呼，事后也不说明，总以为是好朋友没事；又如高兴时闯入朋友家，也不管对方有没有时间奉陪，没完没了地聊，更严重的是还对朋友家里的人说些不尊重的话，或做出不得体的事……总有一天，再好的朋友也受不了。

1. 案例分析

阿拉伯传说

阿拉伯传说中有两个朋友在沙漠中旅行，在旅途中的某点他们吵架了，一个还给了另外一个一记耳光。被打的觉得受辱，一言不语，在沙子上写下："今天我的好朋友打了我一巴掌。"

他们继续往前走。直到到了沃野，他们决定停下。被打巴掌的那位差点淹死，幸好被朋友救起来了。被救起后，他拿了一把小剑在石头上刻了："今天我的好朋友救了我一命。"

一旁好奇的朋友问道："为什么我打了你以后你要写在沙子上，而现在要刻在石头上呢？"

另一个笑笑地回答说："当被一个朋友伤害时，要写在易忘的地方，风会负责抹去它；相反的如果被帮助，我们要把它刻在心里的深处，那里任何风都不能抹灭它。"

（资料来源：http://61.132.31.31/xswy/c0107/02.htm）

思考讨论题：

（1）怎样面对朋友之间的摩擦？

（2）本案例对你有哪些启发？

社交与家庭礼仪

2. 阅读以下资料，学唱《那就是朋友相处之道》，并谈谈你的感受。

2009 年 11 月，奥巴马访问中国，11 月 17 日晚，国家主席胡锦涛为首次来华进行国事访问的美国总统奥巴马举行欢迎宴会。宴会上，中国青年组合歌手"羽·泉"同 70 名中美两国大学生共同演唱的这首美国歌曲《那就是朋友相处之道》(That's What Friends Are For)。

《那就是朋友相处之道》是一首美国歌曲，由狄翁沃薇克和他的朋友们一起演唱。这首歌最初是由英国歌手 Rod Stewart 在电影 Night Shift 中演唱。1985 年，为给艾滋病基金会募款，狄翁沃薇克联手朋友们重新录制了这首歌。由于四名歌手全是当时顶尖的实力派唱将，再加上这首歌曲的特殊意义。歌曲很快在全球走红，并荣获了 1986 年度第 29 届格莱美奖最佳单曲。以下是《那就是朋友相处之道》的歌词。

那就是朋友相处之道

——狄翁沃薇克和朋友们

从没想过我会有这样的感觉
对我来说
我很高兴自己能有机会说：
我确定自己真的爱你
如果我必须离去
那么，闭上你的双眼
试着感受我俩今天所做的
然后，如果你还记得……
保持你的笑容，光彩焕发
请你相信，你永远都可以倚靠我
那就是朋友相处之道
不论是欢乐时光或是苦难的时刻
我永远都在你左右
那就是朋友的好处
你来到我身边，启发了我
如今，我比以往看得更多
因此，我要顺便向你道谢
在我们分开的日子里
闭上你的眼睛，请你明白
这些都是我的肺腑之言
然后，如果你还记得……

（资料来源：http://www.51edu.com/wenti/yulequanqiu/yinyue/1424822.html ）

学习情境2 家庭生活礼仪

能力评价表

内 容		评 价	
学习目标	评价内容	小组评价（5、4、3、2、1）	教师评价（5、4、3、2、1）
知识（应知应会）	择友的条件		
专业能力	与朋友交往的礼仪		
	与朋友联络的礼仪礼仪		
	朋友交往的禁忌		
通用能力	交际能力		
	沟通交流能力		
	自控能力		
态　度	平等、友善、礼貌、宽容		
努力方向：		建议：	

学习情境3　日常交际礼仪

生活中最重要的是礼貌，它比最高的智慧，比一切学识都重要。

——（俄）赫尔岑

礼尚往来，往而不来，非礼也，来而不往亦非礼也。

——《礼记》

任务1　见面问候

情境导入

张薇高中毕业后，10年未与高中的同学见过面。在今年8月6日的同学聚会中，童谣一见面时就问："喂，还记得我的名字吗？"张薇微笑着摇摇头："抱歉，想不起来了。"童谣开口就说："真是贵人多忘事，连老同学都想不起来了，你的眼角怎么就长皱纹了，是不是没有保养？"张薇听了很不高兴，马上就想走，童谣也意识到自己说的话有些不太礼貌，对多年没见的同学不应那么随意，最终弄得彼此都非常尴尬。

任务分析

见面问候是我们向他人表示尊重的一种方式。见面问候虽然只是打招呼，是简单的三言两语，却代表着我们对他人的尊重。多年不见的人，要注意语言的表达方式，不要口无遮拦，以免造成双方的不快。

这里拟通过组织班级"同学聚会"活动，完成本任务的学习，具体操作建议如下。

1. 学生分成小组，每组5至6人，分别设计不同的场景。
2. 每组学生进行角色扮演，进行离别多年重逢后的交流。学生自我评价，找出不合规范之处。
3. 授课教师总结点评学生存在的个性和共性问题。
4. 最后全班评选出"最佳表现组"。

知识储备

一、打招呼

在人际交往中，当人们互相见面或被他人介绍时，应起身站立，热情认真地向对方打个招呼，这是最普通的礼节。

学习情境 3　日常交际礼仪

1. 打招呼时应注意的问题

（1）男士尊重女士

如果男士在途中遇见相识的女士，倘若她不打招呼，男士就不要去打扰她。女士是不是主动打招呼，全由她去决定。男士只可向她答礼。男士如果主动先向女士打招呼，有时会给女士带来不便或尴尬。

（2）不用莽撞的问候方式

如果在公共场所遇见了久违的好朋友，请不要太激动。在街上，突然冲向对方，甚至冲撞了行人；在会场上，猛然从座位上跳起来并穿过整个大厅；在人群里，冷不丁高呼朋友的名字，让旁人吓一跳，并为之行侧目礼等，都是很失礼的。

（3）不苛求"熟视无睹"的相识者

有时会因碰见相识者对自己"熟视无睹"，而感到不高兴，其实这大可不必。请不要把不经心的视而不见与故意的轻蔑混为一谈。这很可能是对方正在沉思，或者眼睛近视，也可能因为我们自己的外貌有了改变。如有位女士对自己所从事的专业很有研究和造诣，是行业中公认的专家。但她的同事对她一直很有意见，认为她骄傲、不理人、摆架子。其实她的"视而不见"，是因为她习惯在行走和空闲时，独自一人沉思。

（4）适时、适地打招呼

如果参加一个国际性的，或者是跨省市、跨行业的会议，在一天内几次遇见同一个熟人，每次都说"您好"似乎太单调了，可以根据时间、场合，适地、适时地用不同的方式打招呼。

（5）与相遇的人打招呼

有时因出差、开会、旅游等，在旅馆居住或在商店购物等，都应该同遇见的服务员或售货员打招呼。只要是经常同自己打交道的，不论地位高低、贫富不同，都要注意见面打招呼。

2. 正式场合打招呼的方式——招手致意

招手致意是正式交往中打招呼时常用的礼节方式。招手致意的功能因招手高度与方式的不同而有所区别。右手高举过顶，并用目光示意是表示招呼对方，受这种礼时必须答礼。手高举过头顶、掌心向前、左右不停摆动，是告别礼，其答礼式也是向对方施以这种摇手礼。右手举起过肩但不过头，掌心向侧面，可作为与客人中距相望或行进中的礼节，亦须面带笑容，用目光示意对方，一般表示再会的意思。

二、称呼礼仪

在社交中，交际双方见面时，如何称呼对方直接关系到双方之间的亲疏、了解程度、尊重与否及个人修养等。一个得体的称呼，会令彼此如坐春风，为以后的交往打下良好的基础，否则，不恰当或错误的称呼，可能会令对方心理不悦，影响到彼此的关系乃至交际的成功。通常的称呼包括以下几种。

社交与家庭礼仪

1. 称呼姓名

一般的同事、同学关系，平辈的朋友、熟人，均可彼此之间以姓名相称。如"王小平"、"赵大亮"、"刘军"。长辈对晚辈也可以如此称呼，但晚辈对长辈却不可这样做。为了表示亲切，可以在被称呼者的姓名前分别加上"老"、"大"、"小"字相称，而免称其名。如对年长者可称"老张"、"大李"；对年幼者可称"小吴"、"小周"。但这种称呼多在职业人士间常见，不适合在校学生。对同性的朋友、熟人，若关系极为亲密，可以不称其姓，而直呼其名，如"春光"、"俊杰"。对于异性一般则不可这样做。

2. 称呼职务

在工作中，以交往对象的职务相称，以示身份有别、敬意有加，这是一种最常见的称呼方法。具体做法上可以在职务前加上姓氏，如"赵局长"、"张经理"、"李主任"等。称呼职务时，有人习惯将"长"去掉，如王局长就称呼为"王局"，张处长就称呼为"张处"，这种称呼是不规范的，且因为姓氏发音特别还会产生歧义，在社交中应该坚决杜绝，这才符合现代社交礼仪规范的要求。

3. 称呼职称

对于有职称者，尤其是有高级、中级职称者，可以在工作中直接以其职称相称。如"教授"、"研究员"、"工程师"等，也可以在职称前加上姓氏如"张教授"、"王研究员"、"刘工程师"，当然有时可以简化，如将"刘工程师"简化为"刘工"。使用简称应以不发生误会、歧义为限。也可以在职称前加上姓名，适用于十分正式的场合如"钱大方教授"、"周小明主任医师"、"孙晓光主任编辑"等。

4. 称呼学衔

在工作中，以学衔作为称呼，可增加被称呼者的权威性，有助于增强现场的学术氛围。可以在学衔前加上姓氏如"王博士"，可以在学衔前加上姓名如"王军博士"。一般对学士、硕士不称呼学衔。

5. 称呼职业

称呼职业，即直接以被称呼者的职业作为称呼。如将教员称为"老师"，将教练员称为"教练"或"指导"，将专业辩护人员称为"律师"，将财务人员称为"会计"，将医生称为"大夫"或"医生"等。一般情况下在此类称呼前，均可加上姓氏或姓名。

6. 称呼亲属

亲属，即本人直接或间接拥有血缘关系者。在日常生活中，对亲属的称呼业已约定俗成，人所共知。面对外人，对亲属可根据不同情况采取谦称或敬称。对本人的亲属应采用谦称。称辈分或年龄高于自己的亲属，可以在其称呼前加"家"字，如"家父"、"家叔"；称辈分或年龄低于自己的亲属，可在其称呼前加"舍"字，如"舍弟"、"舍侄"；称自己的子女，则可在其称呼前加"小"，如"小儿"、"小女"、"小婿"。对他人的亲属，应采用敬称。对其长辈，宜在称呼前加"尊"字，如"尊母"、"尊兄"；对其平辈或晚辈，宜在称呼之前加"贤"字，如："贤妹"、"贤侄"；若在其亲属的称呼前加"令"字，一般可不分辈分与长幼，如"令堂"、"令爱"、"令郎"。

7. 涉外称呼

在涉外交往中，一般对男子称先生，对女子称夫人、女士或小姐。已婚女子称夫人，未婚女子称小姐；对婚姻状况不明的女子称"小姐"或"女士"。在西方国家，凡是举行宗教结婚仪式的人，都习惯在无名指上戴一枚戒指，男子戴在左手，女子戴在右手，所以对外宾的称呼可以此而定。以上是根据性别和婚姻状况来称呼，使用起来具有普遍性。

三、握手礼仪

握手的标准方式，是行礼时行至距握手对象约1米处，双腿立正，上身略向前倾，伸出右手，四指并拢，拇指张开与对方相握。握手时应用力适度，上下稍许晃动三四次，随后松开手来，恢复原状。具体地应注意以下几点。

1. 讲究次序

根据礼仪规范，握手时双方伸手的先后次序，一般应当遵守"尊者先伸手"的原则，应由尊者首先伸出手来，位卑者只能在此后予以响应，而绝不可贸然抢先伸手，不然就是违反礼仪的举动。其基本规则如下。

（1）男女之间握手

男女之间握手，男士要等女士先伸出手后才握手。如果女士不伸手或无握手之意，男士向对方点头致意或微微鞠躬致意。男女初次见面，女方可以不和男士握手，只是点头致意即可。男女握手时，男士要脱帽和脱右手手套，如果偶遇匆匆忙忙来不及脱，要道歉。女士除非对长辈，一般可不必脱手套。

（2）宾客之间握手

宾客之间握手，主人有向客人先伸出手的义务。在宴会、宾馆或机场接待宾客，当客人抵达时，不论对方是男士还是女士，女主人都应该主动先伸出手。男士若是主人，尽管对方是女宾，也可先伸出手，以表示对客人的热情欢迎。而在客人告辞时，则应由客人首先伸出手来与主人相握，在此表示的是"再见"之意。

（3）长幼之间握手

长幼之间握手，年幼的一般要等年长的先伸手。和长辈及年长的人握手，不论男女，都要起立趋前握手，并要脱下手套，以示尊敬。

（4）上下级之间握手

上下级之间握手，下级要等上级先伸出手来。但涉及主宾关系时，可不考虑上下级关系，做主人的应先伸手。

（5）一个人与多人握手

若是一个人需要与多人握手，则握手时亦应讲究先后次序，由尊而卑，即先年长者后年幼者，先长辈而晚辈，先老师后学生，先女士后男士，先已婚者后未婚者，先上级后下级，先职位、身份高者后职位、身份低者。

值得注意的是：在公务场合，握手时伸手的先后次序主要取决于职位、身份，而在

社交与家庭礼仪

社交、休闲场合，则主要取决于年龄、性别、婚否。

2. 神态专注

与人握手时神态应专注、热情、友好、自然。在通常情况下，与人握手时，应面含微笑，目视对方双眼，并且口道问候。在握手时切勿显得自己三心二意、敷衍了事、漫不经心、傲慢冷淡。如果在此时迟迟不握他人早已伸出的手，或是一边握手，一边东张西望，目中无人，甚至忙于跟其他人打招呼，都是极不应该的。

3. 把握力度与时间

握手时用力应适度，不轻不重，恰到好处。如果手指轻轻一碰，刚刚触及就离开，或是懒懒地慢慢地相握，缺少应有的力度，会给人以勉强应付、不得已而为之感。一般来说，手握得紧表示热情，男人之间可以握得较紧，甚至另一只手也加上，包括对方的手大幅度上下摆动，或者在手相握时，左手又握住对方胳膊肘、小臂甚至肩膀，以表示热烈。但是注意既不能握得太使劲，使人感到疼痛，也不能显得过于柔弱，不像个男子汉。对女性或陌生人，轻握是很不礼貌的，尤其是男性与女性握手应热情、大方、用力适度。通常是握紧后打过招呼即松开。但如亲密朋友意外相遇，敬慕已久而初次见面，至爱亲朋依依惜别，衷心感谢难以表达等场合，握手时间就长一点，甚至紧握不放，话语不休。在公共场合，如列队迎接外宾，握手的时间一般较短。握手的时间应根据与对方的亲密程度而定。

4. 注意禁忌

在人际交往中，握手虽然司空见惯，看似寻常，但是由于它可被用来传递多种信息，因此在行握手礼时应努力做到合乎规范，注意如下禁忌：不要戴着手套握手，在社交场合女士的晚礼服手套除外；不要在握手时戴着墨镜，只有患有眼疾或眼部有缺陷者才能例外；不要在握手时将另外一只手插在衣袋里；不要在握手时另外一只手依旧拿着香烟、报刊、公文包、行李等东西而不肯放下；不要在握手时面无表情，不置一词，好似根本无视对方的存在，而纯粹是为了应付；不要在握手时长篇大论，点头哈腰，滥用热情，显得过分客套，让对方不自在，不舒服；不要在握手时把对方的手拉过来、推过去，或者上下左右抖个没完；不要在与人握手之后，立即揩拭自己的手掌，好像与对方握一下手就会使自己受到感染似的。

日常交际中，除了握手这一见面礼节外还有其他常见的见面礼节，也是需要了解和掌握的。

（1）点头礼

点头礼适用于路遇熟人，在会场、剧院、歌厅、舞厅等不宜与人交谈之处，在同一场合碰上已多次见面者，遇上多人又无法一一问候之时。行礼的做法是：头部向下轻轻一点，同时面带笑容，不宜反复点头不止，也不必点头的幅度过大。

（2）举手礼

行举手礼的场合与行点头礼场合大致相似，它最适合向距离较远的熟人打招呼。其做法是右臂向前方伸直，右手掌心向着对方，其他四指并齐、拇指分开，轻轻向左右摆动一两下。不要将手上下摆动，也不要在手摆动时用手背朝向对方。

（3）脱帽礼

戴着帽子的人，在进入他人居所，路遇熟人，与人交谈、握手或行其他见面礼时，以及升挂国旗，演奏国歌等情况下，应自觉主动地摘下帽子，并置于适当之处，这就是所谓脱帽礼。女士在社交场合可以不脱帽子。

（4）注目礼

具体做法是：起身立正，抬头挺胸，双手自然下垂或贴放于身体两侧，笑容庄重严肃，双目正视于被行礼对象，或随之缓缓移动。一般在升国旗、游行检阅、剪彩揭幕、开业挂牌等情况下，使用注目礼。

（5）拱手礼

拱手礼是我国民间传统的会面礼，现在过年时举行团拜活动，向长辈祝寿，向友人恭喜结婚、生子、晋升、乔迁，向亲朋好友表示无比感谢都会使用。行礼时应起身站立，上身挺直，两臂前伸，双手在胸前高举抱拳，自上而下，或者自内向外，有节奏地晃动两三下。

（6）鞠躬礼

在日本、韩国、朝鲜等国，鞠躬礼十分普遍。目前在我国主要适用于向他人表示感谢、领奖或讲演之后、演员谢幕、举行婚礼或参加追悼活动。行礼时应脱帽立正，双目凝视受礼者，然后上身弯腰前倾。男士双手应贴放于身体两侧裤线处，女士的双手则应下垂搭放于腹前。下弯的幅度越大，所表示的敬重程度就越大。

（7）合十礼。在东南亚、南亚的地区以及我国傣族聚居区，合十礼最为普遍。行合十礼时双掌十指在胸前相对合，五个手指并拢向上，掌尖和鼻尖基本持平，手掌向外侧倾斜，双腿立直站立，上身微欠低头，可以口颂祝词或问候对方，亦可面带微笑，但不准手舞足蹈，反复点头。一般而论，行此礼时，合十的双手举的越高，越体现出对对方的尊重，但原则上不可高于额头。

（8）拥抱礼

在西方，特别是在欧美国家，拥抱礼是十分常见的见面礼与道别礼。在人们表示慰问、祝贺、欣喜时，拥抱礼也十分常用。正规的拥抱礼，两人正面面对站立，各自举起右臂，将右手搭在对方左肩后面；左臂下垂，左手扶住对方右腰后侧。首先各向对方左侧拥抱，然后各向对方右侧拥抱，最后再一次各向对方左侧拥抱，一共拥抱3次。在普通场合行礼，不必如此讲究，次数也不必要求得如此严格。

（9）亲吻礼

亲吻礼也是西方国家常用的见面礼。有时它会与拥抱礼同时使用。行礼时，通常忌讳发出亲吻的声音，而且不应将唾液弄到对方脸上。在行礼时，双方关系不同，亲吻的部位也有所不同。长辈吻晚辈，应当吻额头；晚辈吻长辈，应当吻下颌或吻面颊；同辈之间，通常应当贴面颊，异性应当吻面颊。接吻，即吻嘴唇，仅限于夫妻与恋人之间，而不宜滥用，不宜当众进行。

（10）吻手礼

吻手礼主要流行于欧美国家。其做法是，男士行至已婚妇女面前，首先垂手立正致意，然后以右手或双手捧起女士的右手，俯首以自己微闭的嘴唇，去象征性地轻吻一下其手背或是手指。行吻手礼的地点，应在室内为佳。吻手礼的受礼者，只能是妇女，而且应是已婚妇女。

四、介绍礼仪

1. 介绍的次序

为他人做介绍，也称居间介绍，介绍时要讲究介绍的次序，必须遵守"尊者优先了解情况"的规则，在为他人做介绍前，先要确定双方地位的尊卑，然后先介绍位卑者，后介绍尊者。

（1）先将男士介绍给女士

如介绍王先生与李小姐认识，介绍人应当引导王先生到李小姐面前，然后说："李小姐，我来给你介绍一下，这位是王先生。"注意在介绍的过程中，被介绍者的名字总是后提。

（2）先将年轻者介绍给年长者

把年轻者引见给年长者，以示对前辈、长者的尊敬。如"王教授，让我来介绍一下，这位是我的同学张明。""张阿姨，这是我的表妹王丽。""刘伯伯，我请您认识一下我的表弟李强。"在介绍中应注意有时虽然男士年龄较大，但仍然是将男士介绍给女士。

（3）先将未婚女子介绍给已婚女子

如"张太太，让我来介绍一下，这位是李小姐。"注意当被介绍者无法辨别其是已婚还是未婚时，则不存在先介绍谁的问题，可随意介绍，如"张女士，我可以把我的女朋友李小姐介绍给你吗？"

（4）先将职位低的介绍给职位高的

在商务场合要先将职位低的介绍给职位高的。如"王总，这位是××公司的总经理助理刘女士。"注意这里我们先提到的是王总经理，这是因为我们把王总经理的职位看作高于刘女士，尽管王总经理是一位男士，仍先介绍他。

（5）先将家庭成员介绍给对方

在向别人介绍自己的家庭成员时，应谦虚地说出对方的名字。这不仅是出于礼貌，而且对介绍自己的家庭成员也比较方便。如"张先生，我想请你认识一下我的女儿晓玲。""张先生，请允许我介绍一下我的妻子。"

（6）集体介绍时的顺序

在被介绍者双方地位、身份大致相似，或者难以确定时，应当是人数较少的一方礼让人数较多的一方，一个人礼让多数人，先介绍人数较少的一方或个人，后介绍人数较多的一方或多数人。若被介绍者在地位、身份之间存在明显差异，特别是当这些差异表现为年龄、性别、婚否、师生以及职务有别时，则地位、身份为尊的一方即使人数较少，甚至仅为一人，仍然应被置于尊贵的位置，最后加以介绍，而先介绍另一方人员。若需要介绍的一方人数不止一人，可采取笼统的方法进行介绍，如可以说"这是我的家人"，"他们都是我的同事"等。但最好还是要对其一一进行介绍。进行此种介绍时，可比照他人介绍时位次尊卑顺序进行介绍。若被介绍双方皆不止一人，则可依照礼规，先介绍位卑的一方，后介绍位尊的一方。在介绍各方人员时，均需由尊到卑，依次进行。

2. 自我介绍

社交中，许多场合都需要进行自我介绍。自我介绍的时机主要有如下几种。第一，因业务关系需要相互认识，进行接洽时可自我介绍。第二，当遇到一位我们知晓或久仰的人士，可自我介绍："×××（称呼），您好！我是××××（单位）的×××（姓名），久仰大名，很荣幸与您相识。"第三，第一次登门造访，事先打电话约见，在电话里应自我介绍。第四，参加一个较多人的聚会，主人不可能一一介绍，与会者可以与同席或身边的人互相自我介绍。自我介绍前应有一句引言，以使对方不感到突然，如"我们认识一下吧。我叫×××，在×××公司公关部工作。"在出差、旅行途中，与他人不期而遇，并且有必要与之建立临时接触时，可适当自我介绍；初次前往他人住所、办公室，进行登门拜访时要自我介绍；应聘求职时需首先做自我介绍等。

进行自我介绍时，要及时、清楚地报出自己的姓名和身份。大方自然地进行自我介绍，可以先面带微笑，温和地看着对方说声"您好"以引起对方的注意，然后报出自己的姓名身份，并简要表明结识对方的愿望或缘由。进行自我介绍一定要力求简洁，尽可能地节省时间，介绍时间以半分钟为佳。进行自我介绍时所表述的各项内容，一定要实事求是，真实可信。没有必要过分谦虚，一味贬低自己去讨好别人，但也不可自吹自擂，夸大其词，在自我介绍时掺水分，会得不偿失。

根据不同场合、环境的需要，自我介绍的方式有应酬式、公务式、礼仪式、社交式和问答式五种，参见表3-1。

表 3-1 自我介绍的形式

类 型	适用场合	使用目的	内 容	举 例
应酬式	适用于公共场合、一般性的社交场合，如旅途中、商场里	面对泛泛之交而不想深交的人	只包括本人姓名	"你好，我叫/是张明。"
公务式	适用于工作场合，如业务洽谈、工作联络	与对方建立工作关系	包括本人姓名、单位、部门或从事的具体工作三要素，缺一不可	"你好，我叫张明，是五湖四海医药公司的营销部经理。"
礼仪式	适用于讲座、报告、演说、庆典、仪式等正规场合	向对象表示友好、敬意	包括本人姓名、单位、职务等内容，还可以适当加一些谦辞、敬语等	"各位来宾，大家好！我叫张明，是五湖四海贸易公司的营销部经理。我代表本公司热烈欢迎大家的光临……"

续表

类型	适用场合	使用目的	内容	举例
社交式	适用于各类社交活动，如私人交往、联谊会、网络交流等	使对方认识自己、了解自己，建立进一步交往的平台	包括本人姓名、职业、籍贯、爱好、自己跟交往对象双方所共同认识的人等	"你好，我叫张明，是08级营销班的。李军是我的老乡，我们都是北京人……"
问答式	适用于普通交际应酬场合	应聘求职、应试求学、初次交往等	主要根据提问进行介绍，有问必答	问："请问您贵姓？"答："您好！免贵姓张。"

（本表参考：陈秀泉，《实用情境口才——口才与沟通训练》，科学出版社，2007。）

进行自我介绍，态度务必自然、友善、亲切、随和，要充满信心和勇气，敢于正视对方的双眼，显得胸有成竹。介绍时语气要自然，语速要正常，语音要清晰，这对自我介绍的成功十分有好处。

进行自我介绍时还要注意如下几点。第一，引发对方做自我介绍时应避免直话相问，缺乏礼貌，如"你叫什么名字"，而应该尽量客气一些，用词更敬重些："请问尊姓大名"、"您贵姓"、"不知怎么称呼您"、"您是……"等。第二，他人做自我介绍时要仔细聆听，记住对方的姓名、职业等。如果没有听清楚，不妨在个别问题上仔细再问一遍，这比他人做过自我介绍，而自己还是不明情况的好。第三，等一个人做了自我介绍后，另一个人也做相应的回应，进行自我介绍，这才是礼貌的。

3. 居间介绍

居间介绍即社交中的第三者介绍，也称他人介绍。在居间介绍中，为他人做介绍的人一般是社交活动中的东道主、社交场合中的长者、家庭中聚会的女主人、公务交往活动中的公关人员（礼宾人员、文秘人员、接待人员）等。社交中居间介绍的时机很多，主要包括：在家中接待彼此不相识的客人；在办公地点接待彼此不相识的来访者；与家人外出，路遇家人不相识的同事或朋友；陪同亲友，前去拜会亲友不相识者；本人的接待对象遇见了其不相识的人士，而对方又跟自己打了招呼；陪同上司、长者、来宾时，遇见了其不相识者，而对方又跟自己打了招呼；打算推介某人加入某一交际圈；受到为他人做介绍的邀请。

在为他人做介绍时，介绍者对介绍的内容应当字斟句酌，慎之又慎。在交往中；在为他人做介绍时，由于实际需要的不同，介绍时所采取的方式也会有所不同，参见表3-2。

表3-2 居间介绍的形式

类型	适用场合	使用目的	内容	举例
标准式	适用于正式场合，如业务洽谈、宴会	使双方认识，并建立工作等联系	以双方的姓名、单位、职务等为主	"我给两位引见一下，这位是我们公司营销部的李小姐，这位是五湖四海集团公司的总经理张先生。"

学习情境3 日常交际礼仪

续表

类 型	适用场合	使用目的	内 容	举 例
礼仪式	适用于正式场合,是一种最为正规的他人介绍	与标准式略同,只是语气、表达、称呼上都更为礼貌、谦恭	包括双方姓名、单位、职务等内容,还可以适当加一些谦辞、敬语等	"张小姐,您好!请允许我把我们公司的销售部经理张明先生介绍给您。""李先生,这位是五湖四海医药公司总经理张明先生。"
推荐式	适用于比较正规的场合	目的是将被介绍人举荐给另一位被介绍人	通常会对主要被介绍者的优点加以重点介绍	"这位是五湖四海医药公司的张明总经理,这位是我们公司的李军总经理。李总经理是管理方面的专业人士,他还是经济学博士。张先生,我想您一定愿意结识他吧。"
强调式	适用于各类社交活动,如:私人交往、联谊会等	使双方认识,并引起对其中一位被介绍者的重视	包括双方的姓名,往往还会刻意强调其中一位与介绍者之间的特殊关系	"这位是张教授的学生,这位是李经理,请李经理多多关照。"
引见式	适用于普通交际应酬场合	将被介绍者双方引到一起即可	不需具体介绍双方,由他们自行认识	"两位认识一下,这位是张经理,请张经理多多关照。"
简介式	适用于一般的社交场合,如:聚会、茶话会、舞会	使双方认识	双方姓名一项,甚至只提到双方姓氏为止	"我来介绍一下,这位是小李,这位是小周,你们认识一下吧。"

(本表参考:陈秀泉,《实用情境口才——口才与沟通训练》,科学出版社,2007。)

在正式场合,居间介绍的内容以双方的姓名、单位、职务等为主。在一般的社交场合,其内容往往只有双方姓名一项,甚至可以只提到双方姓氏为止,其他则由被介绍者见机行事。在比较正规的场合,介绍者有备而来,有意将某人举荐给某人,因此在内容方面,通常会对前者的优点加以重点介绍。

在进行居间介绍时,介绍者与被介绍者都要注意自己的表达、态度与反应。介绍者为被介绍者介绍之前,不仅要尽量征求一下被介绍双方的意见,而且在开始介绍时还应再打一下招呼,切勿上去开口即讲,显得突如其来,让被介绍者措手不及。介绍时要注意实事求是,掌握分寸,不能胡吹乱捧。介绍姓名时,一定要口齿清楚,发音准确。把易混的字咬准,如"王"和"黄"、"刘"和"牛"等;对同音字、近音字必要时要加以解释,如"邹"和"周"、"张"和"章"、"徐"和"许"等。

4. 接受介绍时的礼仪

介绍需要讲究必要的礼节,而接受介绍时采取什么态度和行为来表现自己呢?被介绍者在介绍者询问自己是否有意认识某人时,一般不应加以拒绝或扭扭捏捏,而应欣然表示接受。实在不愿意时,则应说明缘由。当介绍者走上前来,开始为被介绍者进行介

社交与家庭礼仪

绍时，被介绍的双方应起身站立，面含微笑，神态庄重、专注，被介绍人的目光一定要注视着对方的脸部，无论是男是女。不要让其他事情分散我们的注意力，不要东张西望，以免给对方留下心不在焉、不重视或不欢迎的印象。当介绍者介绍完毕后，如果双方均为男性，握手绝对必要，这象征着信任和尊敬。握手时问候对方并复述对方姓名，可以说："能认识你很高兴，李先生"、"你好，张先生"。此时的常用语还有："久仰大名"、"认识你非常荣幸"、"幸会，幸会"等。必要时还可做进一步的自我介绍。如果把男性介绍给女性认识时，女性觉得有握手必要，可以先伸出手来，表示出热诚。交谈后走时要互相道别，一声"再见"可以给对方留下很好的印象。

五、名片礼仪

1. 名片的用途

（1）介绍自己

名片使自我的基本情况跃然纸上，让他人一目了然。

（2）维持联系

名片犹如"袖珍通信录"，利用它所提供的资料，即可与名片的提供者保持联系。

（3）展示个性

可以在名片上印上代表自己的爱好和个性特点或自己的座右铭、喜爱的格言等，给别人留下好感，深化交往。

（4）拜会他人

初次前往他人居所或工作单位进行拜会时，可将本人名片交由对方门卫、秘书或家人，转交给被拜访者，以便对方确认"来系何人"，并决定见与不见，这种做法比较正规，可以避免冒昧造访。

此外，名片在交往中有多种用途，如馈赠附名、代替请柬、喜庆告友、祝贺升迁等。

2. 名片的设计

名片一般为 10 厘米长，6 厘米宽的白色卡片。我们经常使用的规格略小，约长 9 厘米，宽 5.5 厘米。如无特殊需要，不应将名片制作过大，免得给人以标新立异、虚张声势之感。印制名片，纸张最好选用耐折、耐磨、美观、大方的纸为佳。颜色宜选庄重朴素的白色、米色、淡蓝色、淡黄色、淡灰色，并且以一张名片一色为好。很多企业认为名片是宣传组织的一个极好的媒体，若所有工作人员，特别是业务员的名片设计得风格一致，个性鲜明，将会给人一种统一的视觉印象。

一般，名片上应该印上工作单位、姓名、身份、地址、邮政编码等等。工作单位一般印在名片的上方，社会兼职紧接工作单位排列下来；姓名印在名片中央，右旁印有职务、职称；名片的下方为地址、邮政编码、电话号码、传真、电子邮件地址等。名片的背面，一般都印上相应的英文，作为对外交往时用。但也有些名片在背面印上企业、公司的简介、经营范围、产品及服务范围以方便客户和作为宣传。很多企业有标准的员工名片格式，有的要加印企业的标识，甚至企业经营理念，并且规定名片统一规格、格式等。

3. 递交名片

名片的持有者在递交名片时动作要洒脱、大方，态度从容、自然，表情要亲切、谦恭。应当事先将名片放在身上易于掏出的位置，取出名片先郑重地握在手里，然后再在适当的时机得体地交给对方。递交名片的姿势是：要双手递过去，以示尊重对方。将名片放置于手掌中，用拇指夹住名片，其余四指托住名片反面，名片的文字要正向对方，以便对方观看，若对方是外宾，则最好将名片上印有对方认得的文字的那一面面对对方，同时讲些"请多联系"、"请多关照"、"我们认识一下吧"、"有事可以找我"之类友好客气的话。递交名片的时间，应当根据具体情况而定。如果名片持有者与人事先有约，一般可在告辞时再递上名片。如果双方只是偶然相遇，则可在相互问候，得知对方有与自己交往的意向时，再递交名片。与多人交换名片时，要注意讲究先后次序，或由近而远，或由尊而卑。一定要依次进行，切勿采取"跳跃式"。

4. 接受名片

接受他人名片时，应恭恭敬敬，双手捧接，并道感谢。接受名片者应当首先认真地看看名片上所显示的内容，可以从上到下，从正面到反面重复看一遍，必要时可把名片上的姓名、职务（较重要或较高的职务）读出声来，如"您就是张总啊。"以表示对赠送名片者的尊重，同时也加深了对名片的印象。然后把名片细心地放进名片夹或笔记本、工作证里夹好。在别人给了名片后，如有不认识或读不准的字要虚心请教。请教他人的姓名，丝毫不会降低我们的身份，反而会使人觉得我们对待事情很认真，从而增加信任。

接受名片时应避免：马马虎虎地用眼睛瞄一下，然后顺手不经意地塞进衣袋；随意往裤子口袋一塞、往桌上一扔；名片上压东西、滴到了菜汤油渍；离开时把名片忘在桌子上。名片是一个人人格的象征，这些行为是对其人格的不尊重，这样都会使人感到不快。当然在收到了别人的名片后，也要记住给别人自己的名片，因为只收别人的名片，而不拿出自己的名片，是无礼拒绝的意思。

5. 索要名片

如果没有必要最好不要强索他人名片。若索取他人名片，则不宜直言相告，而应委婉表达此层意思：可向对方提议交换名片、主动递上本人的名片；询问对方："今后如何向您请教？"（向尊长者索要名片时多用此法）；询问对方："以后怎么与您联系？"（向平辈或晚辈索要名片时多用此法）。反过来，当他人向自己索取名片时，自己不想给对方时，不宜直截了当，也应以委婉方式表达此意。可以说："对不起，我忘带名片了"，或"抱歉，我的名片用完了"。

6. 整理名片

在参加交际活动之前，要提前准备好名片，并进行必要的检查。随身所带的名片最好放在专用的名片夹里，也可放在上衣口袋里。不要把名片放在裤袋、裙兜、提包、钱包里，那样既不正式，又显得杂乱无章。在自己的公文包以及办公桌抽屉里，也应经常备有名片，以便随时使用。在交际场合，如感到要用名片，则应将其预备好，不要在使用时再去瞎翻乱找。参加交际活动后，应立即对所收到的他人名片加以整理收藏，以便

社交与家庭礼仪

今后利用方便,不要将名片随意夹在书刊、材料,压在玻璃板底下,或是扔在抽屉里面。存放名片的方法上大体有按姓名的外文字母或汉语拼音字母顺序分类、按姓名的汉字笔画的多少分类、按专业或部门分类、按国别或地区分类等四种,这些分类方法还可以交叉使用。若收藏的名片甚多,还可以编一个索引,那么用起来就更方便了。

1. 案例分析

一句问候语保全性命

第二次世界大战期间,有一个叫西蒙·史佩拉的犹太传教士被派到德国的一个小镇去传教。有个年轻的农民叫米勒,每天总是早早地来到田里工作。西蒙每次从他的地头走过时,总是笑着高声说:"早安!米勒先生!"米勒对犹太人并没有什么好感。开始,西蒙每次向他打招呼,他只当没听见,连头也不回一下。可是,西蒙每天却依然向米勒问候。终于有一天,米勒被西蒙的礼貌和热情所感染,他也举了举帽子,笑着回答:"早安,西蒙先生。"后来,纳粹党上台,米勒被纳粹征召入伍,西蒙也被纳粹关进了集中营。

这天,西蒙排在长长的队列中等待发落。在行列的尾端,他远远地看到营区的一个指挥官手里拿着指挥棒,一会儿向左指,一会儿向右指。西蒙知道,发配到左边的人就只有死路一条,发配到右边的只是进工厂,还有生还的机会。他的心脏怦怦跳动着,愈靠近那个指挥官就跳得愈快,因为他清楚这个指挥官有权将他送入焚火炉中。过了不久,西蒙突然听到有人喊自己的名字"西蒙·史佩拉",他紧张地应了一声"到"。

就在这时,那个手拿指挥棒的军官转过身来,西蒙和他的目光相遇了。西蒙认出了那个手拿指挥棒的军官是谁,并且下意识地喊了一声:"早安,米勒先生!"听到问候,米勒那双原本冷酷无情的眼睛突然闪动了几下。随后,米勒举起了指挥棒:"右!"

在德国纳粹党当政时,有数百万犹太人被残忍地杀害。而西蒙因为平常的一句礼貌语,在关键时刻感化了刽子手,唤醒了米勒心中被纳粹夺去的人性,一句礼貌语的价值就是生命!

(资料来源:侯爱兵,《一句礼貌语保全性命》,《演讲与口才》,2009年12期)

思考讨论题:

(1)问候语在社交中有何作用?

(2)本案例对你有哪些启示?

握 手

在一次接待省外某职业院校到学院考察过程中,小李因与职业学院副院长熟识,因而作为主要接待人员陪同相关部门领导进行接待。当职业院校的副院长率领其他考察人员达到学院后,小李面带微笑热情地走在前面,先于部门领导与副院长握手致意,表示欢迎。

思考讨论题:
(1)小李的行为妥当吗?
(2)如果你是小李该如何做才符合礼仪规范?

名 片

A公司的赵经理约见了一个重要的客户张经理。见面之后,客户就将名片递上,赵经理看完之后将名片放在桌子上,他们继续谈事。片刻服务人员将茶端上桌,请两位经理慢用。赵经理喝了一口,将杯子放在了名片上,自己没有感觉到,张经理皱了皱眉头,没说什么。

思考讨论题:
(1)谈谈你对本案例的看法,并评价交际对象的社交礼仪行为有何不妥之处?
(2)结合本情境内容谈谈名片应如何保管?

2. 设想几种不同的社交场景,如何根据交往对象不同进行称呼。

3. 请面对全班同学做一分钟自我介绍。

4. 设计几个不同人物身份和场景,模拟训练正确的介绍方法。

5. 设计出用于商务场合的富有个性的名片,然后相互之间练习名片的递接。选出最具特色的名片,进行一次名片展览。

6. 3至5人一个小组,每组设计一个见面场景,将称呼、介绍、握手等见面礼、问候、递接名片等交际礼仪,连贯地演示下来,学生对各组的表演进行评价,最后教师总结。表演之前,每组应就设计的场景和成员的角色进行说明。

能力评价表

内　容		评　价	
学习目标	评价内容	小组评价(5、4、3、2、1)	教师评价(5、4、3、2、1)
知识(应知应会)	见面礼仪		
	人际交往的基本礼仪规范		
专业能力	会打招呼		
	称呼、握手、介绍符合礼仪规范		
	会使用名片并对名片进行管理		
通用能力	交际能力		
	表达能力		
态　度	热情、遵守规范		
努力方向:		建议:	

社交与家庭礼仪

任务2 通信联络

情境导入

张女士在国家大剧院音乐厅听一场由著名大师指挥的交响乐。音乐演奏到高潮时，全场鸦雀无声，凝神谛听，突然手机铃声响起，在宁静的大厅中显得格外刺耳。演奏者、观众的情绪都被打断。大家纷纷回头用眼神责备这位不知礼者。

任务分析

电话是人们开展社交活动不可缺少的工具，在日常生活和工作交往中，都要利用电话与别人取得联系和交谈。据美国《电话综述》（Telephone Review）中介绍说，一个人一生平均有8760小时在打电话。在录像电话还没普及之前，人们通过电话给人的印象完全靠声音和使用电话时的习惯，要想有"带着微笑的声音"或者通过电话赢得信任，就必须掌握使用电话的礼节与技巧。

这里拟通过组织学生自编小品"打电话"活动，完成本本任务的学习，强化电话礼仪规范。具体操作建议如下。

1. 事先要准备好场地、电话等。

2. 将学生3至5人分为一组，自编小品表演打电话（手机），可以将打电话（手机）中不规范的礼仪表现演示出来。

3. 表演后，师生点评。

知识储备

一、电话语言要求

目前大部分电话能传输的信号是声音，但这一信号载体却包含着许多信息。说话人想做什么，要做什么，是高兴还是悲伤，还有对另一方的信任感，尊重感，彼此都可以清晰地得知。这些都取决于电话的语言与声调。因此，电话语言要求礼貌、简洁和明了，以准确地传递信息。

1. 态度礼貌友善

当我们使用电话交谈时，不能简单地将对方视做一个"声音"，而应看做是面对一个正在交谈的人。在使用电话时，多用肯定语，少用否定语，酌情使用模糊用语；多用些致歉语和请托语，少用些傲慢语、生硬语。礼貌的语言、柔和的声音，往往会给对方留下亲切之感。正如日本一位研究传播的权威所说："不管是在公司还是在家庭里，凭这个人在电话里的讲话方式，就可以基本判断出其'教养'的水准。"

2. 传递信息简洁

电话用语要言简意赅，将自己所要讲的事用最简洁、明了的语言表达出来。因为通话的一方尽管有诸如紧张、失望而表情异常的体态语言，但通话的另一方不知道，他所能得到的判断只能是来自他听到的声音。在通话时最忌讳发话人吞吞吐吐，含糊不清，东拉西扯，正确的做法是：问候完毕对方，即开宗明义，直言主题，少讲空话，不说废话。

3. 控制语速语调

通话时语调温和，语气、语速适中，这种有魅力的声音容易使对方产生愉悦感。如果说话过程语速太快，则对方会听不清楚，显得应付了事；太慢，则对方会不耐烦，显得懒散拖沓；语调太高，则对方听得刺耳，感到刚而不柔；太低，则对方会听得不清楚，感到有气无力。一般说话的语速、语调和平常的一样就行了，即使是长途电话，也无须大喊大叫，把受话器放在离嘴两三寸的地方，正对着它讲就行了。另外通电话时，周围有种种异样的声音，会使对方觉得自己未受尊重而变得恼怒，这时应向对方解释，以保证双方心情舒畅地传递信息。

表 3-3　打一般业务电话的礼貌用语及应对要点

接电话者（对方）	打电话者（自己）	应对的重点
您好，这里是国际公司门市部	我是中华公司业务部的张××，请问李某先生在吗	首先把要和对方谈的事情用备忘录整理好，并将会用到的资料事先准备妥当
请稍等一下		
我是李××	您好，我是中华公司业务部的张××。前天您订的货已经来了，我打算早一点送过去，您觉得如何	要找的人一接电话，就恭敬地再打一次招呼 不要只配合自己的情况，也要问问对方是否方便
哦，是这样啊！明天送过来怎么样	好，我知道了，那么明天几点，要送到哪里比较方便呢	
三点送到总务科，交给赵×× 能不能向您请教一下商品的使用方法	好，明天三点送到总务科，给赵××先生 好的，我明天会过去为您详细解说，我手上有说明书，马上用传真机传过去。若看不清楚给我来电话	为避免错误把对方的话重复一遍 打电话前必要的资料要先拿在手上 用传真机输送，输送前后，都须以电话确认
好，我明白了 传真收到了，很清楚，谢谢	明天再拜访了，谢谢您，再见！好，我知道了，再见	别忘了结束时的道别

4. 使用礼貌用语。在电话交际中应使用礼貌用语。现以实例列表说明，参见表 3-3 和表 3-4（引自李兴国主编的《现代商务礼仪》黑龙江科学技术出版社，1998。）

社交与家庭礼仪

表3-4 接一般业务电话的礼貌用语及应对要点

接电话者（对方）	打电话者（自己）	应对的重点
	（电话铃响）这里是中华公司业务部	电话铃响两声，就拿起话筒。如果中午前，别忘了道一声早安
麻烦您找张××先生听电话	对不起，请问您是哪一位	
我是国际公司的李××	张先生他在，请稍等 抱歉，让您久等了，他大概3点会回来。请问您有何事，能否让我转达	反复确认对方 倘若叫人要花点时间，要问对方是否方便等。 如果要找的人不在，不要只告知"他不在"，其后的应对不要忘记
不可以，这事除了张先生之外，别人不明白。那么能不能麻烦您请他4点钟左右打电话给我 好的，12345678	是。但为防万一，能不能留下您的电话号码 我确定一下，是不是12345678？敝人姓杨，等张先生回来我一定转告他4点左右给您打电话	如果对方愿告知什么事，用备忘录记好 对方交代的事情一定要重复确认。 在留言备忘录中，要记上对方打来的电话，及对方的姓名
拜托您了	不客气。那么再见	确定对方已挂断电话后，再轻轻放下听筒

二、打电话的礼仪

打电话既要把事情说清楚，又不失礼貌，那一定要注意以下几点。

1. 注意时间

晚上、早上没有什么重大的急事都别打电话。万一有急事需要打电话，第一句话要先说"抱歉，打搅你了"。别人就餐的时间也别打电话。节假日时，若无重大事情也不要给别人打电话，可以用其他方式联络，如发手机短信等。如果是打给外国人，尤其是对方住在美国、欧洲这样距离较远的国家和地区，更要注意时差的问题。你这儿是白天，没准别人刚睡觉呢。

2. 注意空间

在公共空间打电话，对别人实际上是一种噪音骚扰。一个有教养的人，是不会在公众场合打电话的。在影剧院、会议中心、餐厅、商场，经常有些不自觉的人拿着电话大吵大嚷地说个不停，令人反感。

3. 持续时间

电话打多长时间才好呢？在实际生活中，有多少事，就该说多长时间，把事说清楚为止。但必须注意，打电话的时间宜短不宜长。电话礼仪有一个规则——通话3分钟法则，每次应该有效地控制在3分钟之内。倒不是必须掐着表，或者每次通话前调好闹钟，到3分钟就突然打住，而是要求长话短说。

4. 介绍自己

电话接通后要进行自我介绍。私人电话可以先报姓名，让对方验证是不是打错了。社交电话一般要报三要素：单位、部门、姓名。因为别人可能不知道我们是什么头衔、是谁，所以要全报。

5. 通话的终止

如果不想继续通话了，可用适当的方式暗示另外一方。常规的做法就是重复要点。可能对方记错了、说错了，也可能忘记了，适时重复一下，说明自己是个训练有素的人，也等于告知对方，双方通话该适可而止了。

谁先挂断电话？交际礼仪的标准做法是：地位高者先挂。晚辈和长辈通话，请长辈先挂，对长辈的尊重尽在不言中。下级跟上级通话，理当由上级先挂。

三、接电话的礼仪

1. 迅速接听

接电话首先应做到迅速接，力争在铃响 3 次之前就拿起话筒，这是避免让打电话的人产生不良印象的一种礼貌。电话铃响过 3 次后才做出反应会使对方焦急不安或不愉快。正如日本著名社会心理学家铃木健二所说："打电话本身就是一种业务。这种业务的最大特点是无时无刻不在体现每个人的特性。""在现代化大生产的公司里，职员的使命之一，是一听到电话铃声就立即去接。"接电话时，应首先说"你好"，然后自报家门，进行简单的自我介绍，再确认对方。

2. 积极反馈

作为受话人，通话过程中，要仔细聆听对方的讲话，并及时作答，给对方以积极的反馈。通话中听不清楚或意思不明白时，要马上告诉对方。在电话中接到对方邀请或会议通知时，应热情致谢。

3. 热情代转

如果对方请我们代转电话，应弄明白对方是谁，要找什么人，以便与接电话人联系。此时，请告知对方"稍等片刻"，并迅速找人。如果不放下话筒喊距离较远的人，可用手轻捂话筒或按保留按钮，然后再呼喊接话人。如果因别的原因决定将电话转到别的部门，应客气地告知对方要将电话转到处理此事的部门或适当的职员，如"真对不起，这件事是由财务部处理，如果您愿意，我帮您转过去好吗？"

4. 做好记录

如果要接电话的人不在，应为其做好电话记录，记录完毕，最好向对方复述一遍，以免遗漏或记错。可利用电话记录卡片做好电话记录。电话记录卡片参见图 3-1。

社交与家庭礼仪

```
给 _____
日 期 _____ 时 间 _____

你不在办公室时                              先  生
_____ 公司的 _____   女  士
                                            小  姐
电 话 _____
  ○电　话             ○请打电话回去
  ○要求来访           ○还会打电话来
  ○是否紧急           ○回你的电话
      留 言 _____
            _____
```

图 3-1　电话记录卡片

四、手机礼仪

无论是在社交场所还是在工作场合，放肆地使用手机，已经成为礼仪的最大威胁之一。在国外，如澳大利亚电讯的各营业厅就采取了向顾客提供《手机礼节》宣传册的方式，宣传手机礼仪。在使用手机的时候应该注意以下礼仪。

1. 置放到位

在一切公共场合，手机在没有使用时，都要放在合乎礼仪的常规位置。不要在没有使用的时候放在手里或是挂在上衣口袋外。放手机的常规位置有：一是随身携带的公文包里，这种位置最正规；二是上衣的内袋里；有时候，可以将手机暂放腰带上，也可以放在不起眼的地方，如手边、背后、手袋里，但不要放在桌子上，特别是不要对着对面正在聊天的客户。

2. 注意场合

在会议中或和别人洽谈的时候，最好的方式还是把手机关掉，起码也要调到振动状态。这样既显示出对别人的尊重，又不会打断发言者的思路。而那种在会场上铃声不断，像是业务很忙，使大家的目光都转向他，这实际给人的印象只能是缺少教养。注意手机使用礼仪的人，不会在公共场合或座机电话接听中、开车中、飞机上、剧场里、图书馆和医院里接打手机，就是在公交车上大声地接打电话也是有失礼仪的。公共场合特别是楼梯、电梯、路口、人行道等地方，不可以旁若无人地使用手机，应该把自己的声音尽可能地压低一下，而绝不能大声说话，同时不要妨碍他人通行。在一些场合，如在看电影时或在剧院打手机是极其不合适的，如果一定要回话，采用静音的方式发送手机短信是比较适合的。

3. 考虑对方

给对方打手机时，尤其当知道对方是身居要职的忙人时，首先想到的是，这个时间他（她）方便接听吗？并且要有对方不方便接听的准备。在给对方打手机时，注意从听筒里听到的回音来鉴别对方所处的环境。如果很静，应想到对方在会议上，有时大的会场能感到一种空阔的回声；当听到噪音时对方就很可能在室外，开车时的隆隆声也是可以听出来的。有了初步的鉴别，对能否顺利通话就有了准备。但不论在什么情况下，是否通话还是由对方来定为好，所以"现在通话方便吗？"通常是拨打手机的第一句问话。其实，在没有事先约定和不熟悉对方的前提下，我们很难知道对方什么时候方便接听电话，所以，在有其他联络方式时，还是尽量不打对方手机好些。

在餐桌上，关掉手机或是把手机调到震动状态还是必要的，避免正吃到兴头上的时候，被一阵烦人的铃声打断。不要在别人注视自己的时候查看短信。一边和别人说话，一边查看手机短信，对别人不尊重。当与朋友面对面聊天时，不要正对着朋友拨打手机，避免发射时高频的电流对他产生辐射，让对方心中不愉快。使用手机时必须牢记"安全至上"，否则不但害人，还会害己。注意不要在驾驶汽车时，使用手机电话或查看寻呼机内容，以防止发生车祸；不要在病房、油库等地方使用手机，免得它们所发出的信号有碍治疗，或引发火灾、爆炸；不要在飞机飞行期间起用手机，否则极可能使飞机"迷失方向"，造成严重后果。

另外现在有不少人，特别是年轻人喜欢使用彩铃。有些彩铃很搞笑，或很怪异，与千篇一律的铃声比较起来，确实有独特之处。但是彩铃是给打电话的人听的，如果我们需要经常用手机联系业务，最好不要用怪异或格调低下的彩铃，以免影响自己和单位的形象。

4. 会发短信

手机短信已成为人们交际活动的一种重要方式。其礼仪主要包括书写发送手机短信礼仪和接收手机短信礼仪。

（1）书写发送手机短信礼仪

第一，内容要简单明了；第二，语意要清楚；第三，检查文法和错别字；第四，短信拜年，记得署名。还有一点需要注意：在短信的内容选择和编辑上，应该和通话文明一样重视。不要编辑或转发不健康的、格调不高的短信，特别是一些带有讽刺伟人、名人甚至是革命烈士的短信，更不应该转发。

（2）接收手机短信礼仪

第一，接收短信及时回复；第二，及时删除不用短信，保持手机短信容量有一定空余量，以免影响新短信的接收，甚至耽误大事；第三，重要短信及时移至收藏夹。

五、收发电子邮件礼仪

电子邮件，即通常说的 E-mail。它是一种重要的通信方式，因其方便快捷，费用低廉，深受人们的喜爱，使用者越来越多，尤其是国际间通信交流更是优势明显。对待电子邮件，应像对待其他通联工具一样讲究礼仪。

社交与家庭礼仪

1. 书写规范

虽然是电子邮件，但是写信的内容与格式应与平常书信一样，称呼、敬语不可少，签名则仅以打字代替即可。写电子邮件语言要简略、不要重复、不要闲聊，写完后要检查一下有无错误。因为发出去的邮件很可能被对方打印出来研读或是贴在公告牌上。写完后还要核定所用字体和字号大小，太小的字号不仅收件人读起来费力，也显得粗心和不够礼貌。写邮件时最好在主题栏写明主题，以便让收件人一看就知道来信的主旨。

2. 发送讲究

电子邮件的发送有以下讲究。最好不要将正文栏空白只发送附件，除非是因为各种原因出错后重发的邮件，否则不仅不礼貌，还容易被收件人当作垃圾邮件处理掉。重要的电子邮件可以发送两次，以确保能发送成功。发送完毕后，可通过电话等询问是否收到邮件，通知收件人及时阅读。应尽快回复来信，如果暂时没有时间，就先简短回复，告诉对方自己已经收到其邮件，有时间会详细说明。

3. 注意安全

电子邮件是计算机病毒重要的传染源和感染病毒的主要渠道。收发电子邮件都要注意远离计算机病毒，发送电子邮件时要注意尽可能不使邮件携带计算机病毒，因此如果没有反病毒软件适时监控，发送邮件前务必要用杀毒程序杀毒，以免不小心把有毒信件寄给对方。要是没有把握不妨用贴文的方式代替附加文档。

接收电子邮件时的安全问题更为重要，来历不明的信件必须谨慎处理，若不确定则最好删除。目前一般计算机都安装有监控邮件病毒的反病毒软件。由于监控软件考虑安全性较多，因此，许多正常邮件也会给出可能有病毒的提醒，需要及时判断处理，有时宁可损失信息也要果断删除一些可能含有病毒的不明邮件，以免计算机感染病毒。对于没有正文仅有附件的不明邮件，除非与发件人熟悉或事先约定好了，原则上都不应该打开邮件，对正文中提示的邮件地址不熟悉一般不要轻易打开，因为这往往是陷阱，许多国际电话费骗子就把诱饵放在这里。在删除了怀疑的病毒邮件后，要及时清空邮件回收箱，否则，病毒会还在计算机硬盘中，没有从物理硬盘上将其删除掉。

此外，要注意定期及时清理邮件收件箱、发件箱、回收箱，空出有限的邮箱容量空间。及时将一些有用的电子邮件地址记下来并存入通信簿也是很必要的。

六、发帖、聊天礼仪

发帖指在任何被允许发表自己言论的论坛、博客等网络提供的交流平台上，针对某一主题发表自己的观点、意见和看法；聊天指与特定的网友在互联网交流平台上进行互动式的沟通。利用互联网搭建的交流平台与人交往，重要的是必须考虑如何给自己带来愉快与如何避免给他人带来不愉快，同时要提高自我保护意识。一般来说，发帖、聊天要遵守下面的礼仪规范：

1. 勿忘以"人"为本

互联网给来自不同地域的人们提供了一个共享、沟通的平台,这是高科技的优点,但往往也使人们觉得面对着的只是电脑屏幕,而忘了自己是在跟其他人打交道。很多人在上网时放松了自我道德约束,降低了自己的道德标准,允许自己的行为更加粗俗和无礼。为了构建一个融洽、和谐的网络交流平台,人人都应该做到:当着别人的面不会说的话在网上也不要说,发帖以前仔细斟酌用词和语气,不要故意挑衅和使用脏话,为自己塑造良好的网络形象。

2. 尊重别人的时间

打算在一个论坛上发表主题时,首先要看看该论坛是否开展过类似的讨论,有可能现成的答案随手可及。不要以自我为中心,随意提问,让别人为自己寻找答案而消耗时间。

3. 自觉遵守论坛规则

同样是网站,不同的论坛有不同的规则,在这个论坛可以做的事情,也许到那个论坛就不能做。因此,先浏览一个论坛中的内容,熟悉该论坛的气氛然后再发帖子。注意不要全部用大写字母键入信息,这表示在大喊大叫,会触怒很多网络高手。

4. 树立知识共享理念

网上交流时,当我们提了一个有意思的问题而得到很多回答之后,应该写一份总结与大家分享,同时表明谢意。这是对那些未曾谋面的热心人必不可少的交代。

5. 提倡有风度的辩论

在网络上,人们有不同的观点、看法是正常现象,辩论甚至争论也是正常现象。辩论时要保持翩翩君子的风度,以理服人,以情感人。不要一遇不同观点就大动肝火,用过激的言辞对对方进行人身攻击。

6. 重视保护隐私权

不随意公开个人情报,比如个人的邮件地址、真实姓名、住宅地址、电话号码、手机号码等。对于他人的情报,应该更加注意,以免给人带来伤害。别人与我们用电子邮件或 QQ 等聊天工具交往时留下的记录应该是隐私的一部分。假如我们认识的某个人用笔名上网,未经过他同意就将其真名在论坛上公开,也是一种不道德的行为。

7. 宽容待网友

当看到别人写错字,用错词,问低级问题时,不要讽刺挖苦或严厉训斥,应该用平和、平等的语气指出来。如果想进一步帮助他,最好用电子邮件或其他联系方式私下沟通,这样就能有效地维护网络新手的尊严。

社交与家庭礼仪

8. 杜绝有害行为

切忌以淫秽内容伤害他人，或恶意攻击行为，或者导致他人的计算机和网络系统受损。蓄意的破坏者常常悄悄地进入他人的系统，或者发出死循环指令让他人的计算机当场死机。这些行为都是不道德的，甚至是非法的。

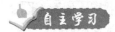

1. 案例分析

一个秘书的经历

王芳是在某公司工作多年的秘书，主要负责接待以及外线电话的转接。她现在已经是一名优秀的秘书了，可在她成长过程中也出现过许多大大小小的错误，现仅列举两个典型例子。

其一，王芳刚做秘书工作时，认为打电话不过是连3岁小孩都会做的简单事情，但发生的一件事情让她改变了这种观点。一次，总经理让她询问对方对合同中几个条款的看法。她没有认真研究这几个条款，也没有询问总经理的意见，马上拨通对方的电话。当对方提出几个方案时，她无法和对方进行任何交流，自然也无法达到侧面了解对方真实意图的目的。慌乱之中，她竟忘了做电话记录，整整半个小时的通话，在她脑中是一片空白。幸好她比较坦诚，如实向总经理做了汇报。总经理亲自打电话，表示歉意，这才如期签署合同。自从事情发生后，她专门准备了一个笔记本记录电话内容等，有关计算机文件也及时保存、备份。

其二，王芳每天负责处理大量的电子邮件，除了那些垃圾邮件，她将所有往来邮件都保留在电子信箱中。这样做确实也带来很多方便，即使出差也可以从信箱中查阅历史文件。但有一段时间，她连续七天没有收到任何邮件，给客户的邮件也没有一个回复。她用电话跟客户联系，客户说发出去的邮件全部退回。她赶紧请教有关计算机人员，这才发现这是由于邮箱空间爆满所致。

（资料来源：谢迅，《商务礼仪》，对外经济贸易大学出版社，2007。）

思考讨论题：

（1）打电话前应该思考哪些问题？

（2）使用电子邮件应注意什么？

电话里的女高音

某杂技团计划于下月赴美国演出，该团团长刘明就此事向市文化局作请示，于是他拨通了文化局局长办公室的电话。

可是电话响了足足有半分多钟时间，不见有人接听。刘明正纳闷着，突然电话那端传来一个不耐烦的女高音："什么事啊？"刘明一愣，以为自己拨错了电话："请问是文化局吗？""废话，你不知道自己往哪儿打的电话啊？""哦，您好，我是市歌舞团的，请

学习情境3　日常交际礼仪

问王局长在吗？""你是谁啊？"对方没好气地盘问。刘明心里直犯嘀咕："我叫刘明，是杂技团的团长。"

"刘明？你跟我们局长什么关系？"

"关系？"刘明更是丈二和尚摸不着头脑，"我和王局长没有私人关系，我只想请示一下我们团出国演出的事。""出国演出？王局长不在，你改天再来电话吧。"没等刘明再说什么，对方就"啪"地挂断了电话。

刘明感觉像是被人戏弄了一番，拿着电话半天没回过神来。

（资料来源：http://www.liyi360.com/2009/11/27/ajgkv.htm）

思考讨论题：

（1）本案例中"女高音"接电话哪些地方不符合礼仪规范？

（2）接电话与塑造组织形象有怎样的关系？

2. 欣赏相声表演艺术家马季的相声《打电话》，讨论打电话应该注意的礼节。

3. 每两人一组，模拟各种情形进行手机短信的发送和回复，然后相互评论对方发送短信的做法有无不符合礼仪之处。

4. 在网络这个虚拟世界中，应该注意哪些礼仪？

5. 给大家讲一个你亲身经历过（或者听说过）的有关手机短信的故事。

6. 举办一次主题短信写作比赛，主题自拟，评选出最佳写手。

能力评价表

内　　容		评　　价	
学习目标	评价内容	小组评价（5、4、3、2、1）	教师评价（5、4、3、2、1）
知识（应知应会）	通信礼仪		
	电话的基本要求		
专业能力	能礼貌规范地接、打电话		
	能正确规范地使用移动电话		
	网络沟通符合礼仪规范		
通用能力	自我管理能力		
	沟通能力		
	自控能力		
态　　度	遵守规范、热情友善		
努力方向		建议	

社交与家庭礼仪

任务3 礼物馈赠

情境导入

郭涛是肖明的领导，两人私交不错。一次肖明到云南出差，看到了一盒精致的普洱茶珍藏版。肖明知道郭涛对茶道颇有研究，于是就给郭涛购买了一盒，出差回来的第一天，肖明兴高采烈地直奔郭涛办公室把礼物送给了郭涛。当时郭涛的办公室还有几个同事，肖明当时发现郭涛的脸色不太自然，而且对肖明所送的普洱茶也没有表示出特别的兴趣，这让肖明百思不得其解。

（资料来源：陈光谊，《现代实用社交礼仪》，清华大学出版社，2009。）

任务分析

中华民族素来重交情，古代就有"礼尚往来"之说。亲友和商务伙伴之间的正当馈赠是礼仪的体现，感情的物化，在正常的交际活动中，用以增进友情的合理、适度的赠礼与受礼是必要的。

无论是什么样的礼品，只有赠送的时机适宜、方法得当，才会被对方笑纳，才能发挥应有效应。郭涛之所以对肖明送的礼品没有特别的兴趣，并不是因为郭涛不喜欢普洱茶，而是肖明送礼的时机不太合适。

这里拟通过组织班级模拟场景活动，完成本任务的学习，具体操作建议如下。

1．学生分成小组，每组3至4人。
2．每组学生进行角色扮演，演示赠送礼物，学生自我评价。
3．授课教师总结点评。

知识储备

一、馈赠礼品的标准

1．情感性

馈赠礼品要重视其情感意义。礼品作为友好的象征物，其意义并不在礼品本身，而在于通过礼品所传达的友好情意，这是馈赠礼品的基本思想，所谓"千里送鹅毛，礼轻情义重。"情义是无价的，情义是无法用金钱来衡量的。"烽火连三月，家书抵万金。"同样说明"情"的价值，丝毫也不夸张。因此选择礼品时，千万勿忘一个"情"字，应挑选价廉物美，具有一定纪念意义，或具有某些艺术价值，或为受礼人所喜爱的小艺术品，如纪念品、书籍、画册等。另一方面选择礼品的价值要"得体"，并非是价值越昂贵的礼品所表达送礼者的情意越深厚。送礼要与受礼者的经济状况相适合，中国人历来有"礼尚往来"的习俗，若受礼者的经济能力有限，当接到一份过于贵重的礼品时，其心理负担一定会大于受礼时的喜悦，尤其当我们有求于对方的时候，昂贵的厚礼会让人有以礼代贿的嫌疑，不但加重了对方接受这份礼品的心理压力，也失去了平等交流的意义。

2. 独创性

送人礼品，与做其他许多事情一样，是最忌讳"老生常谈"、"千人一面"的。选择礼品，应当精心构思，匠心独运，富于创意，力求使之新、奇、特。赠送具有独创性的礼品给人，往往可以令其耳目一新，既兴奋又感动，因为这等于是"特别的爱献给特别的你"。真是这样的话，赠送者在对方心目中往往也会因此"升值"。

3. 适俗性

挑选礼品时，特别是在为交往不深或外地区人士和外国人挑选礼品时，应当有意识地使赠品与对方所在地的风俗习惯一致，在任何情况下，都要坚决避免把对方认为属于伤风败俗的物品作为礼品相赠，这样才表明尊重交往对象。如在我国大部分地区，老年人忌讳发音为"终"的钟，恋人们反感于发音为"散"的伞。阿拉伯地区严禁饮酒。在西方药品不宜送人。因此在涉外交往中，要根据不同国家、地区的习惯与个人的爱好做些必要的选择，赠礼问俗是我们不能忽视的，这也是一个重要标准。1972年，尼克松总统准备访华，急于寻求能代表国家的礼物。美国保业姆公司闻讯后，趁此良机，向尼克松总统献上公司生产的一尊精致的天鹅群瓷器珍品，因为瓷器的英文China，也具有"中国"的意思，尼克松一见，大喜过望，于是把这尊具有双重意义而且具有很高艺术价值的瓷器珍品带到了中国。

二、馈赠礼品的场合

1. 表示谢意敬意

当我们接受他人或某个组织的帮助之后应当表示感谢，如某位医生妙手回春治愈多年的顽症，某个组织为我们排忧解难等。此时为表示感谢和敬意，可考虑送锦旗，并将称颂之语书写在锦旗上。

2. 祝贺庆典活动

当友人和其他组织适逢庆典纪念之时，如某公司成立二十周年纪念，为表示祝贺，可送贺匾、书画或题词，既高雅别致又具有欣赏保存价值。

3. 公共关系礼品

开展公共关系活动中所送的礼品要与公共关系活动的目标一致，并且送礼的内容与送礼的组织形象是相符的。例如，上海大众汽车公司赠给客人的桑塔纳车模型，上海大中华橡胶厂精心设计研制的轮胎外形的钢皮卷尺等。

4. 祝贺开张开业

社会组织开张开业之际，都是宣传自身、扩大影响的好机会，一般来讲，都是要借机大肆宣传一番的。因而适逢有关组织开张开业之际，应送上一份贺礼，以示助兴和祝愿。一般选送鲜花贺篮为多，在花篮的绸带写上祝贺之语和赠送单位或个人的名称。

社交与家庭礼仪

5. 适逢重大节日

春节、元旦等节庆日都是送礼的旺季，组织可向公众、组织内部的员工等，适时地送上一份小小的礼物，对他们给予组织工作的关心和支持表示感谢，并希望继续得到他们的帮助。亲朋好友之间也可通过节日联络感情。此时也可选择适宜的礼品相赠。

6. 探视住院病人

公司的客人、员工生病或亲友患病住院，均应前去探视，并带上礼品。目前探视病人的礼品也不断地从"讲实惠"到"重情调"。以往送营养品、保健品，如今变为用多种水果包装起来的果篮、一束束鲜花。有一位教授住院，学生送他一束鲜花，夹在鲜花中的一张犹如名片大小的礼卡上，写着这样的话语："尊敬的导师：花香带来温馨的祝福，愿您静心养病，早日康复。您的弟子赠。"字里行间充满了关切之情和师生之意。

7. 应邀家中做客

我们经常会应邀到别人家中做客或者出席私人家宴。为了礼尚往来，出于礼貌，应带些小礼品。如土特产、小艺术品、纪念品、水果以及鲜花等。有小孩的可送糖果、玩具之类。

8. 遭受不测事件

世上难有一帆风顺之事，一个家庭或组织遇上不测事件之时，及时地送上一份礼物表示关心，更能体现送礼者的情谊。如对方遇上火灾、地震等灾难，马上去函或去电表示慰问，也可送上钱款相助。

三、赠送礼品的礼仪

1. 精心包装

送给他人礼品，尤其是在正式场合赠送于人的礼品，在相赠之前，一般都应当认真进行包装。可用专门的纸张包裹礼品或把礼品放入特制的盒子、瓶子里等。礼品包装就像穿了一件外衣，这样才能显得正式、高档，而且还会使受赠者感到自己备受重视。

2. 表现大方

现场赠送礼品时，要神态自然，举止大方，表现适当。千万不要像做了"亏心事"，小里小气，手足无措。一般在与对方会面之后，将礼品赠送给对方，届时应起身站立，走近受赠者，双手将礼品递给对方。礼品通常应当递到对方手中，不宜放下后由对方自取。如礼品过大，可由他人帮助递交，但赠送者本人最好还是要参与其事，并援之以手。若同时向多人赠送礼品，最好先长辈后晚辈、先女士后男士、先上级后下级，按照次序，依次有条不紊地进行。

3. 认真说明

当面亲自赠送礼品时要辅以适当的、认真的说明。一是可以说明因何送礼，如若是生日礼物，可说"祝你生日快乐"；二是说明自己的态度，送礼时不要自我贬低，说什么"没有准备,临时才买来的","没有什么好东西,凑合着用吧",而应当实事求是地说明自己的态度,比如"这是我为你精心挑选的"、"相信你一定会喜欢"等;三是说明礼品的寓意,在送礼时,介绍礼品的寓意,多讲几句吉祥话,是必不可少的;四是说明礼品的用途,对较为新颖的礼品可以说明礼品的用途、用法。

四、接受馈赠的礼仪

1. 受礼坦然

一般情况下,对于对方真心赠送的礼物不能拒收,因此没完没了地说"受之有愧"、"我不能收下这样贵重的礼物"这类话是多余的,有时还会使人产生不愉快的感觉。即使礼物不称心,也不能表露在脸上。接受礼物时要用双手,并说上几句感谢的话语。千万不要虚情假意,推推躲躲,反复推辞,硬逼对方留下自用;或是心口不一,嘴上说"不要,不要",手却早早伸了过去。

2. 当面拆封

如果条件许可,在接受他人相赠的礼品后,应当尽可能地当着对方的面,将礼品包装当场拆封。这种做法在国际社会是非常普遍的。在启封时,动作要井然有序,舒缓得当,不要乱扯、乱撕。拆封后还不要忘记用适当的动作和语言,显示自己对礼品的欣赏之意,如将他人所送鲜花捧在身前闻闻花香,然后再插入花瓶,并置放在醒目之处。

3. 拒礼有方

有时候,出于种种原因,不能接受他人相赠的礼品。在拒绝时,要讲究方式、方法,处处依礼而行,要给对方留有退路,使其有台阶可下,切忌令人难堪。可以使用委婉的、不失礼貌的语言,向赠送者暗示自己难以接受对方的好意,如当对方向自己赠送一部手机时,可以告之:"我已经有一台了。"可以直截了当向赠送者说明自己之所以难以接受礼品的原因。在公务交往中,拒绝礼品时此法最为适用,如拒绝他人所赠的贵重礼品时,可以说:"依照有关规定,你送我的这件东西,必须登记上缴。"

4. 还礼有理

不一定要还礼给所有送礼的人。如果送礼的人不在我们原定的送礼计划内,最好不要送礼。这种人通常和我们没有业务关系,弄不清他送礼的原因,也许是我们自己忘记了曾帮助过他,他送礼感谢。如果是这样,还礼给他,反而不近人情,因为这样会令他无法实现感谢心愿。

五、赠花的礼仪

鲜花是美好、吉祥、友谊和幸福的象征。我国早在汉代就有"折柳送别话依依"的诗句,可见在当时已有交际赠花之习俗。当今社交中无论是欢迎、送别、婚寿庆祝,还是节庆、开业、慰问、吊唁及国际交往中,人们经常赠之以鲜花,言志明心。但由于各地风俗习惯不同,花的含义也不同,送花时必须注意得体,要做到以下几点。

社交与家庭礼仪

1. 了解"花卉语"

当我们用花为媒来传递友谊时,要注意运用正确的"花卉语",以免出现尴尬。以下是常见的花卉的寓意:荷花象征纯洁、淡泊和无邪;月季象征幸福、光荣;红玫瑰象征爱情;百合象征圣洁、幸福、百年好合;康乃馨象征健康长寿;梅花象征刚毅、坚贞不屈等。在不同的国家和地区,同一种花也许会有不同的寓意,如在一些国家,菊花和康乃馨被认为是厄运的象征。垂柳在美国表示"悲哀",但在法国,柳则是"仁勇"的象征。实际上,同一种类型的花卉,因其不同的颜色,也有不同甚至截然相反的意思。如红色的郁金香是"爱的表示",蓝色的郁金香象征"诚实",而黄色的郁金香则象征"无望的恋爱"。因此要恰当运用好"花卉语"。

2. 不同场合的赠花

向恋人赠玫瑰花的花语是"我真心爱你",蔷薇花象征"我向你求爱,小天使",桂花表示"我挚意爱你",这类花卉赠之恋人,可收心有灵犀一点通之功。若将这类花卉赠之其他对象,则会交际不成,反而引火烧身。婚礼赠花可以送一束美丽鲜艳的由红玫瑰、吉祥草、文竹等花组成的花束。红玫瑰象征爱情美好;吉祥草祝朋友吉祥如意、生活美满;文竹绿叶葱葱,祝朋友爱情永葆青春。此外并蒂莲表示"恩爱如初,幸福长存",百合花象征"百年好合",它们及红色郁金香等花都是婚礼的理想花卉。慰问病人,送一束黄月季,表示"早日康复",一束芝兰,象征"正气清运,贵体早康",或送一束松、柏、梅花,以鼓励他与病魔做斗争"坚贞不屈","胜利属于你"。庆贺生日赠花,年轻一点的可送其火红的石榴花、鲜红的月季花、美丽的象牙花,祝其前程如火样红烈,青春如红花鲜艳等。对年老者,赠之以万年青、寿星草、龟背竹等,以示祝福老人健康长寿,快乐幸福。

3. 赠花的注意事项

正式场合,如组织开张、纪念、庆典等,大多可送花篮;迎宾、欢送、演出中送给演员,大多送花环、花束;宴请、招待会等送胸花;参加追悼会时送花圈以示哀悼。送花一般不能送单一的白色花,因为会被人认为不吉利;送玫瑰花时应送单数,不要送双数,但12除外,不要将红玫瑰送给未成年的小姑娘,不要将浓香型的鲜花送给病人。送一束花时最好用彩色透明纸将花包装好,再系一根与鲜花颜色相匹配的彩带,这样既便于携带,又使花显得更漂亮。

1. 案例分析

相 框

云南省的一家外贸公司与印度某商贸公司最近做成一笔生意。为表示合作愉快,加强两公司今后的联系,努力成为密切的商业伙伴,中方决定向印方赠送一批具有地方特色的工艺品——皮质的相框。中方向当地的一家工艺品厂定制了这批货,这家工艺品厂也如期保质保量地完成了。当赠送的日子快要临近时，这家外贸公司的一位曾经去过印度的职员突然发现这批皮质相框是用牛皮做的，这在奉牛为神明的印度是绝对不允许的，很难想象如果将这批礼品赠送给印方会产生什么样的后果。幸好及时发现，才使这家外贸公司没有犯下错误，造成损失。他们又让工艺品厂赶制了一批新的相框，这回在原材料的选择上特地考察了一番。最后在将礼品送给对方时，对方相当满意。

（资料来源：http://www.cmr.com.cn/cmrdemo/xx003a/content/xgal/include/xgal5.htm）

思考讨论题：

（1）在赠送礼品应遵循哪些礼仪规范？

（2）本案例对你有哪些启示？

2. 小杨是某单位的职工，因为有求于单位领导徐局长，于是在春节来临之际准备了6000元现金，登门拜访徐局长，希望领导能满足他的要求。

（1）请问徐局长能收这份礼吗？为什么？

（2）如果徐局长要选择拒绝，他应该怎么做？

能力评价表

内　　容		评　　价	
学习目标	评价内容	小组评价（5、4、3、2、1）	教师评价（5、4、3、2、1）
知识（应知应会）	馈赠礼仪		
	礼品的选择		
专业能力	能恰当地选择礼品		
	赠送礼品的技巧		
通用能力	沟通能力		
	审美能力		
	自控能力		
态　度	遵守规范、相互尊重		
努力方向：		建议：	

任务4　语　言　交　际

情境导入

二战中，屡立奇功的一代名将巴顿，在战争的善后工作远未结束时，直性子的他在一次记者招待会上，对盟军拒绝前纳粹党员参加军管政府管理工作的决定大加非议。以追求轰动效应为目的的记者趁机问道："将军，大多数普通德国人加入纳粹，难道不就是跟美国人加入共和党或民主党的情形差不多吗？"

"是的，差不多。"面对记者设计的"语言陷阱"，巴顿不加任何思索地随口答道。

巴顿一语即出，随即令世界为之哗然，美国及许多国家的报纸上出现一个天怒人怨

社交与家庭礼仪

的标题:"一位美国将军说,纳粹党人跟共和党人与民主党人一样!"

谁都知道,当时美国执政的是民主党,说它跟纳粹一样,那还了得!

终于,巴顿的上司也是他的好友艾森豪威尔将军为了挽回影响,不得不撤了巴顿第3集团军司令和驻巴伐利亚军事长官职务,让他回国去了。艾森豪威尔为不使他的好友"过分"难堪,给了他一个有名无实的第15集团军司令的头衔。这是一个空架子的集团军和空头司令,任务只是带一些参谋和文职人员整理二战欧洲部分的军事史而已。从此,巴顿就一蹶不振了。

巴顿,一位功勋卓著的二战名将,就因为一句随意话,在和平到来之际,等来的竟是一个郁闷晚景,这是一幅多么令人悲哀的画面。

(资料来源:侯爱兵,一句随意话引出是非,《演讲与口才》2009年12期。)

任务分析

美国前哈佛大学校长伊立特曾说:"在造就一个有修养的人的教育中,有一种训练必不可少,那就是优美、高雅的谈吐。"语言交际是交流思想和表达感情直接而快捷的途径,语言作为人类的主要交际工具,是沟通不同个体心理的桥梁。在社交中,因为不注意沟通的语言艺术,或用错了一个词,或多说了一句话,或不注意词语的色彩,或选错话题等而导致交往失败或影响人际关系的事,时有发生,正如"情境导入"案例中的巴顿将军一样,因为一句随意话引出了是非。因此,在沟通中必须遵从一定的规范,才能达到双方交流信息,沟通思想的目的。

这里拟通过组织"情景模拟训练"活动完成本"任务"的学习,具体操作建议如下。

情景:假设自己是公司办公室主任,公司曾向某家饭店租用大舞厅,每一季用20个晚上,举办员工培训的一系列讲座。可是就在即将开始的时候,公司突然接到通知,要求必须付高出以前近3倍的租金。当得到这个通知的时候,所有的准备工作已经就绪,通知都已经发出去了。单位领导派你去说服对方不要违约,你怎么办?请模拟场景,扮演角色。

(1)根据以上情景,模拟演示王主任的沟通协调过程。可在教室或情景实训室进行。

(2)先分组讨论,再进行角色模拟演示。每组3人,一人扮演王主任,一人扮演饭店经理,一人担任解说,分角色轮流演示以上情景。

(3)要求编写演示角色的台词与情节,用语规范,表达到位。

(4)实训总结,个人畅谈沟通体会,教师总评,评选出最佳口头语言沟通者。

知识储备

一、语言交际的基本原则

语言交际的基本原则是人际交往活动中运用语言表情达意、进行信息交流时所必须遵循的准则,它贯穿于交际语言运用的一切方面和每个过程的始终,是一种制约性的因素。在人际交往过程中,只有自觉遵守语言交际原则,才能有效地增加语言交际信息的传递量,融洽人与人之间的关系;反之,如果背离了这些原则,就会削弱甚至破坏交际语言传播的效果,难以达到人际交往的目的。归纳起来,语言交际的基本原则主要有几个方面。

1. 礼貌待人

礼貌是对他人尊重的情感外露,是谈话双方心心相印的导线。人们对礼貌的感知十分敏锐。有时,即使是一个简单的"您"、"请"字,都可以让他人感到一种温暖和亲切。在人际交往中,可以从以下几个层次达到礼貌待人、沟通情感的目的。

(1) 语言表达要满足交际对象对自尊的需求

其目的在于利用礼貌文明的语言艺术与技巧,达到快速消除隔阂、沟通感情、拉近距离的作用。在人际交往中,初次见面的恰当称呼,寒暄中的礼貌用语,交谈中的言语分寸,分别时的告别祝词等,都应当体现出尊重对方的主观意向。

在词语的选用方面,使用得体的敬辞和谦辞可以体现出对他人的尊重,也是一个人有教养的重要表现。比如,与客人初次见面时说"您好",与客人久别重逢时说"久违了"。求人解答问题时说"请教",请人协助时说"劳驾",要帮助别人时说"我能为您做些什么",看望别人时说"拜访",等候别人时说"恭候",陪伴别人时说"奉陪",不能陪客人时说"失陪",有事找人商量时说"打扰",让人不要远送时说"请留步",表示歉意时说"抱歉",表示感谢时说"谢谢"。像"后会有期"、"祝你好运"、"一路顺风"、"万事如意"等告别用语也都体现出对他人的尊重。

(2) 要根据具体环境选择使用富有亲和力的词语

在人际交往中,渴望受到尊重是每个人的基本心理需求,我们想要得到他人的尊重,先要善于主动接近对方,缩短人际距离,沟通相互情感。其实,做到尊重别人并不难,有时只需一个微笑、一句问候、一声敬称、一对善于倾听的耳朵,就会给别人的心情带来阳光和温暖,当然也会为您自己带来真挚的友谊与和谐的交际。美国一位女企业家想在 24 岁生日那天为自己购买一辆福特牌小轿车。当她向福特轿车经销店的售货员询问轿车情况时,售货员见她衣着普通,认定她无意购买,便随意应付几句,又借口用午餐而离去。女企业家只得出门蹓跶,准备等售货员用完午餐后再登门。在闲逛时,她发现在附近另有一家轿车经销店,就顺便入内询问。这家经销店的售货员十分热情,不仅认真解答她的询问,还和她聊天、拉家常。当得知她是为自己 24 岁生日购买轿车后,又非常客气地请她稍等片刻,出门不一会儿,这位售货员拿着一束玫瑰花回来,真诚地说:"小姐,您在生日之际光临本店,是本店的荣誉,我代表本店赠您一束玫瑰花,祝您生日快乐!"这位女企业家十分感动,在进一步询问了该店经销的轿车的品种、性能后,用稍高的价格购买了一辆该经销店的轿车。不久,她周围的许多朋友也在她的推荐下购买了这家经销店的轿车。

(3) 欣赏、赞美他人

说话人在语言交流过程中,能够肯定他人的优点,尊重他人的人格,尽量减少对别人的贬损,增加对别人的赞誉。希望得到别人的注意和肯定,这是人所共有的心理需求,而欣赏正是满足这种需求的一种交际方式。人际关系大师卡耐基说:"避免嫌弃人的方法,那就是发现对方的长处。"因此,在交际中,我们应抱着欣赏的心态来对待每一个人,时时留心身边的人和事,多发现别人的优点和长处。赞美是欣赏的直接表达。有道

社交与家庭礼仪

是"良言一句三冬暖",真诚的赞美不仅能激发人们积极的心理情绪,得到心理上的满足,可以给别人也给自己带来好心情,还能使被欣赏赞美者产生一种交往的冲动。托尔斯泰说得好:"就是在最好的、最友善的、最单纯的人际关系中,称赞和赞许也是必要的,正如润滑油对轮子是必要的,可以使轮子转得快。"利用心理上的相悦性,要想获得良好的人际关系,就要学会不失时机地赞美别人。

2. 坦诚真挚

在语言交际中,说话人的感情直接影响表达的效果,也影响着听话人的理解和接受。待人真诚,给人以充分的信任,可以激励他人的工作热情,提高工作效率。其实,感情本身就是一种教育力量,最有效的手段是以情感人,以理服人。唯有入情入理,坦诚真挚,充满信任的话语,才能够深入人心,引起别人的共鸣,受到他人注意。人际交往中要做到坦诚真挚,需要注意如下方面:

(1) 说真话,以坦诚的心取信于人

言必行,行必果,这是交往沟通时收到良好谈话效果的重要前提。如原深圳蛇口工业区负责人,在国外和一个财团谈判,由于对方自认为技术设备先进,漫天要价,使谈判陷入僵局。正在这时候,这个财团所在的商会请他去发表演说。他讲道:"中国是个文明古国。我们的祖先早在1000多年以前,就将四大发明——指南针、造纸、印刷术和火药的生产技术,无条件贡献给人类,而他们的后代子孙,从来没有埋怨他们不要专利权是一种愚蠢的行为。相反,却称赞祖先为世界科学的进步,做出了杰出贡献。现在,中国在与各国的经济活动中,并不要求各国无条件让出专利,只要价格合理,我们一个钱也不少给……"这番发自内心的讲话,在外国人心目当中,引起了巨大的震动和强烈的反响,使谈判对手终于愿意降低专利费,双方达成了近3亿美元的合作项目。

(2) 感情真挚,态度诚恳

与人交流沟通中,诚恳而真挚的态度是语言交往目的得以实现的基础。"善大,莫过于诚",热诚的赞许与诚恳的批评,都能使彼此间愿意了解;信任、倾诉、交心,正如《庄子·渔父》中所说:"不精不诚,不能动人"、"真在内者,神动于外,是所以贵重也"。据说,卡耐基的一位住在纽约的朋友——艾尼丝·肯特太太,聘用了一位女佣,要求她下星期一正式上班。她则利用这段空当,打电话给那位女佣的前任雇主,询问了一些她的个人情况,结果得到的评语却是贬多于褒。女佣到任的那一天,艾尼丝却告诉她说:"莉莉,几天前我打电话请教了你的前任雇主,她说你为人老实可靠,而且煮得一手好菜,带孩子也很细心,唯一的缺点就是理家比较外行,老是把屋子弄得脏兮兮的。我想她的话并非完全可信,从你的穿着可以看出来,你是个很讲究整洁的人,我相信你有这种习惯,一定也会把家里整理得井井有条。我们应该可以相处得宾主皆欢才对。"事实上,她们果然是相处得很愉快,莉莉真的把家里打扫得干干净净,一尘不染,而且工作非常勤奋,宁可自动加班,也不会任工作搁着不做。肯特太太看在眼里,乐在心里。只要肯尊重对方的特殊能力,高度地给予信任和肯定,任何人都会乐于将其优点表现得淋漓尽致。如果我们希望某人懂得自尊自爱,就该率先表现出对他的信任和尊重。

3. 平等友善

在人际交往中，我们不仅要尊重他人的人格、个性习惯、权力地位、情感兴趣和隐私，还要尊重彼此存在的外显或内在的心理距离，要有人人平等、一视同仁的谈话态度，切忌给人居高临下、自以为是的印象。只有在人际交往中保持自尊而不盲目自大，受人尊敬而不傲慢骄横，才能得到对方对我们个人、对我们的组织、甚至对我们的国家的尊重，才能谈得上真诚合作、平等合作。如被誉为"平民艺术家"的赵丽蓉，在她所追求的艺术事业中，始终把"观众第一"放在首位，对来自他人的关爱之情，也常以自己真挚独特的谐趣表达出来。一次大年初一，中央电视台开招待酒会，每个参加者都得一个大西瓜。赵丽蓉一眼瞥见旁边的记者没份儿，便将自己的那西瓜放在记者座位底下，说："你大老远赶到北京来采访，不待在家里过年，这西瓜你就带回家去孝敬父母吧。"这"土气儿"十足的言谈，比那些个虚情假意的关怀之类，不知"引人入胜"了多少倍！在她身上，没有那种司空见惯的矫情、虚饰与浮躁，而多了几分质朴、风趣与豁达。难怪，她那平等友善的态度和语言中的缕缕真情，至今仍令人难以忘怀。

在人际交往中，尽管人与人之间身份、地位等方面的情况可能不同，但是，交际双方在人格上是平等的，在心理上是对等的，平等是建立良好人际关系的前提。我们绝不能把自己高抬一寸，把别人低放一尺，有意与对方"横着一条沟，隔着一堵墙"，给别人一种"拒人于千里之外"之感。

4. 区分对象

在人际交往中，对于交际主体来说，最重要的莫过于研究交际对象，根据交际对象的性别、年龄、生活背景、心理特征等因素的差异来选择恰当的语言，以求明晰地表达自己的思想，达到正常的语言交际的目的，也就是所谓"到什么山上唱什么歌"、"见什么人说什么话"。如果不考虑对方的实际情况，信息流通渠道就会而出现偏差，甚至"阻塞"，交际也会随之而停止。例如，1954年，周恩来总理出席日内瓦国际会议，为了向外国人宣传中国，表明中国爱好和平的愿望，决定为外国嘉宾举行电影招待会，放映越剧艺术片《梁山伯与祝英台》。为此，工作人员准备了一份长达16页的说明书。周恩来看后笑道："这样看电影岂不太累了？我看在请柬上写上一句话就行，即'请你欣赏一部彩色歌剧电影：中国的《罗密欧与朱丽叶》。'"果然，一句话奏效，外国嘉宾都知道这部电影要讲述的故事了。

5. 换位思考

韩非子在《说难》中写道："凡说之难，在知所说之心。"在现实社会，随着人们日常交往的日益频繁，摩擦、矛盾也会随之增多，很多人只强调他人对自己应该承认、理解、接受和尊重，却忽视对等地去理解和尊重他人；只注意自己目的实现，却无视他人的利益和要求。在这种倾向支配下，他们常常不顾场合和对方心情，一味由着自己的性子去交往，致使在交往中由于语言使用缺乏得体而出现尴尬的局面。

社交与家庭礼仪

6. 切合情境

运用语言进行信息传递、情感交流，离不开一定的时间、地点和场合，要使这种传递活动获得好的效果，语言运用不仅要符合特定的时代背景和此时此地的具体情景，还要恰当地利用说话时机，把握时间因素，力求切情切境，入旨入理。

在杭州的"美食家"餐厅，一对新人在举行婚礼时，正赶上滂沱大雨下个不停。新人和客人们被大雨淋得很懊丧，婚礼气氛很不愉快。这时，餐厅经理来到100多位客人面前微笑着，高声说："老天爷作美，赶来凑热闹。这是入春以来的第一场好雨。好雨兆丰年，这象征着今天这对新人的未来是十分幸福的。雨过天晴是艳阳天，象征着今天在座的所有客人都将迎来更加灿烂的明天。我提议——为了迎接雨过天晴的明天，大家干杯！"话音刚落，整个餐厅的情绪和气氛发生了180度的转变，沉寂的婚礼场面，气氛一下子变得热烈起来。

7. 明确目的

交际语言是一种为了实现一定的交际目的而进行的双向交流的传播活动，无论是与他人拉家常、叙友情，或是进行学术报告、演讲、谈判、采访乃至解说、寒暄、拜访、提问等，都是为了实现信息传递，沟通情感，增进了解，阐明观点等特定的交际目的而进行的。当与他人说话时，需要针对交际对象的特点和语言环境做出必要的调整，也要根据语言交流的主题，选择和使用恰当的语言，做到有的放矢，取得缓解气氛，增进友情的作用。如瑞士厄堡村有一块要求游客不要采花的通告牌，上面分别用英、德、法三种文字写着："请勿摘花"，"严禁摘花"，"喜爱这些山峦景色的人们，请让山峦身旁的花朵永远陪伴着它们吧！"由此不难看出瑞士旅游业人士对不同游客的民族心理特点的充分考虑。英国人讲面子，崇尚绅士风度，因此，用"请"。德国人严守律令，故采用"严禁"。法国人浪漫且重感情，所以用了富有激情的语句。这样就与不同交际对象的民族心理特点相吻合了。

二、语言交际的技巧

1. 赞美他人的技巧

美国管理学家玛丽·凯说："赞美是一种有效而且不可思议的力量。"的确如此，在社会交往中，绝大多数人都期望别人欣赏、赞美自己，希望自身的价值得到社会的肯定。商务人员恰当地运用赞美的方式，会激发人们的积极性，产生巨大的精神力量。一般来说赞美是一种能引起对方好感的交往方式。赞同我们的人与不赞同我们的人相比，我们更喜爱前者，这符合人际交往的酬赏理论。但令人遗憾的是：不少人把赞美当作取悦他人的简单公式，不分时间、地点、条件对他人一味的加以赞美，实际上，这一作法是很不足取的。因为我们知道：人借助语言进行交往，语言具有影响对方的心理反应，进而影响双方人际关系的效能，任何一种语言材料、语言风格、交往方式对人际关系产生何种影响，常因人、因时、因地而异，赞美这一交往方式也不例外，它的效能也具有相对性和条件性。

美国心理学家阿伦森曾举例说，假设工程师南希出色的设计了一套图纸，上司说："南希，干得好！"毋庸置疑，听了这话，南希一定会增加对上司的好感。但如果南希草率地设计了一套图纸（她自己也知道图纸没设计好），这时，上司走过来用同样的声调说出同一句话，这句话还能使她产生好感吗？南希可能得出上司挖苦人、戏弄人、不诚实、不懂得好坏等结论，其中任何一项都使南希对上司的喜爱有所减少。因此，赞美的效果要受各种条件制约。能引起好感的赞美要借助以下条件。

（1）热情真诚的赞美

每个人都珍视真心诚意，它是人际交往中最重要的尺度。能引起好感的赞美首先必须是发自内心，热情洋溢的，否则那就是恭维。赞美和恭维到底有什么区别呢？说白了其实很简单，一个是真诚的，而另一个是虚伪的；一个是出自内心的，而另一个只不过是口头上的；一个没有丝毫自私目的，而另一个是出个人私利。

音乐家勃拉姆斯是个农民的儿子，生于汉堡的贫民窟，享受不到受教育的机会，更无从系统地学习音乐，所以，对自己未来能否在音乐事业上取得成功缺乏信心。然而，在他第一次敲开舒曼家大门的时候，根本没有想到他的一生的命运在这一刻决定了。当他取出他最早创作的一首 C 大调钢琴奏鸣曲草稿，手指无比灵巧地在琴键上滑动，弹完一曲站起来时，舒曼热情的张开双臂抱了他，兴奋地喊着："天才啊！年轻人，天才……"正是这出自内心的由衷赞美，使勃拉姆斯的自卑消失得无影无踪，也赋予了他从事音乐艺术生涯的坚定信心。在那以后，他便如同换了一个人，不断地把心底里的才智和激情流泻到五线谱上，成为了音乐史上的一位卓越的艺术家。正是这一句真诚的赞美，创造了一位音乐大师。

（2）令人愉悦的赞美

赞美的言语应该是对方喜欢听的言语，能达到使人愉悦的目的，我们称它为愉悦性原则。在交际活动中，遵守愉悦性原则，就是要多说对方喜欢听的话语，不说对方讨厌的言辞。这样，往往能收到较好的表达效果。

（3）具体明确的赞美

空泛、含混的赞美因没有明确的评价原因，常使人觉得不可接受，并怀疑我们的辨别力和鉴赏力，甚至怀疑我们的动机、意图，所以具体明确的赞美才能引起人们的好感。对他人总以"你工作得很好"、"你是一个出色的领导"来赞美，只能引起人家反感。

（4）符合实际的赞美

在赞美别人时，应尽量符合实际，虽然有时可以略微夸张一些，但是应注意不可太过分。如某个人对某领域或某个方面提出了一些很好的意见，或者有了一点成果，我们可以说"你在这方面可真有研究"，甚至可以说"你是这方面的专家"，可如果你说"你真不愧是个著名的专家"、"你真是这方面的泰斗"等，对方如果是个正派人就会感到不舒服，旁观者就会觉得我们是在阿谀奉承，另有企图。

（5）让听者无意的赞美

赞美者不是有意说给被赞美者听的赞美叫无意的赞美，这种赞美会被人认为是出自内心，不带私人动机的。

社交与家庭礼仪

（6）不断增加的赞美

阿伦森研究表明：人们喜欢那些对自己的赞美不断增加的人，并且对自始至终都赞美自己的人与最初贬低逐渐发展到赞美的人，人们会尤其喜欢后者。因为相对来说，前者容易使人产生他可能是个对谁都说好的"和事佬"的感觉；但人们对开始持否定态度的后者会留下这样一种印象：说我不好，一定是经过考虑、分析的，可能有他一定的道理，从而认为对方可能更有判断力，进而更喜欢他。

（7）出人意料的赞美。若赞美的内容出乎对方意料，易引起好感。卡耐基在《人性的优点》中讲过他曾经历的一件事：一天，他去邮局寄挂号信，从事着年复一年的单调工作的邮局办事员显得很不耐烦，服务质量很差。当他给卡耐基的信件称重时，卡耐基对他称赞到："真希望我也有你这样的头发。"闻听此言，办事员惊讶地看着卡耐基，接着脸上泛出微笑，热情周到的为卡耐基服务，显然这是因为他接受了出乎意料的赞美的缘故。

总之，赞美是人的一种心理需要，是对他人尊重的表现，是一剂理想的黏合剂，给人以舒适感，使我们拥有更多的朋友。但"赞美引起好感"并不是绝对的，无条件的，要受赞美动机、事实根据、交往环境诸因素的制约和影响，因此公关人员在与公众相处时，必须记住——"一味地赞美不足取"。

2. 与人交谈的技巧

（1）使用礼貌用语

交谈中使用礼貌用语，是人类文明的标志，也是全世界共同的心声。使用礼貌用语不仅会得到人们的尊重，提高自身的信誉和形象，而且还会对自己的事业起到良好的辅助作用。在我国，政府有关部门向市民普及文明礼貌用语，基本内容为十个字："请"、"谢谢"、"你好"、"对不起"、"再见"。在实际的社会交往中，日常礼貌用语远不止这十个字。归结起来，主要有以下这些。

问候语：您早、早上好、晚上好、晚安、您好、早安、午安、晚安、多日不见您好吗？

请托语：请多关照、承蒙关照、拜托。

慰问语：辛苦了、受累了、麻烦您了。

赞赏语：太好了、真棒、美极了。

致歉语：对不起、实在抱歉、劳驾、真过意不去、不好意思、请原谅、谢谢您的提醒。

同情语：太忙了、不得了啦、这可怎么好。

挂念语：身体还好吗、怎么样、还好吧。

祝福语：托您的福、上帝保佑、你真福气。

理解语：只能如此、深有同感、所见略同。

迎送语：欢迎、欢迎光临、欢迎再次光临、再见。

祝贺语：祝你节日愉快、祝您生意兴隆、祝你演出成功。

征询语：你有什么事情？需要我帮你做什么？你还有别的事情吗？如果你不介意的话，我可以做吗？请你慢点讲。

应答语：没关系、不必客气、照顾不周的地方请多多指正、非常感谢、谢谢你的好意。

致谢语：谢谢、衷心感谢、实在太好了。

婉言推托语：很遗憾不能帮您的忙、承您的好意，但我还有许多工作呢。

（2）慎重选择话题

所谓话题，就是交谈的中心。话题的选择反映着交谈者品味的高低。选择个好的话题，使交谈的双方找到了共同的语言，往往就预示着交谈成功了一大半。

① 宜选的话题。在沟通中，首先应选既定的话题，即双方业已约定，或者一方先期准备好的话题，如征求意见、传递信息、研究工作等。其次，选择内容文明，格调高雅的话题，如文学、艺术、哲学、历史、地理、建筑等，这类话题适合各类交谈，但忌不懂装懂。再次，选择轻松的话题，这类话题令人轻松愉快、身心放松，适用于非正式交谈，允许各抒己见，任意发挥。主要包括文艺演出、流行、时装、美容美发、体育比赛、电影电视、休闲娱乐、旅游观光、名胜古迹、风土人情，名人轶事、烹饪小吃、天气状况等。第四，选择时尚的话题，即以此时此刻正在流行的事物作为谈论的中心，这类话题变化较快，应注意把握。最后，选择话题时还要注意选择擅长的话题，尤其是交谈对象有研究、有兴趣的话题。如青年人对于足球、通俗歌曲、电影电视的话题较多关注，而老年人对于健身运动、饮食文化之类的话题较为熟悉；公职人员关注的多是时事政治、国家大事，而普通市民则更关注家庭生活、个人收入等；男人多关心事业、个人的专业，而妇女对家庭、物价、孩子、化妆、衣料、编织等更容易津津乐道。在交谈时要注意交谈的话题有所忌讳。在交谈中，若双方是初交，则有关对方年龄、收入、婚恋、家庭、健康、经历这一类涉及个人隐私的话题，切勿加以谈论。

② 扩大话题储备。由于人们的经历、职业、兴趣、学习状况不同，每个人所掌握的话题状况各不相同，都有一定的局限性，因此必须尽量扩大话题储备。为此，要有知识储备。对于掌握话题广度影响最大的是自身的学习状况和进取精神。一个人如果有理想、有追求，思想境界高，而且肯下工夫学习，爱读书看报，并关注社会现实生活，有较多的朋友，把看到、听到的东西，有意识地加以记忆和积累，就会变得学识渊博，时事政策、天文地理、政治外交、文艺体育、花鸟鱼虫、音乐美术几乎无所不知，由于视野开阔，谈资和知识面自然会比别人宽得多。

（3）善于耐心倾听

耐心地倾听别人的谈话，是尊重他人的具体表现。在人际交往中，认真、耐心、仔细地倾听他人的谈话，表现出对他人言谈极大的兴趣，使他人感到自身的价值得到了承认和尊重，这对增强谈话气氛，融洽相互关系有极大的帮助。美国学者赖斯·吉布林指出："你能给他人的最高赞许之一就是只要细心听他讲话。你耐心地听就是在向他宣布——'你值得听。'这样，你可以提高他的自尊。"当代美国企业家阿什就有过这样的体会："有一次，我同一位销售经理共进午餐。每当一位漂亮的女服务员走过我们桌子旁边，他总是目送她走出餐厅。我对此感到很气愤，感到自己受了侮辱，心里暗想，在他看来，女服务员的两条腿比我要对他讲的话重要得多。他并不是在听我讲话，他简直不把我放在眼里。"可见，不注意倾听他人的话，会导致心理的不平等，产生很坏的后果。听和说是谈话交流

社交与家庭礼仪

的两个方面，倾听是语言表达的前提，善于耐心倾听主要表现为以下几方面：

① 表示得当。眼睛是心灵的窗户，在倾听时应该与说话人交流目光，让我们的眼神和表情表示出在专心听，态度是认真的，一定要聚精会神的注视对方传递出"很欣赏、有同感"的信息。但注意，不要自始至终死盯着对方的眼神。倾听时适当地发出"哦""嗯"等应答声，表示自己在很注意倾听，也进一步激起对方进一步讲话的兴趣。否则，对方会产生"唱独角戏"的感觉，并怀疑我们是否心不在焉。即使我们感到有点不耐烦，也不要急于插话或打断对方的话，要等到对方讲话有了停顿，告一段落的时候，再表明自己的想法。倾听时，认真专心的姿态并不等于一言不发，一声不响，更不是对他人的每一句话都随声附和，不说一个"不"字。人云亦云，从不表达自己的真实意见，会被视为毫无主见或者滑头。这样，他是不会敞开心扉，畅所欲言的，在专心倾听的同时，得体地向对方表示自己的观点和意见，不但不会得罪人，反而会受到对方的欢迎。交谈中，有相当一部分是没有绝对是非标准的，诚恳的表达自己的意见，对方不但会通情达理地予以接受，而且会进一步激发思考，拓展思路，使谈话处于波峰状态。

② 抓住要领。当对方讲到要点的时候，表示赞同，点一点头实质是在发出一个信号，让对方知道我们在赞许他，这时候他会有兴致的继续讲下去，有的人在听讲话的时候会轻微地摇头，尽管这个动作是无意的，但常常会引起对方的误解。使他们以为我们并不以为然，或者认为他说的不对。对谈话中的要点，可以要求对方谈得再详细一些，这说明我们对交谈的话题很重视，需要有进一步了解，引导他做更深入的工作和更进一步的阐述，便于获取更多的信息。对谈话没有听清楚或没有听明白的时候，要等到对方讲完以后再追问，不要在中途随意打断对方的话头，否则对方会因为思路或兴致被中断而不悦。对方的话我们越听得明白，就越可能理解对方。每个人都有一定的思想感情，让别人不好理解。如果被别人所理解，对自己来说就是莫大的喜悦和幸福。

③ 适时发问。通过提问，暗示我们的确对他的谈话感兴趣，同时启发对方引出我们感兴趣的话题。事实上，并不是人人都一见如故，都会畅所欲言，交谈也有冷场的时候。沉默和尴尬往往使谈话不顺利，这时可以寻找话题，及时发问。再好的话题也有说完的时候。当交谈者的兴趣减弱的时候，光重复一些没有新意的问题是枯燥无味的，这时就应该提出一些新的话题。对于众所周知的道理，一般定论和所见略同的问题不必老调重弹，可以选择新角度，开发新层次和联系新事例，提出自己的观点和看法，引导对方乐于进行更多更广泛地交谈，这样有利于我们主动掌握话题，更深入地倾听和了解对方。认真的倾听，往往事半功倍。如果我们通过倾听真正了解对方，那么我们就成了对方的知音，到一定的时候，人生与事业会有意想不到的惊喜。据社会学家兰金研究，在人际交往中，一个人说的时间应占全部社交时间的30%，而听的时间占50%。因为，能静听别人意见的人，必是一个富于思想、有缜密见地、有谦虚性格的人。

（4）讲究提问技巧

交谈的基本形式是提问和回答，善于提问往往能更顺利地与对方接近、相识，加深了解，能解除疑点，获得信息，启发对方思维，控制交谈言路的方向，打破交谈的僵局，使交谈活动得以顺畅地进行，因此提问在交谈中占主导地位，它往往是交际的起点。在交谈中要讲究提问技巧，问得其所，问到所需。

① 看清对象。在交谈提问时一定要看清对象，提问要因人而异，从对方的年龄、身份、职业、性格、知识水平以及不同的民族文化背景出发，选择不同的提问方式。如对几岁的小孩，用文言词语发问，无异于"对牛弹琴"；反之，对高龄老人，就不宜问"你几岁了？"而应问"您高寿？""您高龄？"为商务人员熟知的"对男士不问薪水，对女士不问年龄"的提问禁忌都是这一原则的具体体现。

② 瞄准时机。在交谈中，要善于掌握对方的心理脉搏，瞄准发问的时机。有些问题时机掌握得好，发问效果才佳。如美国推销员帕特为了推销一套空调设备，与某公司已周旋好几个月，但对方仍迟迟不作决定，当时正值春夏之交，在董事会上，帕特面对着对他的推销毫无兴趣的董事们心急如焚，全身冒汗。谁知他"热"中生智，向在场的董事们发出了一个祈使句问句："今天天气很热，请允许我脱去外衣好吗？"说罢，他边脱衣边用手帕不停地擦汗。这一言行神奇般地产生了"感应效应"——董事们一个个顿觉闷热难忍，纷纷脱去外衣，并一个接一个地掏出了手帕，自然而然地都认真考虑起购置空调机的问题来。帕特在此抓住时令与环境的特点巧妙设问，趁对方心理无防，击其要害，一"问"中的，终于化被动为主动，做成了一笔交易。一般说来，当对方很忙或正处理急事时，不宜提琐碎无聊的问题；当对方伤心或失意时，不宜提太复杂、太生硬，会引起对方不愉快的问题；当对方遇到困难或麻烦，需要单独冷静思考时，最好不要提任何问题。

③ 抓住关键。那些大而泛的问题，往往叫对方摸不着头脑，觉得回答起来无从下手，自然也就不可能回答好。相反，抓住关键，问题提得具体，反而可以引导对方的思路。

④ 精选类型。不是任何人一开始就愿意如实回答我们所提出的问题，他往往借"无可奉告"、"我也不太清楚"等话来推脱问题。所以，应准备多种提问方式，一种提问方式不行，要试着换另一种方式提问。提问大体可以分以下几种类型。

正面直问。开门见山，直接提出我们想了解的问题，这是以求知和解疑为目的的。

两面提问。既问主要的，也问次要的；既问好的，也问坏的。这种提问是最了解人的全貌和事物发展的全过程所必需的，可以帮助我们克服思想方法的主观片面性。

迂回侧问。若正面或反面都不好问，就从侧面或另一角度入手，迂回迭进，再回到正面主题上来。

假言设问。站在对方的立场上，提出一些假设，启发对方思考，诱使对方回答。

步步追问。随着对方的谈话，步步深入，打破砂锅问到底。

当然，想使对方愿意回答自己提出的问题，还要注意自身形象的塑造，着装得体，大方自然，称呼得当，给人以真诚感和可信任的印象，这样在"问者谦谦，言者谆谆"的心理氛围中极易沟通信息，创造和谐的关系。

1. 案例

生　意

有一对正准备结婚的恋人来到××电器集团公司的展销部购买电冰箱。这小两口围着××牌电冰箱转了好久，男的正准备掏钱付款的时候，女方突然改变了主意："我看，

社交与家庭礼仪

我们还是去买日本东芝冰箱吧！"

"怎么你又变卦了，原来不是说好的吗？"

"我看这种国产的冰箱质量不保险，不如日本的好。不过是多花千把百块钱就是了。"

这时候，站在一旁接待他们的售货员，眼看到手的生意没了，悔恨自己方才那么耐心地给他们解说，都白搭了，心里一急、一气，便脱口而出："得了，得了，你早说不买，就别问这问那，日本的好，你们又有钱，去日本买好了，干嘛上这儿来？"

这两口子，给这么正面一击，转身就想走，这时候，门市部主任微笑着走了过来："两位请稍留步，我有几句话要对两位说。"两口子不由自主地又转过身来，气鼓鼓的样子。

"真对不起，方才我们的售货员说话没有礼貌，冲撞了二位，这都怪我这个主任，平时教育不严，我向二位赔礼道歉。"

这两口子听他这么说，才平息了怒火。

"至于买不买我们的冰箱都没问题，只是有一件事要讨教一下二位。"

听到"讨教"二字，小两口真的认真起来了。

"方才这位小姐说，我们的冰箱质量有问题，是否可以具体说明一下，也便于我们改进工作。"

小姐冷不防给主任这么一问，一时不知如何作答，迟疑了一会儿，才吞吞吐吐地说："我也是听人说，东芝的冰箱好。"她指着冰箱背后的散热管，继续说："这些弯弯曲曲的管子都露在外面，也不好看。"

主任听她这么说，心中明白了几分。

"小姐，这完全是误会。当然，东芝电器历史长牌子老，有许多优点。但是，我们国产的冰箱近些年来也有很大进步，你们方才看到这种冰箱，正走向国际市场。"

小两口将信将疑，主任接着说："我们的冰箱，经过周密的计算，将散热管暴露在空气中，散热的速度可提高一倍，由于热量散得快，所以冰箱内部制冷的速度快，达到提高效率、节约电能的目的。实验结果表明，与同等容积的密封式相比，我们耗电量仅是它们的1/3。如果一天省半度电，小姐，请你算一下，一年省多少电费？"

王主任换了口气继续正面进攻："至于说到美观，这是不必要的顾虑。因为散热管在冰箱背后，紧靠墙壁或在墙角之间，对于正面观看，毫无影响，请二位放心。"

这位小姐竟无话可说。这时主任发动连攻："我看这样好了，你们若信得过我的话，下午我派车给你们送去。喏，这是单据，请到那边取发票和保修单。"

就这样，主任巧妙地挽回了败局，促成了生意。

（资料来源：吴绿星、田乃吉，《推销与口才》，福建科学技术出版社，1992。）

思考讨论题：

（1）王主任为什么能促成这笔生意？他运用了哪些语言技巧？

（2）从本案例你获得哪些启示？

2. 讨论在交谈中遇到以下三种情况该如何处理：

（1）对方不知不觉将话题扯远了；

（2）对方心血来潮，忽然想到了他得意的事；

学习情境3　日常交际礼仪

（3）对方故意转变话题，不愿意再谈原来的事。

3. 请赞美你身边的同学。方法：请学员1、2、3报数，将相同数字的人分成一组，三组学员围圈席地而坐。请一位学员举手，他右边的第一位学员起立，其他人依次赞美他。用"我认为你……""我觉得你……"的说法，不要介入第三者。被赞美的人不能讲话，但要和赞美者做眼神交流；赞美者话不能太多，不能重复前面人的话，只赞美，不批评。全组学员都赞美过第一人后，换下一位。按顺时针方向依次进行。进行完后，讨论如下问题：

（1）被赞美的感觉是怎样的？
（2）赞美别人你是怎样想的？
（3）你得到什么启示？

4. 运用语言沟通的知识和技巧，由3至4名同学自由组成小组，其中一人为讨论组织者，任选以下问题进行讨论，5~8分钟完成讨论，并派一人当众综述沟通结果。

（1）你们几位同学都是电影爱好者，打算成立一个校内影迷协会，作为发起者请讨论它的可行性方案。

（2）你们几个同学是超级数码影迷，一直想自导、自拍、自演一部DV，现在商量实施方案。

（3）如果你们班有一名同学因经济困难假期无钱回家，几个好朋友想帮助他，但他的自尊心很强，讨论一个最得体的办法。

（4）假设你们班得到优秀班集体的奖金1000元，你们几个是班干部，现在商议一下这笔奖金的处置方案。

能力评价表

内　　容		评　　价	
学习目标	评价内容	小组评价（5、4、3、2、1）	教师评价（5、4、3、2、1）
知识（应知应会）	语言交际的方式		
	语言交际的原则		
专业能力	赞美的技巧		
	接近他人的技巧		
	与他人交谈的技巧		
通用能力	沟通交流能力		
	语言表达能力		
	人际关系协调能力		
态　度	主动、积极、热情		
努力方向：		建议：	

社交与家庭礼仪

任务 5　做 客 待 客

情境导入

某公司负责前台接待的秘书小郑，迎来了一位事先与人事部王经理预约好的却提前20分钟到达的客人。小郑立刻通知了人事部经理，经理说正在接待一位重要客人，请对方稍等，小郑就如实转告客人说："王经理正在接待一位重要客人，请您稍等。"正说着电话铃响了，小郑赶快去接电话，10分钟之后才发现客人正在办公室走来走去才意识到应该给客人安排座位，但客人的脸色已很不好看。

任务分析

拜访与接待是现代社会交往中的重要内容，是相互尊重的重要表现形式。所谓"百闻不如一见"，电话、传真、电子邮件等各种沟通方式，都不如面谈更能使双方产生直观而深刻的印象，成功的拜访能够使业务关系取得实质性的进展，不得体的拜访行为则会给双方的交往蒙上阴影，致使双方的关系难以补救，"情境导入"案例中的秘书小郑就在这方面疏忽了。同样，接待也很重要，成功的接待也会给对方留下良好的印象，为今后的发展奠定基础。

这里拟通过接待探访模拟训练完成本任务的学习，具体操作建议如下：

1. 为了熟悉接待、探访的有关礼节，掌握基本的礼仪规范，将学生3至5人为一组进行训练，可在实训楼前、电梯间、会议室等地进行训练。

2. 训练时，事先要准备办公家具、茶具、茶叶、热水瓶或饮水机、企业宣传资料等。

3. 实训时，一部分学生扮演来访团体成员，一部分学生扮演接待方成员，模拟演示以下情景：在门口迎接客人、引导客人前往接待室、与客人搭乘电梯、引见介绍、招呼客人、为客人奉送热茶、送别客人。

4. 演示完毕后，可两组人员角色对调，再演示一遍，充分体会探访、接待的不同礼仪要求。

一、拜访的礼仪

1. 到工作场所会面

业务交往的主要场所是工作场所。俗话说"无事不登三宝殿"，到工作场所会面应主要谈工作，不要无端地进入别人的工作场所打扰别人，更不能不顾别人是否在忙，一味地闲聊。

来到工作场所，应在门口看要找的人是否在。如果在，招呼了以后再进去；如果不在，可礼貌地找人打听，不能直冲冲地闯入别人的工作场所里面。

当工作场所正在开会或已有其他客人来访，我们应该自动退在门外等候，而不应该进去站在一旁或在门口走来走去，妨碍他人。

见面时要互致问候，不认识的要自我介绍。

在对方没有请我们入座时，不要就座。坐的时候要端坐，不能半躺半坐在椅子上，因为是来谈公事，而不是闲聊，不能露出懒散无聊的样子。

当对方站立说话时，我们也应该站立起来说话，以示尊重。站的时候不要斜靠在别人的办公桌上。

他人端茶递水敬烟时，要稍欠身子表示谢意。

要讲究工作场所的卫生，不乱嗑烟灰、乱扔烟蒂、乱吐痰。

招呼、谈话时，嗓门不要太大，影响其他人工作。

谈完公事，不要久坐，即可告辞。

告辞时可握手道别，也可说"拜托了"、"谢谢"、"麻烦了"、"留步"、"再见"等礼貌用语。

到工作场所会面不能穿背心和拖鞋，尽可能穿戴得整齐端庄。

2. 到住宅拜访

到住宅拜访，因为住宅是私人生活领地，多有不便，最好事先约好时间，以使主人及其家人有所准备。约会应避免在吃饭时间、午休晚睡时间和早晨忙乱的时间。时间约定后要准时或略提前几分钟赴约，如有特殊情况不能或不能按时赴约，应提前通知主人，重新约定。

进门要按门铃或敲门，如门户是敞开的，也应在门口发出招呼声"×××在家吗？"不要贸然闯入。

进屋后，对房间里的人不管认识与否要一一打招呼，微笑、点头、问候、称呼均可。待主人招呼就座后再坐下。

进门时如穿戴了帽子、大衣、手套、雨衣或雨伞要取下，放在主人指定的地方。如果不准备久坐，一两句话就完，可以随身携带。如果主人在家穿着拖鞋，我们也应该换鞋，除非主人制止。主人端茶点烟，要起身道谢，双手相接，如果遇有其他客人在场，可在旁边静坐等待。如果我们在谈话，又有客人来访，应该尽快结束谈话，以免他人久等。

专程到住宅去拜访与闲聊不同，一般有较强的目的性。如果是请主人帮忙，应开门见山，把事情讲清楚，不要含混不清，令主人无从做起。如果主人帮忙有困难，就不能强人所难，硬逼着他人去办。如果送礼，应在见面或道别时拿出来奉献给主人，并讲明白是谁送的，为祝贺还是感谢而送等。

到他人住宅拜访，不能无休止地挨到人家要吃饭或要睡觉的时候，不要妨碍他人休息和处理其他事情。谈话办事目的达到，要适时收住话题，起身告辞。告辞时不要忘了与家里其他人尤其是长辈招呼，还要请主人"留步"，礼谢远送。

二、接待的礼仪

迎来送往是日常接待工作的内容，所谓"出迎三步，身送七步"就是迎送客人的最

社交与家庭礼仪

基本礼仪。接待人员在迎送客人时,要让客人感到真诚,热情,礼貌,周到,使客人高兴而来,满意而归。

1. 接待室迎客

在接待室迎接客人。接待人员应提前到达接待室,宁可等候客人,也不能让客人等候。具体的礼节如下。

第一,看到客人来时,要立即从座位上站起来,礼貌地招呼,以示欢迎。

第二,若是首次来访的客人,要很恭敬地问清来访者的姓名,从何处来,双方交换名片。若是经常来的客人,要亲切地称呼,这会使客人产生一种朋友之情。

第三,请来访者坐下。接待人员的位置在近门处,面向入门处。距离入门处远的是上座;背对入门处,离门近的是下座。端茶时也是从右边上座开始依次分配。

第四,工作繁忙,万不得已请客人等候时,应先表示歉意:"请您稍等片刻,我一会儿就来接待。"如果客人要找领导,对于熟悉、亲密的客人可尽快地通知领导,如若遇到来意不明的客人,不要先表明领导的动向,待问清来访的目的后,再说"请等等,我先联系一下……"然后请示领导决定。若领导拒见,则应挡驾,以沉着、冷静、有礼的态度婉言拒绝,并要征求客人的意见,是否要留话,是否要代理。另外,在接待中,对于来访者的伞、帽、包等物,要指明挂放处,有时可以帮助放置。

总之,在等待室或办公室接待客人来访时,要使客人产生"我被重视"的感觉,若客人产生"我被忽视"的感觉,则是接待失礼。

2. 车站迎客

接待人员主动到车站、码头或机场去迎接远道而来的客人,这也是接待工作的一项重要内容。实践证明,热情周到地做好接待工作容易赢得客人的信任和合作。反之,客人人生地不熟,没有遇到接站的人员,自己艰难地寻找所在地,那么他们必定会对该组织产生埋怨情绪和不积极合作的态度,从而影响建立和谐一致的关系。接待人员做好接待工作应注意以下几点。

第一,了解客人到站的确切时间,并提前到达候客车站,绝对不能迟到,以免客人久等。否则会使客人产生一种不信任感,无论在见面时怎样解释,也很难改变失礼的印象。

第二,为了方便识别要接的客人,事先要准备一块牌子,写上"欢迎您,××同志"或"欢迎××单位代表团"的字样。书写的字牌要工整、醒目,以便客人到站时迅速接上关系,而不至于到处问讯、寻找。

第三,接到客人后,接待人员应迎上前去,主动打招呼、问候,并真诚地表示欢迎,同时作自我介绍,若有名片,则应双手递上,有礼貌地交换名片。必要时,应让客人检验一下自己的身份证和工作证,以便打消客人不必要的疑虑。

第四,主动帮助客人提取行李,但最好不要拿客人的公文包或手提包,因为里面可能装有贵重物品,如介绍信、钱款等,一般他们是不脱手的。如果是残疾客人,还应事先准备好车辆,注意扶持。

第五,陪同客人乘坐事先安排好的交通车辆,一同前往接待的住宿处,并帮助客人妥善办理住宿事宜。到达宿舍后，不宜久留，应保证客人休息。与客人分手时，应祝客人休息好，并约定下次见面的时间、地点与联系方法。

第六，在迎接陪同过程中，应热情回答客人提问，如会议的日程安排，往返车票登记情况等，并要主动询问客人是否有私人活动的安排，是否需要帮助代办事情。为了活跃谈话气氛，也可主动介绍一些本地的风土人情、气候、土特产、单位的地址、方位、周围环境和旅游胜地等。

第七，如果客人所乘的车、船、飞机未能准时到达，应主动关心推迟到达的时间，并耐心等候，不能擅自离去。如果客人因故改期，也应主动联系，问清原因，并对接待工作作相应的调整。

3. 住宅接待

客人来了，无论是熟人还是头次来访的生客，不论是有地位、有钱的，还是一般人员，都要热情相迎。如果是有约而来者，更应主动迎接。

对不速之客的到来，不能拒之门外或表现不高兴，使客人进退两难。应该尽快让进屋里，问明来访目的，酌情处理。

万一客人来访时，自己正欲出门，如不是急事或有约，应先陪客人；如有急事或约会必须离开，也应了解客人来访目的，视情况另约见面时间。

事先如果知道客人要来，应该打扫和整理一下房间，备好茶水等。

客人来时要让座、敬茶。敬茶的茶具要清洁，茶叶投放得要适量，不能多而苦，也不能少而淡。每次倒茶八分满，便于客人端用。敬茶时双手端杯，一手执耳，一手托底。续茶时将杯子拿离桌子，以免把水滴到桌上或客人身上。

如家里有客人时，又有新客来访，应将客人相互介绍，一同接待。若有事需和一方单独交谈时，应向另一方说明，以免使客人感到有厚薄之分。谈话要专心，不要三心二意或频频看表。

家里有客人来，小孩子不要在旁聆听，也不要开大声音看电视、听收录机；家长不要当着客人的面打骂小孩，家庭成员之间不要争吵。这些情况要么影响客人谈话，要么会使客人感到尴尬。

客人告辞，主人应等来客先起身，自己再站起来。远客一般要送出房门，然后握手道别。不要客人前脚刚走出门，后脚就把门"砰"地关上，这非常失礼。

4. 送客

送客是整个接待工作中的最后一个环节。送客工作做得好，可以强化组织或个人的良好印象，做得不好，则可能前功尽弃，功亏一篑。因此，要高度重视送客工作，给他人留下一个完整的好印象。

客人告别时，应婉言相留，客人执意要走，也要等客人起身告辞时，接待人员再站起来相送，不能等客人刚说要走，接待人员便站起来送客，这是极不礼貌的。

送客时，不论是送至电梯、门口或车站，都要挥手道别，而且要等客人走远时再回接待室，给人一种依依不舍的情感，而且要有礼貌地说"再见"，或对远地客人祝福"一路平安"，"到了住地请写信"，"以后请再来"，"向××问好"等，以示亲切和牵挂

社交与家庭礼仪

的心情。

送客时不要坐着不动,或是只点头表示向客人道别,这样会使客人觉得是摆架子,不懂礼貌。送客时也不能频频看表,心不在焉,或者东张西望,好像在等什么人似的,这样会让客人觉得耽误了我们的时间,而内心感到不安。

来客如果带着礼物前来拜访,临走之前,留下礼物,主人应主动,真诚地表示感谢。如果相互之间比较熟悉,礼物又不十分贵重,可以在道谢之后双手接过欣然收下。如果礼物比较昂贵,应该婉言推辞。对出于某些考虑不便收下的礼物,要坦率地说明原因谢绝馈赠。

送客时,要目送客人远去,如果客人回头招呼,主人应举手示意,频频点头。如果是送进电梯,则要等电梯门关上再走,不要刚和客人握手道别,马上转身就走。出门时,更不要马上关门,而且把门关得很响,或者马上把室内的灯熄灭,或站在门外议论客人,这容易引起客人的反感,产生误解。

如果到车站、码头、机场送客,则要事先为客人买好车票、船票、机票。如果送客时下雨,应为来客提供雨伞、雨鞋等必要的雨具。应注意提醒客人别忘了随身所带的物品,对客人所带的分量较重的物品,应帮助提拿,一直到告别为止。天气酷热与寒冷时,应提供解热、保暖的饮料、水果、点心与物品,以帮助客人在途中饮用与驱寒、解热。

亲切而有礼貌地送客道别给客人留下深刻的印象,也能显示出接待人员良好的礼仪修养。

1. 案例分析

小节误大事

风景秀丽的某海滨城市的朝阳大街,高耸着一座宏伟楼房,楼顶上"远东贸易公司"六个大字格外醒目。某照明器材厂的业务员钱先生按原计划,手拿企业新设计的照明器材样品,兴冲冲地登上六楼,脸上的汗珠未及擦一下,便直接走进了业务部张经理的办公室,正在处理业务的张经理被吓了一跳。

"对不起,这是我们企业设计的新产品,请您过目。"钱先生说。

张经理停下手中的工作,接过钱先生递过的照明器,随口赞道:"好漂亮啊!"并请钱先生坐下,倒上一杯茶递给他,然后拿起照明器仔细研究起来。

钱先生看到张经理对新产品如此感兴趣,如释重负,便往沙发上一靠,跷起二郎腿,一边吸烟一边悠闲地环视着张经理的办公室。

当张经理问他电源开关为什么装在这个位置时,钱先生习惯性地用手搔了搔头皮。好多年了,别人一问他问题,他就会不自觉地用手去搔头皮。虽然钱先生作了较详尽的解释,张经理还是有点半信半疑。谈到价格时,张经理强调:"这个价格比我们预算高出较多,能否再降低一些?"钱先生回答:"我们经理说了,这是最低价格,一分也不能再降了。"张经理沉默了半天没有开口。钱先生却有点沉不住气,不由自主地拉松领带,眼睛盯着张经理,张经理皱了皱眉,"这种照明器的性能先进在什么地方?"钱先生又搔了搔头皮,反反复复地说:"造型新、寿命长、节电。"张经理托词离开了办公室,只剩下钱先生一个人。

　　钱先生等了一会儿,感到无聊,便非常随便地抄起办公桌上的电话,同一个朋友闲谈起来。这时,门被推开,进来的却不是张经理,而是办公室秘书。

　　(资料来源:rw.lzy.edu.cn/pse/courseware/Cases.doc)

　　思考讨论题:

　　(1)请指出案例中钱先生的失礼之处。

　　(2)本案例对你有何启示?

　　2. 假如你明天要拜访一为重要客户,列出你需要做哪些形象准备和资料准备?

　　3. 如果你的好友生病住院了,你去探视时应该怎么做才恰当?

评价考核

能力评价表

内容		评价	
学习目标	评价内容	小组评价(5、4、3、2、1)	教师评价(5、4、3、2、1)
知识(应知应会)	拜访的含义		
	接待的含义		
专业能力	做客符合规范		
	热情接待客人		
通用能力	沟通能力		
	交际能力		
态　度	热情、和蔼、周到、细致		
努力方向:		建议:	

任务6　宴请赴宴

情境导入

　　A策划公司与B公司正进行一项业务合作,合作项目是B公司即将进行车展策划,打算与A策划公司合作。有一天,A策划公司的张总,宴请了B公司的李总在一家酒店吃饭。在用餐过程中张总的秘书小杨不停地用自己的筷子给李总捡菜,在倒红酒时不小心,又将酒溅到了李总的白衬衫上。李总顿时不高兴起来,张总也意识到小杨不懂礼仪,这会影响公司的合作吗?

任务分析

　　宴会是在社交活动中,尤其是在商务场合中表示欢迎、庆贺、饯行、答谢,以增进友谊和融洽气氛的重要手段。招待宴请活动的形式多样,礼仪繁杂,掌握其礼仪规范是十分重要的。

社交与家庭礼仪

在宴请活动中，无论是作为主人还是客人，如果不重视自己在餐饮活动中的表现，在用餐过程中举止失当，很难让自己的社交活动成功。

这里拟通过模拟参加中餐宴会活动来完成本任务的学习，具体操作建议如下。

1. 以寝室6个人为一组，团体分工合作，分别展示餐会会场布置、餐桌摆放、座次牌摆放，说明这些设计摆放的理由。

2. 训练地点建议选择多功能餐厅，事先准备好会场背景资料、材料（气球、彩带、花束）、餐桌、餐具、数码摄像机或照相机等。

3. 用数码摄像机（或数码照相机）记录整个过程，并用大屏幕回放，学生自我评价，授课教师总结点评学生存在的个性和共性问题。

4. 最后评选"最佳设计团队"。

知识储备

一、宴会的种类

根据不同的交际目的、邀请对象以及经费开支，交际场合常见的宴会形式有以下几种。

1. 工作宴会

工作宴会又称工作餐，是一种多边进餐的非正式宴请形式。按照用餐时间，可分为早、中、晚餐，工作餐不重交际形式而强调方便务实，不需事先发请柬，只邀与某项特定工作有一定关系的领导、技术人员和其他有关人员，一般不请配偶，但排席位，其座位的安排按参加者职务的高低为序。其形式与安排，以干净、幽雅、便于交谈为宜。

2. 自助餐

自助餐又称冷餐会、冷餐招待会，是一种方便灵活的宴请形式。其基本特点以冷食为主，站着吃。参加冷餐会，吃是次要的，与人沟通才是主要任务。

3. 酒会

酒会又称鸡尾酒会。以招待酒水为主，略备小吃。酒会不一定都备鸡尾酒，但酒水和饮料的品种应多一些，一般不用烈性酒。食物多为各色面包、三明治、小泥肠、炸春卷等，以牙签取食。酒水和小吃由招待员用盘端送，也可置于小桌上由客人自取。酒会不设坐椅，宾主皆可随意走动，自由交往。这种形式比较灵活，便于广泛接触交谈。举行的时间亦较灵活，中午、下午、晚上均可，持续时间两小时左右。在请柬规定的时间内，宾客到达和退席的时间也不受限制，可以晚来早退。酒会多用于大型活动，因此，可以利用这个机会进行社会交际和商务交际。

4. 家宴

家宴即一般在家中设便宴招待客人，以示亲切、友好。它在社交和商务活动中发挥着敬客和促进人际交往的重要作用，西方人喜欢采取这种形式。

家宴按举行的时间不同，又有早宴、午宴和晚宴；在宴请形式上又可分为家庭聚会、自助宴会、家庭冷餐会和在饭店请客等几种。

家庭聚会是我国目前采用最多的一种请客形式。这种家宴规模较小，形式简单，气氛亲切友好，一般由女主人操办，适合宴请经常往来的至亲好友。

自助宴会的特点是灵活自由，宾主可以一起动手准备，大家合作各显其能，边准备边聊天，这种形式比较随便、自然、亲切。

家庭冷餐会以买来的现成食品为主，赴宴的客人可以站着吃，也可以坐着吃，还可以自由走动挑选交谈对象。这种形式比较受青年人的欢迎。在饭店请客或请厨师在家中做菜宴客，是较为正式的家宴形式，适用于宴请某些久别的亲友和比较尊贵的客人，或者规模较大的婚宴、寿宴等。

二、宴会的组织

宴会对宾客而言是一种礼遇，必须按规定、按有关礼节礼仪要求组织。

1. 确定宴会的目的与形式

宴会的目的一般很明确，如节庆日聚会、工作交流、贵宾来访等。根据目的决定邀请什么人、邀请多少人，并列出客人名单。宴请主宾身份应该对等，多边活动还要考虑政治因素、政治关系等。宴请形式很大程度上取决于当地的习惯做法。

2. 确定宴请时间和地点

宴会的时间和地点，应当根据宴请的目的和主宾的情况而定。一般来说，宴会时间不应与宾客工作、生活安排发生冲突，通常安排在晚上6～8点。同时还应注意宴请时间上要尽量避开对方的禁忌日。例如，欧美人忌讳"13"，日本人忌讳"4"、"9"。在宴会时，应避开以上数字的时日。宴请的地点，应依照交通、宴请规格、主宾喜好等情况而定。

3. 邀请

当宴请对象、时间和地点确定后，应提前1～2周制作、分发请柬，以便被邀请的宾客有充分的时间对自己的行程进行安排。即使是便宴，也应提前用电话准确地通知。

4. 确定宴会规格

宴会规格对礼仪效果的影响是十分明显的。宴会规格一般应考虑宴会出席者的最高身份、人数、目的、主人情况等因素。规格过低，会显得失礼；规格过高，则无必要。确定规格后，应与饭店（酒店、宾馆）共同拟订菜单。在拟订菜单时，应考虑宾客的口味、禁忌、健康等因素。对于个别宾客需要个别照顾的，应尽早做好安排。

5. 席位安排

宴请往往采用圆桌布置菜肴、酒水。采用一张以上圆桌安排宴请时，排列圆桌的尊卑位次有两种情况：一种是由两桌组成的小型宴会，当两桌横排时，其桌次以右为尊，以左为卑。这里所讲的右与左，是由面对正门的位置来确定的。这种做法又叫"面门定位"，参见图3-2。

当两桌竖排时，其桌次则讲究以远为上，以近为下。这里所谓的远近，是以距正门的远近而言的，参见图3-3。此法亦称"以远为上"。

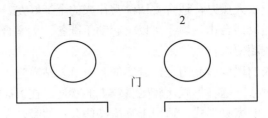

图3-2　两桌横排的桌次排列方法

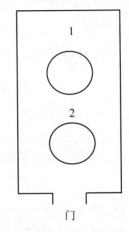

图3-3　两桌竖排的桌次排列方法

另一种是三桌或三桌以上所组成的宴会。通常它又叫多桌宴会。在桌次的安排时除了要遵循"面门定位"、"以右为尊"、"以远为上"这三条规则外，还应兼顾其他各桌距离主桌，即第一桌的远近。通常距主桌越近，桌次越高；距离主桌越远，桌次越低，参见图3-4和图3-5。

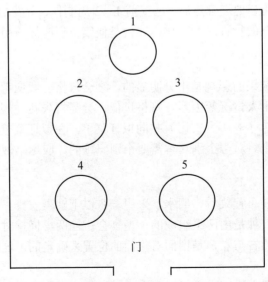

图3-4　多桌桌次排列方法（1）

学习情境 3 日常交际礼仪

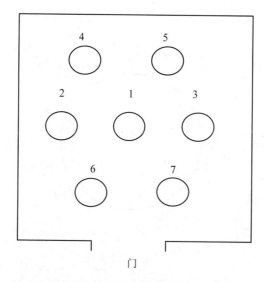

图 3-5 多桌排列桌次排列方法（2）

其次需引起注意的是席位安排。在进行宴请时，每张餐桌上的具体位次也有主次尊卑之别。排列位次的方法是主人大都应当面对正门而坐，并在主桌就座；举行多桌宴请时，各桌之上均应有一位主桌主人的代表就座，其位置一般与主人同向，有时也可面对主桌主人；各桌之上位次尊卑，应根据其距离该桌主人的远近而定，以近为上，以远为下；各桌之上距离该桌主相同的位次，讲究以右为尊，即以该桌主人面向为准，其右为尊，其左为卑。

另外，每张桌上所安排的用餐人数应限于 10 人之内，并宜为双数。

圆桌上位次的具体排列又可分为两种情况：一是每桌一个主位的排列方法，主宾在其右首就座，参见图 3-6。

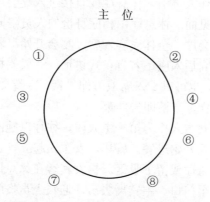

图 3-6 每桌一个主位的位次排列方法

第二种情况是每桌两个主位的位次排列方法，其特点是主人夫妇就座于同一桌，以男主人为第一主人，以女主人为第二主人，主宾和主宾夫人分别在男女主人右侧就座，这样每桌就形成了两个谈话中心，参见图 3-7。

有时，倘若主宾身份高于主人，为了表示尊重，可安排其在主人位次上就座，而请主人坐在主宾的位次。

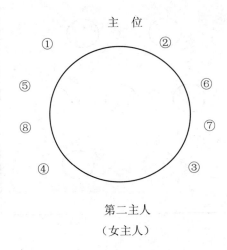

图 3-7　每桌两个主位的位次排列方法

6. 餐具的准备

宴请餐具十分重要，考究的餐具是对客人的尊重。依据宴会人数和酒类、菜品的道数准备足够的餐具，是宴会的基本礼仪之一。餐桌上的一切物品都应十分卫生，桌布、餐巾都应浆洗洁白并熨平，玻璃杯、酒杯、筷子、刀叉、碗碟等餐具，在宴会之前都必须洗净擦亮。

7. 宴请程序

迎客时，主人一般在门口迎接。官方活动除男女主人外，还有少数其他主要官员陪同主人排列成行迎宾，通常称为迎宾线，其位置一般在宾客进门存衣以后进入休息厅之前。与宾客握手后，由工作人员引入休息厅或直接进入宴会厅。主人抵达后，由主人陪同进入休息厅与其他宾客见面。休息厅由相应身份的人员陪同宾客，服务员送饮料。

主人陪同主宾进入宴会厅，全体宾客入席，宴会开始。若宴会规模较大，则可请主桌以外的客人先就座，贵宾后入座。若有正式讲话，一般安排在热菜之后甜食之前由主人讲话，接着由主宾讲话，也可以一入席双方即讲话。冷餐会及酒会讲话时间则更灵活。吃完水果，主人和主宾起立，宴请即告结束。

外国人的日常宴请以女主人作为第一主人时，往往以她的行动为准。入席时，女主人先坐下，并由女主人招呼开始进餐。餐毕，女主人起立，邀请女宾与其一起离席。然后男宾起立，随后进入休息厅或留下吸烟。男女宾客在休息厅会齐，即上茶或咖啡。主宾告辞时，主人把主宾送至门口。主宾离去后，迎宾人员按顺序排列，与其他宾客握手告别。

三、赴宴的礼仪

宴会是社交应酬的一种重要场合，形式多种多样，参加宴会，无论是作为组织的代表，还是以个人的身份出席，都应该注意礼仪。出席宴会前，要做简单的梳洗打扮，女士要淡淡地修饰一下，显出秀丽高雅的气质。男士也要把头发和胡须整理和刮洗干净，穿上一套整洁大方、适合身份的衣服，容光焕发地赴宴。这既能体现一个人的道德素养与修养，也是对主人的一种尊敬。一般要做到以下方面。

1. 接到邀请及时回复

当我们接到邀请后，能否出席要尽早答复。不能出席的，要婉言谢绝并对对方表示遗憾和谢意；接受邀请后，不能随意改变，要按时出席。如果临时有事发生，不能前往赴约，要尽早给主人解释，并深表歉意。如果我们自己是主宾，又不能如约参加宴请活动，更应该郑重其事地道歉。

2. 适当地装扮自己

参加宴会活动前，根据宴会活动的规格和要求适当地修饰自己，以表示对主人及参加宴会者的尊重。正式的宴会，主人在请柬上会注明服装要求，赴宴前要特别注意，按要求着装。普通宴请，虽然没什么严格规定，但也不能过于随便，要与宴请活动相吻合。

3. 按时出席宴请活动

按时出席宴请活动是最基本的礼貌，赴宴迟到非常失礼，当然也不能去得太早，如果去得太早，也许主人还没做好充分的准备，同样不妥。社会地位高或者身份高者一定要按时到达，其他客人可提前2～3分钟到达，如不能赴宴或延迟到达时间，应及时通知主人，以免主人等候。若是主人的至亲挚友，可提前更多时间到达，帮助准备工作和接待客人。

4. 席上礼规

入席后，不要立即动手取食，而应待主人打招呼，由主人举杯示意开始时，客人才能开始；客人不能抢在主人前面。夹菜要文明，应等菜肴转到自己面前时，再动筷子，不要抢在邻座前面，一次夹菜也不宜过多。要细嚼慢咽，这不仅有利于消化，也是餐桌上的礼仪要求。决不能大块往嘴里塞，狼吞虎咽，这样会给人留下贪婪的印象。不要挑食，不要只盯住自己喜欢的菜吃，或者急忙把喜欢的菜堆到自己的盘子里。用餐的动作要文雅，夹菜时不要碰到邻座，不要把盘里的菜拨到桌上，不要把汤泼翻。不要发出不必要的声音，如喝汤时"咕噜咕噜"，吃菜时嘴里"叭叭"作响，这都是粗俗的表现。不要一边吃东西，一边和人聊天。嘴里的骨头和鱼刺不要吐在桌子上，可用餐巾掩口，用筷子取出来放在碟子里。掉在桌子上的菜，不要再吃。进餐过程中不要玩弄碗筷，或用筷子直向别人。不要用手去嘴里乱抠。用牙签剔牙时，应用手或餐巾掩住嘴。不要让餐具发出任何声响。

5. 席间祝酒

祝酒也就是敬酒，是指在正式宴会上，由男主人向来宾提议，提出某个事由而饮酒。在饮酒时，通常要讲一些祝愿、祝福类的话甚至主人和主宾还要发表专门的祝酒词，祝酒词内容越短越好。敬酒可以随时在饮酒的过程中进行。要是致正式祝酒词，就应在特定的时间进行，并不能因此影响来宾的用餐。祝酒词适合在宾主入座后、用餐前开始。也可以在吃过主菜后、甜品上桌前进行。在饮酒特别是祝酒、敬酒时进行干杯，需要有

社交与家庭礼仪

人率先提议,可以是主人、主宾,也可以是在场的人。提议干杯时,应起身站立,右手端起酒杯,或者用右手拿起酒杯后,再以左手托扶杯底,面带微笑,目视其他人特别是自己的祝酒对象,同时说着祝福的话。在中餐里,干杯前,可以象征性地和对方碰一下酒杯;碰杯的时候,应该让自己的酒杯低于对方的酒杯,表示对对方的尊敬。当离对方比较远时,用酒杯杯底轻碰桌面,也可以表示和对方碰杯。

一般情况下,敬酒应以年龄大小、职位高低、宾主身份为先后顺序,一定要充分考虑好敬酒的顺序,分明主次。即使和不熟悉的人在一起喝酒,也要先打听一下身份或是留意别人对他的称号,避免出现尴尬或伤感情。但如果在场有更高身份或年长的人,也要先给尊长者敬酒,不然会使大家很难为情。如果因为生活习惯或健康等原因不适合饮酒,也可以委托亲友、部下、晚辈代喝或者以饮料、茶水代替。作为敬酒人,应充分体谅对方,在对方请人代酒或用饮料代替时,不要非让对方喝酒不可,也不应该好奇地"打破砂锅问到底"。在西餐里,祝酒干杯只用香槟酒,并且不能越过身边的人而和其他人祝酒干杯。

6. 席间交流

席间要主动与同桌人员进行交流,不可一句话都不说,让人觉得我们是为吃而来。不要只是与个别人交谈,或只和自己熟悉的人交流;说话的声音不能太大或窃窃私语;也不能一边说话一边进食。在谈话的时候,话题要选择轻松、愉快的话题,而不要谈严肃、沉重,甚至难过、悲伤的话题,以免影响大家的情绪。

7. 离席

天下没有不散的宴席,宴会总有结束的时候。用餐完毕告辞也要讲究礼仪,这不仅能加深别人对我们的好印象,还能提升对好感程度。用餐完毕,等主人示意宴会结束时,客人才能离席。如果客人有事要提前离席,则应向主人及同席的客人致谢。客人向主人道谢、告别时,该说的事交代完后即可离开,不要说个不停,否则对方无法招呼别人。如果是很多人要一起离席,某些客套话尽可省略,不可能耽误别人太多的时间。

四、吃西餐的礼仪

西餐是西方国家的一种宴请形式。由于受民族习俗的影响,西餐的餐具、摆台、酒水菜点、用餐方式、礼仪等都与中餐有较大差别。目前由于我国对外交往活动的不断增多,西餐也已成为我国招待宴请活动的一种方式。因此,了解西餐的一般常识和礼仪是十分重要的。

西餐的餐具多种多样。常见的西餐餐具有叉、刀、匙、杯、盘等。

摆台是西餐宴请活动活动中的一项专门的技艺,也是必不可少的一个礼仪程序。它直接关系到用餐过程、民族习俗和礼仪规范等。西餐的摆台因国家的不同也有所不同,常见的有英美法国式和国际式西餐摆台。这里我们介绍一下国际式西餐摆台。

国际上常见的西餐摆台方法是:座位前正中是垫盘,垫盘上放餐巾(口布)。盘左放叉,盘右放刀、匙、刀尖向上、刀口朝盘,主食靠左,饮具靠右上方,参见图 3-8。正餐的刀叉数目应与上菜的道数相等,并按上菜顺序由外至里排列,用餐时也从外向里依序取用。饮具的数目、类型应根据上酒的品种而定,通常的摆放顺序是从右起依次为葡萄酒杯、香槟酒杯、啤酒杯(水杯)。吃西餐时,应注意掌握以下几个方面的礼仪。

图 3-8　西餐餐具的摆放

1. 上菜顺序

西餐上菜的一般顺序是:①开胃前食;②汤;③鱼;④肉;⑤色拉;⑥甜点;⑦水果;⑧咖啡或茶等。菜肴从左边上,饮料从右边上。

2. 餐巾使用

入座后先取下餐巾,打开,铺在双腿上。如果餐巾较大,可折叠一下,放在双腿上,切不可将餐巾别在衣领上或裙腰处。用餐时可用餐巾的一角擦嘴,但不可用餐巾擦脸、或擦刀叉等。用餐过程中若想暂时离开座位,可将餐巾放在椅背上,表示还要回来;若将餐巾放在餐桌表示已用餐完毕,服务员则不再为你上菜。

3. 刀叉使用

吃西餐时,通常用左手持叉、右手持刀,用叉按住食物,用刀子切割,然后用叉子叉起食物送入口中,切不可用刀送食物入口。如果只使用叉子,也可用右手使用叉子。使用刀叉时应避免发出碰撞声。用餐过程中,若想放下刀叉,应将刀叉呈"八"字形放在盘子上,刀刃朝向自己,表示还要继续吃,参见图 3-9。用餐完毕,则应将叉子的背面向上,刀的刀刃一侧应向内与叉子并拢,平行放置于餐盘上。尽量将柄放入餐盘内,这样可以避免由于碰触而掉落,服务生也容易收拾,参见图 3-10。

图 3-9　刀叉呈"八"字形

图 3-10　用餐完毕

4. 用餐礼节

当全体客人面前都上了菜,主人示意后开始用餐,切不可自行用餐;喝汤时不要发出声响；面包要用手去取，不可用叉子去取，也不可用刀子去切，面包应用手掰着吃；吃沙拉时只能使用叉子；用餐过程中，若需用手取食物，要在西餐桌上事先备好的水盂里洗手（沾湿双手拇指、食指和中指），然后用餐巾擦干，切不可将水盂中的水当成饮用水喝掉；最好避免在用餐时剔牙，若非剔不可，必须用手挡住嘴；当招待员依次为客人上菜时，一定要招待员走到我们的左边时，才轮到我们取菜，如果在我们的右边，不可急着去取；吃水果不可整个咬着吃，应先切成小瓣，用叉取食；若不慎将餐具掉在地上，可由服务员更换；若将油水或汤菜溅到邻座身上，应表示歉意，并由服务员协助擦干。

五、冷餐会礼仪

冷餐宴是一种比较自由的宴请形式，一般不设座，食品集中放在餐厅中央或两侧桌上，由客人按顺序自动取食，不要抢先；取食后可找适当位置坐下慢慢进食，也可站立与人边交谈边进食；所取食物最好吃完；第一次取食不必太多，若需添食，可再次或多次去取。冷餐会可招待较多的客人，客人到场或退场比较自由。客人一面做好就餐的准备，一面可以和同席的人随意进行交谈，以创造一个和谐融洽的用餐气氛。不要旁若无人，兀然独坐；更不要眼睛碌碌地盯着餐桌上的冷盘等，或者下意识地摸弄餐具，显出一副迫不及待的样子。

当开始用餐时，特别要注意以下几点：一是主人举杯示意开始时，客人才能开始；二是客人不能抢在主人前面；三是要细嚼慢咽，这不仅有利于消化，也是餐桌上的礼仪要求，绝不能大块往嘴里塞，狼吞虎咽，这样会给人留下贪婪的印象。四是不要挑食，不要只盯着自己喜欢的菜吃，或者急忙把喜欢的菜堆在自己的盘子里；五是用餐的动作要文雅，夹菜时不要碰到邻座，不要把盘里的菜拨到桌上，不要把汤碰翻；六是不要发出不必要的声音，如喝汤时"咕噜咕噜"，吃菜时嘴里"叭叭"作响，这都是粗俗的表现。用餐结束后，可以用餐巾、餐巾纸或服务员送来的小毛巾擦嘴，但不宜擦头颈或胸脯；餐后不要不加控制地打饱嗝或嗳气。

六、鸡尾酒会礼仪

鸡尾酒会，也称酒会，是一种自由的社交活动，备有多种饮料和少量小食品，一般在下午或晚上举行，不设座，时间短，客人到场或退场自由。中途离开的客人，应向主人道别，但出席酒会不能太迟或到达不久就即离去。

鸡尾酒会的形式活泼、简便，便于人们交谈，招待品以酒水为重，略备一些小食品。如点心、面包、香肠等，放在桌子、茶几上或者由服务生拿着托盘，把饮料和点心端给客人，客人可以随意走动。举办的时间一般是下午5点到晚上7点。近年来，国际上各种大型活动前后往往都要举办鸡尾酒会。

这种场合下，最好手里拿一张餐巾，以便随时擦手。用左手拿着杯子，好随时准备伸出右手和别人握手。吃完后不要忘了用纸巾擦嘴、擦手。用完了的纸巾丢到指定位置。

七、喝咖啡的礼仪

咖啡可以自己磨好咖啡豆以后用咖啡壶煮制，也可以用开水冲饮速溶的。人们一般认为自制的咖啡档次比较高，而速溶的咖啡不过是节省时间罢了。饮用可以加入牛奶和糖，称为牛奶咖啡。也可以不加牛奶和糖，称为清咖啡或黑咖啡。在西餐中，饮用咖啡是大有讲究的。

1. 杯的持握

供饮用的咖啡，一般都是用袖珍型的杯子盛出。这种杯子的杯耳较小，手指无法穿过去。但即使用较大的杯子，也不要用手指穿过杯耳端杯子。正确的拿法应是用右手的拇指和食指握住杯耳，轻轻地端起杯子，慢慢品尝。不能双手握杯，也不能用手端起碟子去吸食杯子里的咖啡。用手握住杯身、杯口，托住杯底，也都是不正确的方法。

2. 杯碟的使用

盛放咖啡的杯碟都是特制的，它们应当放在饮用者的正面或右侧，杯耳应指向右方。咖啡都是盛入杯中，放在碟子上一起端上桌子的。碟子是用来放置咖啡匙，并接收溢出杯子的咖啡的。喝咖啡时，可以用右手拿着咖啡的杯耳，左手轻轻托着咖啡碟，慢慢地移向嘴边轻啜。不要满把握杯大口吞咽，也不要俯首去就咖啡杯。如果坐在远离桌子的沙发上，不便用双手端着咖啡饮用，此时可以做一些变通，可用左手将咖啡碟置于齐胸的位置，用右手端着咖啡饮用，饮毕应立即将咖啡杯置于咖啡碟中，不要让二者分家；如果离桌子近，只需端起杯子，不要端起碟子。添加咖啡时，不要把咖啡杯从咖啡碟中拿起来。

3. 匙的使用

咖啡匙是专门用来搅咖啡的，如果咖啡太热也可用匙轻轻搅动，使其变凉。饮用咖啡时应当把咖啡匙取出来，不要用咖啡匙舀着咖啡喝，也不要用咖啡匙来捣碎杯中的方糖。不用匙时，应将其平放在咖啡碟中。

4. 咖啡的饮用

饮用咖啡时，不能大口吞咽，更不可以一饮而尽，而是一小口一小口细细品尝，切记不要发出声响，这样才能显示出品味和高雅。如果咖啡太热，可以用咖啡匙在杯中轻轻搅拌使之冷却，或者等自然冷却后再饮用。用嘴试图去把咖啡吹凉，是很不文雅的动作。

5. 怎样给咖啡加糖

给咖啡加糖时，砂糖可用咖啡匙舀取，直接加入杯内；也可先用糖夹子把方糖夹在咖啡碟的近身一侧，再用咖啡匙把方糖加入在杯子里。如果直接用糖夹子或手把方糖放入杯内，有时可能会使咖啡溅出，从而弄脏衣服或台布。

6. 用甜点的要求

有时喝咖啡可以吃一些点心，但不要一手端着咖啡杯，一手拿着点心，吃一口、喝一口地交替进行，这样的行为是非常不雅观的。饮咖啡时应当放下点心，吃点心时则放下咖啡杯。

在咖啡屋里，举止要文明，不要盯视他人。交谈的声音越轻越好，千万不要不顾场合，高谈阔论，破坏气氛。

社交与家庭礼仪

八、喝茶的礼仪

为客人沏茶之前，首先要清洗双手，并洗净茶杯或茶碗。要特别注意茶杯或茶碗有无破损或裂缝，残破的茶杯或茶碗是不能用来招待客人的。还要注意茶杯或茶碗里面有无茶迹，有的话一定要清洗掉。茶具以陶瓷制品为佳。不能用旧茶或剩茶待客，必须沏新茶。在为客人沏茶前可以先征求其意见。就接待外国客人而言，美国人喜欢喝袋泡茶，欧洲人喜欢喝红茶，日本人喜欢喝乌龙茶。

茶水不要沏得太浓或太淡，每一杯茶斟得八成满就可以了。主人在陪伴客人饮茶时，要注意客人杯、壶中的茶水残留量，一般用茶杯泡茶，如已喝去一半，就要添加开水，随喝随添，使茶水浓度基本保持前后一致，水温适宜。正规的饮茶讲究把茶杯放在茶托上，一同敬给客人。茶把要放在左边。要是饮用红茶可准备好方糖，请客人自取。喝茶时，不允许用茶匙舀着喝。

上茶时，可由主人向客人献茶，或由招待员给客人上茶。主人给客人献茶时，应起立，并用双手把茶杯递给客人，然后说："请"。客人也应起立，以双手接过茶杯，说："谢谢"。添茶水时，也应如此。

由接待员上茶时要先给客人上茶，而不允许先给主人上茶。如果客人较多，应先给主宾上茶。上茶的具体步骤是：先把茶盘放在茶几上，从客人的右侧递过茶杯，右手拿着茶托，左手扶在茶托旁边。要是茶托无处可放，应以左手拿着茶盘，用右手递茶。注意不要把手指搭在茶杯边上，也不要让茶杯撞击在客人的手上，或洒了客人的一身。妨碍了客人的工作或交谈的话，要说一声"对不起。"客人对接待员的服务应表示感谢。在往茶杯倒水、续水时，如果不便或没有把握一并将杯子和杯盖拿在左手上，可把杯盖翻放在桌子或茶几上，只是端起茶杯来倒水。服务员在倒、续完水后要把杯盖盖上。注意，切不可把杯盖扣放在桌面或茶几上，这样既不卫生，也不礼貌。如发现宾客将杯盖扣放在桌面或茶几上，服务员要立即斟换。

如果用茶水和点心待客人，应先上点心，点心应给每个人上一小盘，或几个人上一大盘。点心盘应用右手从客人的右侧送上。待其用毕，即从右侧撤下。

在喝茶中，不应大口吞咽茶水，或喝得咕咚咕咚直响，应当慢慢地一小口一小口地仔细品尝。遇到漂浮在水面上的茶叶，可用杯盖拂去，或轻轻吹开，切不可用手从杯里捞出来扔在地上，也不要吃茶叶。我国旧时有以再三请茶作为提醒客人应当告辞了的做法，因此，在招待老年人或海外华人时要注意，不要一而再，再而三地劝其饮茶。西方常以茶会作为招待宾客的一种形式，茶会通常在下午4点左右开始，设在客厅之内，准备好座位和茶几就行了，不必安排座次。茶会上除饮茶之外，还可以上一些点心或风味小吃。

1. 案例分析

小张错在哪？

一位刘小姐和一位姓张的男士在一家西餐厅就餐，男士小张点了海鲜大餐，刘小姐则点了烤羊排。主菜上桌，两人的话匣子也打开了，小张边听刘小姐聊起童年往事，一边吃着海鲜，心情愉快极了，正在陶醉的当口，他发现有根鱼骨头塞在牙缝中，让他不舒服。小张心想，用手去掏太不雅了，所以就用舌头舔，舔也舔不出来，还发出喷喷喳喳的声音，好不容易将它舔吐出来，就随手放在餐巾上。之后他在吃虾时又在餐巾上吐了几口虾壳。刘小姐对这些不太计较，可这时男士想打喷嚏，拉起餐巾遮嘴，用力打了一声喷嚏，餐巾上的鱼刺、虾壳随着风势飞出去，其中的一些正好飞落在刘小姐的烤羊排上，这下刘小姐有些不高兴了。接下来，刘小姐话也少了许多，饭也没怎么吃。

（资料来源：谢迅，《商务礼仪》，对外经济贸易大学出版社，2007。）

思考讨论题：

（1）请指出本例中小张的失礼之处。

（2）本案例对你有哪些启示？

自助餐风波

周小姐有一次代表公司出席一家外国商社的周年庆典活动。正式的庆典活动结束后，那家外国商社为全体来宾安排了丰盛的自助餐。尽管在此之前周小姐并未用过正式的自助餐，但是她在用餐开始之后发现其他用餐者的表现非常随意，便也就"照葫芦画瓢"，像别人一样放松自己。

让周小姐开心的是，她在餐台上排队取菜时，竟然见到自己平时最爱吃的北极甜虾，于是，她毫不客气地替自己满满地盛了一大盘。当时她的主要想法是：这东西虽然好吃，可也不便再三再四地来取，否则旁人就会嘲笑自己没见过什么世面了。再说，它这么好吃，这会不多盛一些，保不准一会儿就没有了。

然而令周小姐脸红的是，她端着盛满了北极甜虾的盘子从餐台边上离去时，周围的人居然个个都用异样的眼神盯着她。事后一经打听，周小姐才知道，自己当时的行为是有违自助餐礼仪的。

（资料来源：严军，《商务礼仪与职业形象》，对外经济贸易大学出版社，2009。）

思考讨论题：

请问周小姐错在哪儿？

如何用西餐？

老张的儿子留学归国，还带了位洋媳妇回来。为了讨好未来的公公，这位洋媳妇一回国就诚惶诚恐地张罗着请老张一家到当地最好的四星级饭店吃西餐。

用餐开始了，老张为在洋媳妇面前显示出自己也很讲究，就用桌上一块"很精致的布"仔细地擦了自己的刀、叉。吃的时候，学着他们的样子使用刀叉，既费劲又辛苦，但他觉得自己挺得体的，总算没丢脸。用餐快结束了，吃饭时喝惯了汤的老张盛了几勺精致小盆里的"汤"放到自己碗里，然后喝下。洋媳妇先一愣，紧跟着也盛着喝了，而他的儿子早已是满脸通红。

老张闹了两个笑话，一个是他不应该用"很精致的布"（餐巾）擦餐具，那只是用来擦嘴或手的；二是"精致小盆里的汤"是洗手的，而不是喝的。

随着我们对外交往越来越频繁，西餐也离我们越来越近。只有掌握一些西餐礼仪，

社交与家庭礼仪

在必要的场合，才不至于"出意外"。

（资料来源：陈光谊，《现代实用社交礼仪》，清华大学出版社，2009。）

思考讨论题：

（1）吃西餐的礼仪有哪些？

（2）你对此案例有何评价？

2. 以寝室为单位，按照宴会的程序，分别组织一场中西式的宴会。

3. 如果你是一位宴请者，根据当地的风俗习惯，你会在宴会的前前后后注意哪些礼仪规范？请详细列表。

4. 有条件的话用 DV 在食堂拍摄同学们吃饭的情景，并与正确的餐饮礼仪对比分析。

能力评价表

	内容	评价	
学习目标	评价内容	小组评价（5、4、3、2、1）	教师评价（5、4、3、2、1）
知识（应知应会）	宴请的种类		
	赴宴的礼仪		
专业能力	宴会的组织		
	西餐、自助餐、鸡尾酒会的礼仪		
	喝咖啡、喝茶的礼仪		
通用能力	组织能力		
	策划能力		
态度	遵守规范、周到细致		
努力方向：		建议：	

学习情境 4　公共生活礼仪

凡行路巷，少避长，轻避重，去避来……

——《大唐开元礼》

礼节乃是一封通行四方的推荐书。

——[英]弗兰西斯·培根

任务 1　校 园 生 活

某高校在举办高雅音乐欣赏会，学生观众头脑中似乎还没有丝毫的"观剧礼仪"意识，他们有的把会场当成休闲娱乐场所，时而乱走，时而使劲摇椅子；有的则带零食和饮料进场，演出进行中，还不时听到各种器物碰撞摩擦的声响，时而还有喧哗声和随意走动者。演出结束后，工作人员花了大量时间清理满地的易拉罐、果皮、包装纸等。一些演奏家说，因为秩序混乱，他们在台上很难进入角色，演出水准不免要大打折扣。

这样的情形在我们的校园中发生是令人感到遗憾的，其实这是一种极不礼貌、缺少礼仪修养的表现。

（资料来源：李莉，《实用礼仪教程》，中国人民大学出版社，2006。）

一个人的成长期是在学校度过的，学校是人生中至关重要的阶段。在学校中树立的人生观、世界观和学到的知识能力，将会在未来的工作中受用不尽。同样在学校中掌握和理解的礼仪要求，也会成为一生的行为习惯，影响到未来的工作与生活。因此，学生在校期间的礼节礼仪要求就显得尤为重要。

这里拟通过组织班级学生编写《校园文明公约》的形式，完成本任务的学习，具体操作建议如下。

1．学生分成小组，每组 5 人至 6 人，每组选一名同学担任组长，首先大家一起列举校园内的不文明、不符合礼仪规范要求的种种表现，在明确校园文明状况的基础上，共同编写一份《校园文明公约》，字数为 200 至 300 字，形式不限，应浅显易懂，朗朗上口。

2．各组组长在全班展示各组制订的《校园文明公约》。

3．学生自我评价，授课教师总结点评学生存在的个性和共性问题。

4．最后全班评选出最佳《校园文明公约》。

5．将《校园文明公约》提供给学院有关部门作参考。

社交与家庭礼仪

 知识储备

一、学生的仪表

不同的仪容服饰会产生不同的效果。一个人的仪容、服饰和仪态应与本人的年龄、身份相符。在校的学生尚处于求学这阶段，因此他们的仪表应以朴素大方、活泼整洁为原则。

女生的发式以简洁，易梳理为宜，不宜烫发、盘发，以免破坏了女学生清纯、活泼的形象。女学生在校的仪容应追求自然美，其实青春、天然的少女肌肤是最美的，即使是参加学校举办的舞会，晚会也不要涂脂抹粉地化很浓、很艳的妆。男生的发式也以整齐、干净、富有朝气为宜，不宜留长发、蓄小胡子，以免破坏了青春、健美的形象。

学生的服饰应以色彩鲜明、线条流畅、明快简洁为好，以充分显示出朝气蓬勃的精神面貌。在校内，学生不宜穿过高的高跟鞋。穿戴珠光宝气、华丽无比，会显得俗不可耐，与身份不符。当然，衣帽不整，不修边幅或不注意个人卫生，也是不礼貌的。有校服的学生，应按要求穿校服上学。

二、尊师礼仪

尊师是我国传统的美德。老师像辛勤的园丁一样为学生"传道、授业、解惑"，被称为"人类灵魂工程师"，因此自古以来就流传着许多尊师的动人故事。如宋代学者杨时和游酢拜程颐为师，有一次他俩去请教老师，正逢老师午睡，为了不惊醒老师，俩人站在门外雪地等候。当老师醒来时，雪已有一尺深，杨、游二人遍身是雪，仍然恭敬地站立在门外，这就是"程门立雪"的尊师美谈。当然我们并不要求每个学生都学杨、游，但作为学生应对老师有一定的礼仪：

1. 尊重老师的劳动

老师的辛苦劳动体现在教学上，学生虚心学习，认真上好每一堂课，取得良好的学习成绩，这是对老师最大的尊重，没有什么比这更能使老师得到安慰和喜悦的了。老师的希望都寄托在学生身上，"小树成材，桃李满天下"，是教师辛苦劳动的最大偿付。

2. 尊重老师的人格

古人云"一日为师，终身为父"。可见教师在人们心中的地位。作为学生应从心里敬重老师，尊重老师的人格。学生和教师谈话时，应主动请教师坐，若教师不坐，学生应该和教师一起站着说话。同教师谈话，要集中精神，姿势端正，双目凝视教师，有不同看法时，可及时向老师请教、探讨。要虚心接受教师批评，不可当场顶撞老师。

3. 注重礼仪形式

见到教师应问好、行礼；下课要起立迎送；进教师办公室时要轻轻叩门，然后开门进去，行礼后说明来意；到教师办公室、寝室不能乱翻乱动教师物品；休息时间最好不打扰老师；到办公室或老师家不宜逗留过久，办完事应尽快离开等。

学生不仅要尊重自己的班主任、辅导员、任课教师,对学校其他教育工作者,包括校医、清洁工也应讲礼仪。

三、对同学的礼仪

在学校生活中,同学相互之间应以礼相待,互相帮助,和睦相处。同学之间应注意以下几个方面。

1. 互相帮助

同学之间朝夕相处,难免会产生矛盾,这时态度一定要冷静,虚心听取对方意见,多为对方着想,不要伤害对方的自尊心。不管是错在谁,都要以真诚、友善的态度去解决。当同学有困难或生病时,大家应安慰、探望和鼓励他,祝他早日战胜困难、恢复健康。

2. 宽容理解

虽然同学之间关系密切,但也不要忘记兼顾他人。同学之间,个人的兴趣、爱好、个性、生活习惯、为人处世等方面都有差异,因此,理解是化解差异,沟通与协调的润滑剂。人人都不以己好去苛求他人,不在小事上挑挑剔剔,不影响团结。

3. 讲究礼貌

同学之间也要讲礼貌,书面用语、日常生活用语等都要注意礼貌,与同学交往、活动的行为举止也要文明。

四、课堂的礼仪

学生应在课前 5 分钟内进入教室,做好课前准备,脱帽端坐恭候老师到来。如果遇到特殊情况,不得已在老师上课后才进入教室时,应注意礼貌道歉:应先在教室门口轻轻叩门或喊"报告",得到允许后,才能进入教室,然后要诚实地向老师说明迟到的原因,得到老师谅解和允许后,迅速而轻声地归座。

老师走进教室,班长喊"起立",全体同学立即起立,并向老师问候"老师好!"声音要响亮,待老师回礼后再轻轻坐下。课堂中应保持肃静的气氛,这一方面为老师教学创造良好环境,另一方面也有利于自己安心学习。课堂上集中精神,用心听课,积极发言。有问题未经老师允许不要在座位上大声喊,回答老师的问题时,表情要大方,声音要清晰,不要扭扭捏捏或故意做出滑稽的举止引人发笑。

下课铃响,老师说"下课"后,全班同学起立站好,说"老师再见!"注目老师离去后再自由活动。

五、宿舍的礼仪

宿舍是学生在校期间居住的场所,也是学生离开家庭住进学校后的"家"。与自己的家庭相比,这个"家"的成员来源更广,范围更大,因此,学生在宿舍应该注重礼仪。

1. 遵守作息制度

作息制度是学校为了确保学生睡眠充足,也是为了便于统一管理而制定的行为准则,

社交与家庭礼仪

遵守作息制度是学生起码应做到的。

按时回宿舍,自觉接受门卫人员的检查。各学校都规定了宿舍区的出入时间,夜间学生必须在规定时间以前回宿舍,如有特殊原因未能及时回宿舍的,要如实向门卫人员讲明原因。

按时作息。宿舍各成员应在熄灯后就寝,切忌在走廊里、宿舍里大声喧哗。休息时间要尽力避免使桌、椅发出声响,以免影响他人休息,与其他宿舍产生矛盾。早晨要按时起床,坚持早操,养成良好的作息习惯。

熄灯后不卧谈。熄灯后谈话是目前学生宿舍内较为普遍存在的一种不良现象。有这一不良习性的同学既影响他人正常休息,也形成自己不良的作息习惯,影响自身休息,于人于己都是有害的,因此,有卧谈习惯的同学应改掉这一不良习惯。

2. 保持环境整洁

整洁卫生的生活环境,不仅有利于宿舍成员的身心健康,而且也给学生们创造了良好的生活条件。养成良好的个人习惯。要按时洗脸、洗脚,经常洗澡。勤洗衣服勤刷鞋,认真整理内务,保持个人身体卫生和生活用品的整洁。

做好值日生工作。轮到值日的同学,认真做好整个宿舍的整理、清洁等工作。其他同学也应积极予以配合。

切忌随意向窗外乱抛杂物、泼水。随意向窗外乱扔杂物、泼水也是不尊重他人劳动、破坏公共优美环境的极不文明的行为。

保持宿舍楼公共场所卫生。有些同学注意了宿舍内卫生,却忽视了宿舍外卫生,以至于在盥洗室内乱倒剩余饭菜,在楼梯、过道扔杂物、泼脏水等,这都是极为错误的行为。

3. 遵守各项规定

严禁私自撕毁或拆装宿舍设备。宿舍里配备的各种用具是学生正常生活、学习、休息的物质保证,违章撕毁或拆装,到头来只能是害人害己。

严禁留宿异性。留宿异性行为不仅是违法乱纪,也是个人不文明、不道德的表现。

严禁随意留宿外来人员。随意留宿外来人员会给其他同学的学习、生活带来诸多不便,有时还会对宿舍区的安全产生不良后果。因此,未经学校有关部门的批准登记,学生不可留宿外来人员。

严禁在宿舍内酗酒、吸烟或看不健康的VCD。这些行为不仅是学校明令禁止的,而且是易引发火灾和意外事故的不文明生活方式。

4. 热情接待客人

对于来访的学校领导、老师、同学家长和外宿舍的同学要热情接待。如遇不认识的来访者,要认真询问其情况,以免出现上当受骗情况。

5. 坚持厉行节约

在盥洗室洗刷完毕或看到长流水时,要随手关好水龙头。在光线充足或离开宿舍时,要随手关灯。切不可因水电是学校的,对长明灯、长流水听之任之,造成不必要的浪费。

6. 互相尊重宽容

高校学生来全国各地，在生活习惯、行为处世上各不相同，在集体生活中提倡养成"自觉"和"宽容"这两种美德，自觉地淡化生活中自己与大多数成员相异的习惯，学会宽容别人，宽容他人有意或无意的过失。只有求大同存小异，整个宿舍才能形成和谐、宽松的气氛。同时，尊重他人的独立性，不要将自己的思想强加于人。

六、就餐的礼仪

1. 自觉排队

有秩序地进餐厅，不要冲、跑、挤。学生在食堂就餐，应自觉排队，以保持井然有序的次序。每天开饭的时间，食堂里人非常多，有的同学喜欢在排队等候的时候打打闹闹，有的同学则用勺子或筷子敲打饭碗，个别不自觉的同学插队，使原本已喧闹的餐厅显得更加嘈杂和混乱。因此，每位同学都应该按照先来后到的顺序自觉排队，养成良好的文明习惯。

2. 勤俭就餐

就餐时，不要铺张浪费，要勤俭节约。古人云"锄禾日当午，汗滴禾下土。谁知盘中餐，粒粒皆辛苦"。就餐时，要根据自己的食欲和饭量购买饭菜，丰俭由人；而不是有攀比之风，为了所谓的"面子"点菜，结果造成浪费，很可惜。应该爱惜食物，不要随便剩饭、剩菜。如果有无法吃的饭、菜，要倒进指定的泔水桶，不要往洗碗池、洗手池里倒。

3. 礼让座位

在就餐高峰时，食堂里人满为患，找到空位子的确很难。如果餐桌上已经有了一位就餐的同学，还有一个空位子的时候，后来者可以礼貌地问先来的同学："请问这里可以坐吗？"在得到肯定的回答后便入座。入座时，抽出椅子的动作要轻，还要注意和邻桌保持距离，留出空道。先到的同学对于后来的同学要求同桌用餐，应该表示欢迎，同时不妨酌情移动一下座位，方便他人入座。如果和师长在一起吃饭，要请师长先入座。

4. 文明进餐

吃饭时，要细嚼慢咽，不可狼吞虎咽。咀嚼食物时，嘴里不要发出太大的声音。骨、刺以及无法吃的其他东西，不要随地乱吐，可以放在餐具里或吐到自己准备的替代盛具里。不能当着别人的面剔牙，如果非剔不可时，也需要用一只手或其他物品遮嘴，另一只手剔牙。此外，进餐时不要大声喧哗，更不要肆意打闹。和师长、同学以及熟悉的人在一起吃饭，先吃完的时候要会说："大家慢慢吃"。

5. 保持清洁

在食堂就餐，大家都希望就餐环境清洁、卫生。保持食堂的清洁卫生，不仅仅是食堂工作人员的责任，广大同学也应该自觉地维护就餐环境。因此，在就餐过程中，注意不要把饭菜洒到桌面上或地上。如果有鱼刺、鸡骨之类的东西，要暂时把它们放在一边，

社交与家庭礼仪

而不要放在别人的眼前,以免影响他人就餐。就餐结束时,应清理好自己的餐具及遗弃物品。吃完饭后自觉把餐具放在指定的地方。

七、实验(训)室礼仪

  实验室及校内实习基地是学校实践性教学的主要场所,也是学生校内活动的重要场所之一。实验实习场所对大学生的行为规范有以下相应的要求。
  实验实习课要按有关规定提前做好准备,要按时到指定的实习实验地点。
  要自觉遵守实验室和实习基地的各项管理规定,尤其是对各种仪器设备不随意乱动,爱护各种设施及公物。
  仪器设备食用和实习实验操作要按操作规程和指导教师要求的去做。有不清楚的地方,一定要向指导教师请教后再做,以免损坏仪器设备造成安全事故。
  业余时间自行做实验,更要遵守实验室管理和仪器操作使用的各项规定。
  要尊重实习实验指导教师和管理人员,要协助指导教师和管理人员交清仪器设备及相关物品,协助指导教师和管理人员整理好实习实验场所。

八、图书馆礼仪

  图书馆是人们追求精神文化生活的地方,要求每位读者在求知的同时,爱护图书,遵守图书馆的规章制度。
  出入图书馆、阅览室要保持安静,说话要轻,不可大声喧哗,也不得热烈讨论或大声争论问题,不吃零食,不吸烟,不随地吐痰,入座时移动椅子要轻挪轻放,不要发出声音。
  借阅图书时,要自觉遵守借阅规定,主动出示证件,使用文明用语。要按次序凭借书证借书。检索卡片时,用力要轻缓,不要弄丢、弄坏。去书架找书,要轻取轻放。图书看完后要放回原处。阅毕或借期已到,应及时归还,以便别人借阅,充分发挥图书的利用价值。
  进入阅览室应寄存背包;不要一个人占几个人的位置;在电子阅览室要爱护仪器设备,服从管理人员的管理,不能利用图书馆计算机进行网上非法及不道德的活动。借阅高峰期人员拥挤时要自觉遵守公共秩序和维持公共卫生。
  在阅览室要文明阅览,要维护阅览室的安静,阅览时翻书页要轻轻地翻,尽量不发出声音,翻页时不要沾唾沫。要爱护图书,不折叠、污损,不乱涂、乱画。对自己有用的资料可以用笔记本抄录或者复印。撕坏书或"开天窗",甚至将书窃为己有,都是不道德的可耻行为。对于珍贵书籍要倍加珍惜,如有损坏,应主动按规定赔偿。
  对开放书刊应逐册取阅,不要同时占有多份。阅后立即放回原处,以免影响他人阅读。

九、多媒体教室礼仪

  随着计算机技术的发展,多媒体在教室、实验室的运用也越来越广泛。运用这种方法传递信息比较直观、明了,可以从视听方面刺激学生的感官,提高学生的学习兴趣,增强学生观察问题、理解问题和分析问题的能力,从而提高教学质量和教学效率。使用多媒体教室应注意的问题有以下几点。

1. 爱护多媒体教室的黑板、桌椅、灯具、窗帘、门窗、玻璃，未经允许不要摆弄器材或搬动、拆换和移动室内设施。

2. 不擅自使用教学设备和投影设备仪器，不随意触摸、摆弄、移动教室内的电教仪器及资料。

3. 不私设置计算机口令、移动或删除文件、修改计算机的软硬件配置。也不要利用教室计算机听音乐、玩游戏。若发现教室设施出现问题，应立即报告管理人员。

4. 课后如果自己最后一个离开教室，务必检查计算机、投影仪、功率放大器等设备的电源及总电源开关是否关闭，鼠标、遥控器、键盘等是否已放回原位。记得随手关灯、关门窗、关空调。

自主学习

1. 讨论一下，在与老师的交往中发生下述情况时，应怎样做？
（1）当老师不重视我时；（2）当我与老师意见不一致时；（3）当老师因不明真相而错怪我时；（4）当老师当众批评我时；（5）当老师当众表扬我时；（6）当老师指派我去干活时。

2. 利用教师节等机会，召开一次师生联欢会，增进师生之间的了解和友谊。

3. 学校启用了新餐厅，但是就餐秩序却不令人满意，系学生会准备举行"就餐礼仪改良活动"，以改善就餐状况。请你为这次活动起草一份校内文明就餐倡议书。

4. 作为职业院校的学生，经常需要到企业顶岗实习，请你谈谈在实习期间应该注意哪些礼仪？

评价考核

能力评价表

内容		评价	
学习目标	评价内容	小组评价（5、4、3、2、1）	教师评价（5、4、3、2、1）
知识（应知应会）	学生的仪表要求		
专业能力	尊师的礼仪		
	同学相处的礼仪		
	校园生活的礼仪		
通用能力	交际能力		
	沟通交流能力		
	自控能力		
态度	积极进取、乐观向上		
努力方向：		建议：	

社交与家庭礼仪

任务2 交通出行

情境导入

某商贸公司经理武力为了与新亚公司洽谈一笔重要生意，即将前往新亚公司所在的A城。武力准备乘火车去A城，顺便给他在A城的朋友带些土特产。上了火车，武力找到自己座位后便急忙将行李和两袋子土特产平行摆了一排，然后又将放洗漱用品的袋子挂在了衣帽钩上。列车启动了，武力想喝水，可暖瓶中的水不多，武力便不断地喊叫列车员。喝过水后，武力又拿出些水果来吃。吃了水果，他顺手将果皮扔到窗外。火车继续前行，武力感到有些疲乏，于是脱了鞋，把脚放在席位上，鞋与袜子立时散发出一股难闻的气味。周围的乘客厌恶地皱着眉头，捂着鼻子。坐在他对面的中年男士目睹了这一切。到了A城，武力几经周折终于找到了新亚公司。进了经理室，武力发现端坐在老板席上的竟是火车上坐在他对面的那位男士。这时，中年男士也认出了他。接下来任武力把话说得天花乱坠，中年男士也不同意与他合作。

（资料来源：http://www.docin.com/p-17873933.html）

任务分析

随着人们生活水平的提高，平时和假日的旅行增多了，所以掌握旅行的相关礼仪知识，不断培养自觉遵守旅行礼仪的习惯是十分重要的。否则，如果不注意交通出行礼仪，就会像"情景导入"案例中的武力那样，是没有人愿意与之合作的。

这里拟通过组织学生交流到外地旅游出行的经历，完成本任务的学习，具体操作建议如下。

1. 学生根据自己外地旅游出行的经历，制作一个PPT文件（最好多加进一些你拍摄的照片），向全班说明"交通出行"涉及的礼仪。

2. 注意不要面面俱到，写成流水账，要抓住典型事例和切身感受予以说明，以增强感染力，给人深刻的印象。

3. 大家在班级交流。

4. 师生共同点评。

知识储备

一、旅行的装备

下面是一些旅行行家的建议，告诉我们如何精心装备自己，使旅行愉快。

1. 旅行装备的原则

（1）精简原则。合理选择旅行服装是旅行轻松愉快的前提。外出旅行不需要太多的衣饰，即使您要保持一贯的风格和形象，也应只备用得着的衣饰。否则，去时一大箱行

学习情境 4　公共生活礼仪

李，回来时又添几件行李，好不辛苦。

（2）美观原则

注重组合系列化、多样化及时装化，体现前所未有的服饰审美要求和消费观念，注重美观及情趣是旅行服饰的新特色。有了这种全新观念，您就可以在衣橱中找出相对漂亮方便的衣饰作为旅行装束了。

（3）舒适方便原则

旅行服饰要注意面料的舒适性。一般说，丝、棉、麻这些天然纤维，透气滑爽，适于在夏天及长途旅行中贴身穿着。外衣面料则应以混纺人造纤维及合成布等不易皱、弹性佳、牢度强且洗涤方便的面料为主。

2. 不同旅行目的装备

通常旅行可分为两种，结合工作目的的旅行和纯粹的度假旅游。旅行目的不同，装备也不一样。

工作性质的旅行要多带正式感强的衣服。如果有很多应酬场合，就必须带足应付各种场合的服装，同时又不杂乱和累赘。比如两件职业女装对于商务谈判和业务沟通很必要。可以给这次旅行定一个主色调，如蓝色系列，再稍带点粉红和黑色的服饰，这样就可以搭配出统一风格的形象来。

如果每天要见的是不同的人，就可以放心大胆地穿同一套自己最得意的衣服，而不必要每天都换装，这样就相当轻松和简单了。

正式的酒会服装必须带一套，因为现在相当多的生意或公事是在酒会、晚宴等场合敲定的。所以，晚礼服及相应的首饰、内衣、鞋、包应备齐。

专为度假休息的旅行装相对比较随意。一般应根据地形、气候、时间长短、行程特点来挑选服饰。度假是为了解除平时的疲劳而舒展身心的，行李越轻越好。要选那些可叠得很小的轻软的衣物，如 T 恤、休闲裤、丝衬衣等。

春秋两季出游可带些天然质料的内衣、短风衣、毛衣、夹克和 T 恤衫及运动装的外衣；夏季旅行，丝麻衬衫、方便搭配的 T 恤、裙子、长短裤等宽爽适合，可帮我们度过一个湿热多汗的旅程；冬天旅行可带组合配套的羽绒装或皮衣裤，保暖又方便。

行李箱也是旅行中的重要配件，传统的硬面皮箱虽然笨重些，但固定性好，衣物及其他重要物品不易受损，如果是短时间的公事旅行，可选择这类行李箱。现时流行一种容量大而软的行囊，以鲜艳夺目的尼龙防水面料拼接而成，有圆角的长方形、圆筒形等，轻捷方便，不同的隔层可有多种用途，亮丽的色彩平添旅行情趣，特别适合休闲旅行时使用。

3. 化妆品及其他细节

千万别指望飞机或旅馆中提供化妆品。出门旅行，依旧保持在我们所熟悉的化妆品环境中，会感觉从容舒适，尤其对于有工作目的的旅行。旅行前把头发修剪到方便梳洗的长度，再把所有要用的化妆品清点进小包里，如夏天的防晒品，冬季的护肤霜以及化妆盒。还可带上方便的洁面巾，以便在旅行中及时净面。在飞机上多喝些淡盐水，会令皮肤保湿、眼神清澈，如果是出差，会令来接机的同行感到自己精力充沛、神采飞扬。另外，下了飞机可立即去做一次面膜，帮助脸上肌肤恢复光泽。

社交与家庭礼仪

二、步行礼仪

无论外出到什么地方,借助何种交通工具,都离不开步行。在公共场所无处不在的步行,更能体现一个人的礼貌修养程度。

1. 注意安全

遵守交通规则是步行安全的重要保障。城市的交通法规对行人和各种车辆的行驶均有严格的规定,人人都应自觉遵守。穿越马路时,一定要从人行横线处走过去,并注意红灯停、绿灯行,不可随意穿越,不可低头猛跑,更不可翻越栏杆,要注意避让来往车辆,确保安全。在有信号指示或交通警察指挥的地方,一定要遵守信号和听从指挥。

2. 行路文明

在行走之时,走路的姿势要端庄,不要弓腰、低头,不要东张西望,不要摇头晃膀,也不要哼着小调或吹着口哨。两人走路时不要勾肩搭背。多人走路时不要依仗人多而无所顾忌,高声说笑或横占半个马路而影响他人行走,应自觉排成单队或双队。男女同行时,通常男子应走在女子的左侧,需要调换位置时,男子应从女士背后绕过,不要胳膊相挽而行,更不要亲热得拥在一起行走。在街上遇到熟人不可话说个没完,交谈时不要站在马路中央,影响他人通行。如果遇到的是异性,更不要长时间交谈,确需长谈,应另约地点。在拥挤狭窄的路上行走,应自觉礼让,特别对年长者、妇女、患病体弱者一定要主动让路。

行走时以中速为宜,正常情况下不要猛跑。如果不小心碰到别人或踩了别人的脚,要主动向对方道声"对不起",即使对方态度不好,也不要与对方发生口角。别人撞了自己或踩了自己的脚,应大度宽容,对主动道歉者说声"没关系",不可以口出怨言,斥责对方。如果遇到残疾人不仅要主动让路,必要时还要主动上前搀扶一把,绝不可与其抢道,更不能以强欺弱,无视公德。行路时要维护马路卫生,不要边走边吃东西,更不要把瓜果皮核往马路上扔,应自觉地扔到马路边上的果皮箱里。

3. 问路礼貌

需要问路时,首先,应选择合适的对象,最好不要去问正在急于行走的人或正在与人交谈的人以及正忙碌的人。如果民警正在指挥车辆,也应尽量不去打扰。可以另找那些不是很忙,或比较悠闲的人进行打听。其次,问路时要礼貌地称呼对方,可根据对方年龄、性别和当地的习惯来称呼,绝不能用"喂"、"哎"等一些不礼貌的语气呼叫对方。最后当别人给予回答后,要诚恳地表示感谢,若对方一时答不上我们的提问,也应礼貌地说声"再见"。

三、乘车礼仪

以步代车讲究效率是现代社会的一个显著特点。由于乘坐车辆类型不同,其注意事项也有差异。

公共汽车是城乡主要交通工具,同时又是公共场所之一。大多数市民,尤其是朝九

学习情境 4　公共生活礼仪

晚五的上班族及学生，几乎天天都需要搭乘公共汽车等大众运输工具。别小看这小小的车厢，方寸之间应对进退的礼貌大有学问。公共汽车到站时，要先下后上，自觉排队，不要拥挤。一般情况下，"男女有别，长幼有序"应是一种公众准则。遇有残疾及行动不便者，应主动给予帮助。上车后应主动买票、打卡、投币或出示月票，并应尽量往里走，不要堵在车门口。要主动给"老弱病残孕"乘客让座。在车上不要大声聊天、谈论别人的隐私，更不要放任幼儿在车上啼哭、嬉戏，妨碍同车者的情绪，甚至影响司机开车的注意力。在车厢内吸烟、随地吐痰、乱扔废弃物等也是不文明的行为。车到站以前，应提前做好下车准备。如果自己不靠近车门，应先礼貌地询问前面的乘客是否下车，如前面的乘客不下车，要设法与其调换一下位置。

如果外出旅行，火车仍然是常用的交通工具。乘客在候车时，要爱护候车室的公共设施，不大声喧哗，携带的物品要放在座位下方或前部，不抢占座位或多占座位，更不要躺在座位上使别人无法休息。要保持候车室的卫生，瓜果皮核等废弃物要主动扔到果皮箱里，不要随手乱扔，不随地吐痰。检票时自觉排队，不乱拥乱挤，有秩序上下车。要有秩序进入车厢并按要求放好行李，行李应放在行李架上，不应放在过道上或小桌子上。放、取行李时应先脱掉鞋子后站到座位上，以免踩脏别人的座位。自己的行李要摆放整齐，尽量不压在别人的行李上，如果实在不行，也应征得别人的同意。不在车厢内吸烟、随地吐痰，乱扔废物。到达目的地后，拿好自己的物品有礼貌地与邻座旅客道别，有序下车，不要抢道拥挤。

长途旅行，与邻座的旅客有较长的时间相处，有兴趣时可以共同探讨一些彼此都乐于交谈的话题。但应注意交谈礼貌，交谈前应看清对象，与不喜欢交谈的人谈话是不明智的，和正在思考问题的人谈话也是失礼的。即使与旅伴谈得很投机，也不要没完没了，看到对方有倦意就应立刻停止谈话。注意谈话中不要问对方的姓名、住址及家庭情况，这些不是火车上的好的交谈话题。

四、乘飞机礼仪

飞机是目前世界上最快捷的交通工具，具有速度快、时间短、乘坐舒适等特点，很适合人们的旅行。由于空中旅行与地面旅行有很多差异，必须注意以下礼仪。

1. 登机前的礼仪

乘坐飞机要求提前一段时间去机场。国内航班要求提前半小时到达，而国际航班需要提前至少一小时到达，以便留出托运行李，检查机票、身份证和其他旅行证件的时间。大多数机场的登记行李和检查制度效率很高，等待时间很短。但有时飞机起飞时间快到了，而自己却排在长长的人龙后面，这会使我们心生焦虑。一方面这时要注意礼节，耐心等候，另一方面也是提醒自己以后要提前去机场。

乘飞机的很需要尽可能轻便。手提行李一般不超过 5 公斤，其他能托运的行李要随机托运。

乘坐飞机前要取到登机卡。大多数航班都是在托运行李时由工作人员选择座位卡。登机卡应在安检时和登机时出示。

领取登机卡后，乘客要通过安全检查门。乘客应先将有效证件（如身份证、军官证、警官证、护照、台胞回乡证等）、机票、登记卡交安检人员查验，放行后通过安检门时

社交与家庭礼仪

需将电话、传呼机、钥匙和小刀等金属物品放入指定位置,手提行李放入传送带。乘客通过安检门后,注意将有效证件、机票收好以免遗失,只持登机卡进入候机室等待。

上下飞机时,均有空中小姐站在机舱门口迎送乘客。她们会向每一位通过舱门的乘客热情地问候。此时,作为乘客应有礼貌地点头致意或问好。

2. 登机后的礼仪

登机后,乘客要根据飞机上座位的标号按秩序对号入座。飞机座位分为两个主要等级,也就是头等舱和经济舱。经济舱的座位设在靠中间到机尾的地方,占机身的 3/4 空间或更多一些,座位安排较紧;头等舱的座位设在靠机头部分,服务较经济舱好,但票价较高。所以登机后购买经济舱票的人不要因头等舱人员稀少就抢坐头等舱的空位。找到自己的座位后,要将随身携带的物品放在座位头顶的行李箱内,较贵重的东西放在座位下面,自己管好,注意不要在过道上停留太久以免影响其他人。

飞机起飞前,乘务员通常给旅客示范表演如何使用降落伞和氧气面具等,以防意外。当飞机起飞和降落时要系好安全带。在飞机上要遵守"请勿吸烟"的信号,同时禁止使用移动电话、AM/FM 收音机、便携式电脑、游戏机等。

飞机起飞后,乘客可看书报或与同座交谈。如果自己愿意交谈,可以"今天飞行的天气真好"等开场白来试探同座是否愿意交谈,在谈话中不必互通姓名,只是一般谈谈而已。如果自己不愿交谈,对开话头的人只需"嗯哼"表示,或解释"我很疲倦"。飞机上的椅子可调整,但应考虑前后座位的人,不要突然放下椅子靠背、或突然推回原位,或跷起二郎腿摇摆颤动,这些行为都会引起他人的反感。

在飞机上使用盥洗室和卫生间的规则与其他交通工具上的相同。要注意按次序等候,注意保持其清洁。同时不要在供应饮食时到厕所去,因为有餐车放在通道中,其他人无法穿过。如果晕机,可想办法分散注意力,如若呕吐,要吐在清洁袋内,如有问题,可打开头顶上的呼唤信号,求得乘务员的帮助。

3. 停机后的礼仪

停机后,乘客要带好随身携带的物品,按次序下飞机,不要抢先出门。国际航班上下飞机要办理入境手续,通过海关便可凭行李卡认领托运行李。许多的国际机场都有传送带设备,也有手推车以方便搬运行李。还有机场行李搬运员可协助乘客。在机场除了机场行李搬运员要给小费外,其他人不给小费。下飞机后,如一时找不到自己的行李,可通过机场行李管理人员查寻,并可填写申报单交航空公司。如果行李确实丢失,航空公司会照章赔偿的。

五、乘客轮的礼仪

人们出差、旅行经过江河湖海需乘坐客轮,有时观光游览还可乘坐专门的游览船或游艇。乘坐客轮较飞机、火车活动空间大,因而更舒适、自由。然而乘客轮时只有人人都讲礼仪,才能使旅行更舒畅。

客轮的舱位是分等级的。我国的客轮舱位一般分特等舱、一等舱、二等舱、三等舱、四等舱、五等舱等几种。客轮实行提前售票,每人一个铺位,游船也实行对号入座。因船上的扶梯较陡，所以上下船大家应互相谦让，并照顾老年者、小孩和女士。

乘客轮时要注意安全，风浪大时要防止摔倒；到甲板上要小心；带孩子的乘客要看住自己的孩子；吸烟的乘客要避免火灾；不要在船头挥动丝巾或晚上拿手电乱晃，以免被其他船误认打旗语或灯光信号。

船上的服务设施齐全，有餐厅、阅览室、娱乐室、歌舞厅和录像厅等可供就餐或消闲，也可以去甲板散步，享受浪漫的诗情画意。如邀请其他乘客一起娱乐，一定要两相情愿，不可强求。若房中其他乘客出门，也不要好奇地去翻动同房乘客的物品。

乘船时要注意小节，如不要在船上四处追逐，忘乎所以；不要在甲板上将收录机放到很大声；不要在客房大吵大嚷；晕船呕吐去卫生间；遇上景点拍照不要挤抢等。另外要注意船上的忌讳，如不要谈及翻船、撞船之类的话题，不要在吃鱼时说"翻过来"或说"翻了"、"沉了"之类的语言。

六、乘电梯礼仪

等电梯时，要主动面带微笑向熟人打招呼，只需轻轻地触摸电梯按钮即可，不要反反复复地按电钮。

进电梯时不争先恐后，要在出口处的右边等候，以方便其他乘客出电梯。等候电梯里的乘客都出来后，才按顺序进电梯，千万不要拥挤。电梯能够承载多少乘客是有限的，当警铃响的时候，最后上电梯的人或在电梯门口的人应自动下电梯。

上下电梯自然应该排队，要遵循"尊老爱幼"、"女士优先"的原则。

先进电梯者要靠墙而站，不要以自己的背对着别人，可站成"n"字形。在电梯内要保持身体平衡，尽量不做动作，不要伸长胳膊去按电钮。礼貌的做法是，请靠近楼层显示屏的乘客帮助："劳驾，请您帮我按第8层，谢谢！"

在大型商场、地铁、火车站、飞机场等公共场所乘滚动电梯时，有一个重要的礼仪规则是：乘客一律靠右站立，上下排成一列纵队，空出左边的小道给有急事的人上下跑动。这是国际惯例，请一定记牢。

1. 案例分析

王先生乘车

某公司的王先生年轻肯干，点子又多，很快引起了总经理的注意并拟提拔为营销部经理。为了慎重起见，决定再进行一次考查，恰巧总经理要去省城参加一个商品交易会，需要带两名助手，总经理一是选择了公关部杜经理，一是选择了王先生。王先生自然同样看重这次机会，也想借机好好表现一下。

出发前，由于司机小王乘火车先行到省城安排一些事务，尚未回来，所以，他们临时改为搭乘董事长驾驶的轿车一同前往。上车时，王先生很麻利地打开了前车门，坐在驾车的董事长旁边的位置上，董事长看了他一眼，但王先生并没有在意。

车上路后，董事长驾车很少说话，总经理好像也没有兴致，似在闭目养神。为活跃气氛，王先生寻一个话题："董事长驾车的技术不错，有机会也教教我们，如果都自己会

社交与家庭礼仪

开车,办事效率肯定会更高。"董事长专注地开车,不置可否,其他人均无应和,王先生感到没趣,便也不再说话。一路上,除董事长向总经理询问了几件事,总经理简单地作回答后,车内再也无人说话。到达省城后,王先生悄悄问杜经理:"董事长和总经理好像都有点不太高兴?"杜经理告诉他原委,他才恍然大悟,"噢,原来如此。"

会后从省城返回,车子改由司机小王驾驶,杜经理由于还有些事要处理,需在省城多住一天,同车返回的还是4人。这次不能再犯类似的错误了,王先生想。于是,他打开前车门,请总经理上车,总经理坚持要与董事长一起坐在后排,王先生诚恳地说:"总经理您如果不坐前面,就是不肯原谅来的时候我的失礼之处。"并坚持让总经理坐在前排才肯上车。

回到公司,同事们知道王先生这次是同董事长、总经理一道出差,猜测着肯定提拔他,都纷纷向他祝贺,然而,提拔之事却一直没有人提及。

(资料来源:http://www.doc88.com/p-7330115712.html)

思考讨论题:请指出王先生的失礼之处。

我的成功从电梯口开始

2年前,我到一家国外的化妆品公司参加面试。刚刚走出社会的我,没有丰富的面试经验,也不具备较好的外在条件。面试在市中心的写字楼里,看着出入大厅的靓丽都市白领,再瞅瞅自己特地从室友那借来的略显肥大的套裙,唉!

下午2点30分面试,我是提早15分钟到达的,面试在大厦的12层。

电梯来了,大家鱼贯而入,满满当当地挤了十几个,刚要关门,一个西装笔挺的人跑了进来,电梯间里立刻响起了刺耳的警告声,超载了。

大家都把目光投向了那个最后进来的人身上,但他丝毫不为所动。顿时,电梯间陷入了刹那的尴尬之中,虽然还有时间等下一班电梯,但谁也不愿意冒这个险,毕竟大家都想给主考人员留个不错的印象。

我站在靠边的位置,自然地走了出去,转过身,在关门的瞬间,不自觉地冲电梯中的人微扬了一下嘴角。

考试进行得紧张而顺利,每个人都回家等通知。第三天,我被这家公司正式聘用了。

上班后,我见到了面试那天那个最后跑上电梯的男人。他是我的同事,进公司已经两年了。当我问他那天面试时的详情,他说,他也只是依照上级老板的意思,在电梯门口等待时机,公司除了要看应聘人与主考人员的交流,还会参考很多因素,如到会场的时间,与周围人的沟通等。

他说:"许许多多的测试都是无形之中就完成了的——面试在你一迈进大楼就已经开始了。"

(资料来源:http://www.0535job.net/news_view.asp?NewsId=670)

思考讨论题:

(1)为什么说"面试在你一迈进大楼就已经开始了"?

(2)从本案例中你学到了什么?

2. 如果下星期你打算到南方（如果你现在南方，那就去北方）出差，打开你的衣橱，谈谈携带哪些衣服比较合适。

3. 乘坐自动扶梯时，我们一般站在哪一侧？为什么要将一侧留出空位？

4. 情景表演与客户同乘电梯。

5. 情景表演开私家车接顾客。

6. 列举出十种以上行路时的不文明行为。

7. 模拟问路、指路的言语举止，并相互规范。

评价考核

能力评价表

内　容		评　价	
学习目标	评价内容	小组评价（5、4、3、2、1）	教师评价（5、4、3、2、1）
知识（应知应会）	旅行的装备		
专业能力	步行的礼仪		
	乘小轿车或自驾车的礼仪		
	乘飞机的礼仪		
	乘客轮的礼仪		
	乘电梯的礼仪		
通用能力	交际能力		
	自控能力		
态　度	注重形象、遵守规则、讲究文明		
努力方向：		建议：	

任务3　公共场所

2006年春节即将来临之际，某著名钢琴演奏家的钢琴音乐会如期在海南省海口市举行，让市民享受到了高雅艺术的魅力。然而，在欣赏音乐会的时候，观众席中却传来了一些不和谐的"音符"。演奏会将要开始，场内还有约1/8的座位空着，人们仍陆续地进场，找座位的也显得着急起来。其中有两对结伴前来看演出的观众，因为座位号没连在一起，便不管三七二十一，开始和已经坐下来的人大声商量调换座位的事情，经过一番商议，又是一阵忙乱交换座位，搅得周围不得安宁。

音乐会准时开始。入口处门帘被频繁掀开，观众仍然鱼贯而入，两旁的侧门也不断有人进进出出。当身穿蓝色西装，一身绅士打扮的钢琴演奏家走上舞台，向观众挥手示

社交与家庭礼仪

意,热情地和大家打招呼的时候,许多观众无动于衷。尽管演出开始前,广播里播出看演出的纪律:"在观看演出时,不要四处走动,不要吸烟,将手机关闭。"但此时,在中间和后面的走道上,依然有观众来回走动,有的人低着头找座位,有的人在走来走去大声地打着手机,有的人和熟人大声打着招呼等,一点都没有欣赏音乐会的氛围。

在检票入场期间,有很多小孩在场地内和两侧的楼梯上跑来跑去;演出期间也有不少人走来走去,还有小孩子到处乱跑嬉戏。尽管音乐会门票上已经清清楚楚地注明不能带婴幼儿入场,但是一些人却根本不当回事。其中,一位女观众就坚持要带孩子入场并与保安发生争执。强行进场后,小孩的哭闹声两次打断了众人的音乐欣赏。当小孩的哭闹声再一次响起时,在满场观众的注视下,这名女观众最后不得不抱着孩子离开现场,留下一路孩子的哭声。当钢琴家深情演奏他改编的中国音乐时,全场观众都沉浸在这位世界钢琴王子带来的美妙音乐之中。这时,坐在后排的一个小男孩突然开始不断地在过道上跳来跳去,年轻的母亲大声训斥着,周围的人都能清楚听到母亲的训斥声和孩子嘴里发出的"哇噢"叫声,严重影响了别人欣赏音乐的心情。

接着不久,一个小伙子突然拿着相机跑到了演唱者的队伍里,结果被乐团指挥用指挥棒敲了一下,同时用脚踢了他以作警示之后,才灰溜溜地跑下台。音乐会快要结束的时候,这个人又跑上了舞台,样子很得意地逗弄乐团指挥,结果被舞台工作人员赶了下来。

(资料来源:http://119.145.97.105/jxwz/html/dianzijiaoan/type5.htm)

任务分析

公共场所是为社会大众提供服务的地方,如公园、影剧院、文化馆、商店等。礼仪的作用,在公共场所表现得尤为明显。在社会交往中,良好的公共礼仪可以使人际之间的交往形成良好的关系,为社会公众创造一个高质量的生活环境。

"情境导入"的例子展示的是在一场钢琴演奏会中部分不文明观众的行为表现,也使我们认识到了不文明行为所带来的社会危害及影响。因此,讲究公共场所礼仪,体现了一个人的公德意识,对现代人来讲是尤其重要的。

作为一个有文明、有素养的人,应切实重视公共场所礼仪。

这里拟通过组织学生模拟演示公共场所礼仪之一——宾馆住宿期间的礼仪,完成本任务的学习,具体操作建议如下。

1. 准备一间教室,布置成酒店的大堂、餐厅、客房。学生分成若干小组,每组 4 人至 6 人,分别扮演酒店礼宾生、总台接待员、餐厅服务生、住店客人、拜访客人等。

2. 通过角色扮演模拟住店期间的礼仪,要求符合礼仪规范。

3. 学生评议,教师最后总结。

知识储备

一、娱乐场所礼仪

1. 剧院的礼仪

歌剧、芭蕾舞剧院的礼仪要求:首先,开演后迟到者要等到幕间休息时才能进场,

学习情境4 公共生活礼仪

这期间只能在场外的闭路电视中看演出。其次，鼓掌应等歌声结束时，精彩唱段结束或舞蹈结束时。在一些国家，还伴有喝彩声，有时激动得站起来，但这要看当时情况，如大家都不站起来，也不要一人站起来。演出片断后的鼓掌，也应视情况而定，应尽快止息，以免打断或影响后面的演出。

20世纪80年代，意大利著名歌唱家帕瓦罗蒂来北京演出，歌迷为之倾倒。在演出大厅里，掌声和欢呼声甚至压倒了艺术家雄厚的嗓音。演出从始至终，观众无不站立，挥动手中节目单，这虽表示了观众的热情，但这种观赏方式也显得有些过火。在观赏传统的歌剧、芭蕾节目时，应考虑到这些传统艺术需要典雅环境。这与看现代爵士乐、摇滚乐队的表演，可以吹口哨、发怪声，演员激动的情绪与疯狂观众配合的环境是截然不同的。

2. 音乐会礼仪

西方人士把出席音乐会视为一件高雅而庄重的事，因而出席音乐会的服饰很讲究，男士西装革履、打领带，女士则要穿上礼服并化妆。衣冠不整进入音乐厅，必定会令人侧目。

听众均应于音乐会开始前入座。一旦演奏开始，听众就将被禁止入内，而只能在门外静听，等候中场休息时方可入内。音乐会上不允许中途退场。

音乐会上要保持肃静。观众来到音乐厅入口处应停止说话，脚步放轻，任何惊动场内观众的言行都失礼的。因而在音乐会上不许交谈、打呵欠，甚至是咳嗽和翻动节目说明书。

每支乐曲演奏完毕，听众应以掌声向演奏者致谢。但一曲未了或乐章之间不应鼓掌，否则就如同中途打断别人的讲话一样，只会显示出自己的无知。如果某人或某组器乐演奏特别精彩，观众经久不息的掌声要求他再来一个是可以的，但不宜连续多次。

演出结束后可向演奏者献花，但在音乐会演出中途登台献花是不适宜的。演出结束后，听众应在座位上停留片刻，不要急于退场，待演奏者谢幕时，全场应起立鼓掌，以示尊敬，然后方可有秩序地退场。

3. 电影院的礼仪

在电影院看电影较在剧院、音乐会上的礼仪要求相对松一些，但仍要求言行举止文明。具体做到：一是在售票处购票时要排队；二是进入电影院时，主动出示票，并对号入座；三是影院中不准许穿背心、短裤、拖鞋；五是不要随地扔瓜果皮核，不要吸烟；六是情侣们不要过分亲热，既不雅又挡他人视线；七是看电影过程中不要喧哗，交谈和叫好；八是应等影片结束，影院亮灯时才起身离开。

4. 歌舞厅的礼仪

改革开放后，中国的歌舞厅出现在大街小巷。如今，商业界晚上开展业务性应酬活动的地点多选择轻松自在的歌舞厅。在歌舞厅应注意的礼仪：一是服饰上可更艳丽，化妆可采用浓妆；二是男士应尽可能多邀请同去的女士跳舞；三是对于客人的邀请，不管是否会跳，应表现出乐于陪同，礼貌迎合；四是执行客人点歌曲目时，应征求客

社交与家庭礼仪

人的喜好,五是对演员和服务员要用语文明、举止得体;六是不要在客人尽兴时,提出结束玩乐。

二、商场购物礼仪

商店营业员的工作是服务性的,我们应当以平等的关系文明相待、互相尊重。

1. 考虑周详

如果到商店购物,应在确定欲购买商品后再招呼营业员去取。若无意购买,就不要随便地让营业员拿商品给自己。如果是营业员主动推荐某种商品,也应视情况礼貌的给予答复。

2. 态度友善

到柜台前购物,招呼营业员时语气应和蔼,说明自己的购物要求,不要"喂、喂"叫人,更不能盛气凌人,用命令式的语气说话。如果当时营业员正在为别的顾客服务,应在旁边稍候片刻,不要高声喊叫,更不应敲击柜台。选购商品时,不要说话尖刻,过分挑剔,浪费时间,影响营业员为其他顾客服务。挑选容易污损的商品要轻拿轻放,若不慎损坏,应主动赔偿。如实在难以选出满意商品,应向营业员打招呼交还,并表示歉意。顾客多时,要按顺序购买,并注意照顾老弱病残者,对于外宾也要礼让。

3. 排队购物

有时商场里顾客较多,特别是节假日或卖紧缺商品时,顾客更是拥挤,这时我们应注意礼貌,自觉遵守秩序,排队购物,不要加塞或乱挤。如果自己有急事需要先买,应向营业员和排在前面的顾客说明,征得他们同意后,方可购买。如遇外宾、老弱病残孕者,或有急事的旅客时,应该主动让他们先买。

4. 宽宏大量

当营业员出现差错时,顾客应给予谅解并善意提示,切忌争吵。如果遇到个别营业员态度不好,可找商店有关领导去解决,不要当场大吵大闹,出言不逊。如果需要退换商品,应向营业员耐心地说明原因。态度应平和,不要把对质量有问题的火气,冲营业员发泄。若按规定属于不能退换的商品则在购物前要仔细考虑,一旦买下,不应再退。

5. 真诚道谢

应理解和尊重营业员的工作,购买完物品,应向营业员道谢。尤其是营业员帮助解决特殊困难时,更要真诚致谢。

6. 爱护环境

在商店购物时,要自觉维护环境卫生,不要随地吐痰和乱扔果皮、包装纸,要使用环保购物袋购物,充分体现自己的文明修养。

7. 超市购物礼仪

进入超市随身携带的较大的背包要寄放在卖场入口处。不要为货物搬家,这是自选式商场中最基本的规则。可以想见，成为"流浪儿"的货物将给商场带来巨大的麻烦，浪费了人力物力。要爱护超市中陈列的商品。不要为贪图小便宜违反规定抓紧"试吃"、"试用"，这种行为更难登大雅之堂。

在超市，要学会为他人着想，当我们的购物车横在通道上的时候，要想到别人该怎么走过；当我们把价格牌弄倒的时候，要考虑其他顾客怎样了解价格；当我们把毛巾一条条抖开的时候，要想到工作人员折叠的辛苦；当我们的孩子顽皮地乱跑的时候，要预见到他可能会撞落商品或撞痛别人，而且这样也是不安全的……

三、旅馆住宿礼仪

客房是客人临时之家，是为客人提供休息的场所。在我国，客人的入住一般须出示居民身份证等有效证件，然后办理住宿登记等手续。在一些发达国家，大都是先预订房间，到达后，只要说出自己的姓名，然后在登记册上签名即可。根据工作需要，旅行人员亦可在房间办公、举行小型会议、洽谈业务或会友。不论将客房作为休息场所还是临时办公地点，掌握入住基本规定，对自己、对工作都是十分有益的。要注意以下五个方面：

1. 内外有别

因为旅店既是休息的地方，又是工作的地方，所以，室内着装可相对随便些。但是如果约好客人在下榻饭店的客厅或自己的房间洽谈业务，则要仪表端庄，注意自己的职业形象，同时亦应遵守前面提到的待客礼仪和日常礼仪。为客人准备好茶水和饮料。

2. 文明入住

住店要处处体现文明。关房门时注意用力轻一些。深夜回来，如需洗澡，注意动作要轻一些，避免打扰到隔壁邻居，如可能最好等第二天早晨再洗。如果与别人合住，应该注意出门时随手将门关上，不要在房间里喧哗，以免影响他人休息。休息的时候可以按上"请勿打扰"的标志灯，或在门外挂上"请勿打扰"牌子。到别的房间找人，应该敲门，经主人许可再进入，不要擅自闯入。

3. 安全第一

入住宾馆，进入客房后应先阅读房间门后消防逃生路线图，熟悉所在房间的位置和逃生楼梯的方位。之后，要查看一下窗户和侧门是否锁好。如果饭店员工无法将侧门锁好，可以要求换一个房间。旅行期间，只要可能就要将自己所带来的贵重物品随身携带。不要把钱或贵重物品留在房间里，要把珠宝、照相机、文件等都锁在饭店的保险箱里。进入饭店房间后，离开房间时，为了安全起见，如果条件允许，可以让电视机开着。待在房间里的时候，把门关好并上好锁。除非在等人，否则不要开着门；开门前要先问一声，或从窥孔那儿查看一下来人是谁。如果对方宣称自己是饭店员工，可以给前台打电话进行核实。晚上睡觉前，应将防撬链扣好挂好。房门钥匙要随身携带。不要当众展示钥匙，也不要把它放在饭馆的餐桌上、健身房里或者其他容易丢失的地方。门厅的灯可以亮着，可以开夜灯睡觉，或者开着洗手间的灯睡觉，以便让自己感到安全，或者遇到

社交与家庭礼仪

紧急的情况，可以照亮。

4. 爱护设施

宾馆客房内备有供旅客生活使用的各种物品，如桌、椅、灯具、电视、空调以及洗刷和卫生洁具、浴具等设施，使用时应予以爱护，不许用力拧、砸、敲。如不慎损坏应主动赔偿，故意破坏房内物品或损坏了物品不声不响，甚至把房内的不属于自己的东西随意拿走等都是违背社会公德的不文明行为。

5. 保持卫生

在客房内衣物和鞋袜不要乱扔乱放。废弃物应投入垃圾桶内，也可放到茶几上让服务员来收拾，千万不要扔进马桶里，以免堵塞影响使用。吸烟者不要乱弹烟灰、乱抛烟头，以免烧坏地毯或家具，甚至引起火灾。出门擦鞋应用擦鞋器，用枕巾、床单擦鞋是不道德的行为。

四、就医探视礼仪

1. 在医院看病的礼仪

俗语说得好"走进医院声要轻，候诊不要围医生；有序就诊必要静，不能再得烦躁病"。人们到医院就医，就是为能得到良好、及时的治疗，早日康复，因此，应该遵守以下几点礼仪规范。

（1）轻声说话，保持安静

医院是病人集中的场所，很多人身体不适，如果有人在医院旁若无人地说话、打电话，其他人会感觉到不舒服，会感到烦躁。在医生身边大声喧哗或打电话，更会影响医生的诊治。同样，到病房探视病人，也不宜在病房内夸夸其谈，影响其他病人的休息。

（2）遵守秩序，文明候诊

在医院，无论是病人还是病人家属，都要遵守公共场所的秩序。比如不能在候诊室内吸烟、随地吐痰，不能随地乱扔棉签、果皮、纸屑，也不能让孩子随地大小便。挂号应依次排队。不要大声喧哗和随意走动，保持一个安静、清洁和舒适的诊治环境，既有利于医务人员的工作，又可减少对候诊病人的不良刺激。如果有病人在看病，应在门外等候，当医务人员叫到自己的名字时，应该礼貌地回应，再到指定的位子坐下。

（3）如实陈述病情

当医生询问病情时，要如实地陈述。对病情和症状，既不可缩小、隐瞒，也不可以夸大，更不允许弄虚作假和无中生有地编造。如果为了骗取病假，千方百计地欺骗医生，甚至不择手段伪造体温、心率、血压、血尿和血便的检查结果，乱涂化验单等；这样做不仅不道德，而且也会伤害自己，贻误对疾病的诊断和治疗。

（4）妥善处理医疗纠纷

如果偶尔遇到不负责任的医生，对疾病做出了自己认为可疑的处理时，作为病人也切忌随便发火，而应该耐心地询问医生有关处理的依据，请医生采取必要的措施帮助解释疑虑。如果当时不能解决问题，可向其他医生或医院领导反映情况，请他们根据医务工作者的工作准则判断是非并做出处理。如果已肯定是医生失职，作为病人也不应随意吵闹，更不能纠集家属或同事、好友一起围攻医生，扩大事态，而应该通过正当途径来妥善地解决所存在的问题。

2. 到医院探视的礼仪

当亲友、同事、同学患病时，前往探望、慰问是人之常情，是一种礼节。但如果探望者言行举止失当，则会给病人造成不利影响。拜访是一门学问，看望病人更是一门艺术，在生活中，看望病人时需要注意以下几个方面的礼仪规范：

（1）做好探望前准备

在探视前，应先向其家属、友人了解一下病人的病情、心情以及饮食起居，以便到病房后做些针对性的安慰。送给病人的礼品要精心挑选，鲜花、水果、书刊是普遍受到欢迎的。如果送食品或营养品要先考虑病人病情。

（2）选择时机，提前预约

这一点在普通拜访时是一个基本礼仪，而在看望病人时则更显重要，探望病人应选择适当时机，尽量避开病人休息和医疗时间。由于病人的饮食和睡眠比常人更为重要，所以不宜在早晨、中午、深夜以及病人吃饭或休息时间前往探视。若病人在家静养，一般以下午探望为宜，其他时间最好不要去打扰。如果是探望住院的病人，应在规定的探视时间内前往，特别是在一些传染病医院、妇产医院，更要严格按照医院规定探视。同时，探望病人一定要提前预约，在了解清楚探视时间和病人接受治疗的安排情况后再去探望，若病人正在休息，应不予打扰，可稍候或留言相告。

（3）准时到达，举止文明

住院期间，病人的生活相当有规律，接受治疗和休息时间都安排得很规范。因此，在探望病人时，一定要准时到达，严格按照约定的时间去看望，避免影响病人休息或者耽误其接受治疗，否则，不仅失礼，也容易空跑一趟。在进入病房前要先轻轻敲门，然后进去。到病床前，先把礼物放下，看到病人要同往常一样自然、平静、面带笑容，主动上前握手，不能握手时，可探身以示招呼，如有椅子，可在病人身旁坐下。不要大大咧咧，以免影响其他病人，或造成医疗设备损坏。

（4）语言轻松自然，多鼓励病人

同病人交谈，语言要讲究分寸，说话时不可以兴高采烈，也不要表现出紧张、厌恶的表情，神情应该保持轻松和关切。一般应先询问病人身体状况及治疗效果。在病人讲述病情时，要认真地听，不要心不在焉，左顾右盼。不要详细地向病人询问其病情，或当着病人的面向主治医生询问医疗方法。不要向病人介绍道听途说的偏方、秘方，不推荐未经临床实验的药物。如病人的病情需要保密时，不要和病人一起去乱猜，已知道应保密的病情，更不能对病人进行暗示。要避免谈论可能刺激对方或有关忌讳的话题，而多说些安慰、开导的话，多说些以往的美好时光，也可以说一些逸闻趣事、社会新闻、战胜疾病的事例。让病人开心而暂时忘却病痛，安心休息，恢复自信，战胜病魔，早日康复。

（5）适时结束访问

探望时间一般以十几分钟为宜，最多不超过半个小时，最好能够适时地、婉转地结束探望。一方面要避免因为自己探视时间过长影响了病房里的其他病人休息，另一方面

社交与家庭礼仪

也可以让病人早点休息，避免疲劳影响身体恢复。在离开时，询问一下病人有什么事情需要帮助，再嘱咐病人安心治疗，表示过两天再来探望。告别时，一般应谢绝病人送行，祝他（她）早日恢复健康。

五、体育运动礼仪

1. 观看体育比赛的礼仪

（1）衣着

体育场所中的衣着一般是非正式的，以穿着适时、舒适为主，尤其是秋冬季的室外赛场，优先考虑的应是保暖。在室内体育馆里，坐在包厢里的观众通常比坐在看台上的观众要穿得正式，如果着运动装，也要求整洁大方。场内观众着装更随意。

（2）入座

应准时到场，以免入座时打扰别人。观看比赛时，不能因情绪激动而用脚踩着座位看。

（3）遵守秩序

观看体育比赛时要注意讲文明。可以在比赛中为自己所喜爱、支持的运动员和运动队欢呼呐喊，但不要辱骂对抗的一队，以免和另一队的支持观众发生争执，或被警察"保护"出场，更不要因不满赛况而向比赛场中投掷杂物，攻击裁判等。

（4）照顾他人

和在其他公共场所一样，体育比赛中若想吸烟，要注意场内是否允许并要取得周围人同意。比赛期间不要频繁进进出出地买饮料、去厕所等，以影响其他观众。拉拉队、球迷队的欢呼助威也要照顾他人的观看。

（5）退场

如果赛后有要事，可在终场前几分钟悄悄离去。若等到赛完才离去，就要按顺序退场，不要互相拥挤，以免人多发生意外。

2. 观赏体育表演赛的礼仪

体育明星的表演赛类型较多，如田径赛、竞技、球类、武术等。比赛由于云集国内、国际高手，技艺超群，因而比赛颇为精彩，更容易调动人的情绪。观赏表演赛应注意四个环节。

（1）着装

观看体育表演赛同样是非正式的服饰要求，但在看一些国际性的表演赛时，应比看一般比赛要注意打扮，工作装、沙滩装和奇装异服一般是不适宜的。

（2）入场

注意车辆要在指定地点存放，按时入场，不要在人群拥挤的入场处逗留，进场后尽快找到座位坐下。由于体育明星的表演赛入场券比较难买，如果想在入场口等退票，注意不要妨碍他人入场，不可纠缠他人。

（3）文明观赏

观看表演赛要支持、鼓励运动员的表演，随着比赛高潮的出现，看台上的气氛也会热烈起来，可以鼓掌和文雅地加以赞扬，有时运动员表现反常，没有发挥应有水平，也要予以热情鼓励，不能吹口哨、怪叫，甚至喊带侮辱性的话。在观看国际性表演赛时，要注意表现出大国的胸怀，坚持"友谊第一，比赛第二"。

（4）退场

表演赛结束同看比赛一样要按秩序退场。但要注意退场时不要尾追、堵截体育明星和名人，不要拦住明星的汽车或纠缠明星签名留念。

3. 参加群众性体育活动的礼仪

目前我国群众性体育活动项目繁多，许多正式比赛项目和非正式比赛项目都成为体育爱好者参加的项目。参加体育活动中应注意如下方面：

（1）遵守比赛规则

虽然体育活动不同于正式比赛，但大家仍应遵守种种比赛的规则要求，才能使活动有秩序。运动比赛瞬息万变，比赛中裁判员难免失误，对这种情况，应支持裁判员工作，不要起哄。

（2）讲求运动道德

以健身、娱乐、陶冶性情、社交等为目的体育活动如板球、网球、高尔夫球、台球、保龄球等，多以增进友谊为目的，所以讲求运动道德更重要。进行活动时行为不可粗鲁，不可与对手冲突，不可嘲笑、挖苦对方的技艺。赛前、赛后都要与对手握手、拥抱致意。

（3）保证安全

以猎奇、惊险和一定程序的冒险为乐趣的活动，一定要事先准备充分，措施得当，以保证活动时的人身安全。例如在打猎活动中，要正确地使用枪支，保证参加者不受伤害。打猎的枪支管理要严格，打猎时要按组织者的计划与说明行动，只能向规定的方位射击，切记不能向其他猎手方向射击。另外对野生保护动物不能猎取。

六、参加会议礼仪

会议是指人们集合在一起，有议题、有组织、有步骤、有针对性地探讨一些问题。在现代社会里，它已成为了人们参与社会活动的主要方式之一。参加会议应遵守以下礼仪规范：

1. 提前准备，注意休息

参加会议前，要预备好必要的辅助工具，如纸、笔、录音机等，以便于记录。提前认真阅读会议下发的材料，以便全面了解会议情况，掌握会议主旨。另外，参会前要有充分的休息，避免开会时容易困乏、打瞌睡，无法集中精神，影响参会质量。

2. 准时到会，有始有终

严守会议时间，是保证会议顺利进行的基本条件之一。不但要靠会议主持人、组织者的积极努力和得力的措施，同时也要靠全体与会人员的自觉和认真遵守。

参加任何会议，都不应当迟到或者缺席。参加者应当按照通知上规定的具体时间，准时出席会议。一般应提前5分钟以上进入会场，以便办理报到手续，寻找座位等。参

社交与家庭礼仪

加会议,必须自始至终,不能"半途而废"、不辞而别。在他人讲话期间当众退场,不仅自己失礼,而且也是对对方不尊重的表现。如果确实有急事,应当向主持人说明原因并请假。

3. 遵守会议纪律,认真聆听发言

在会议进行期间认真倾听他人的发言,是与会者对对方尊重的具体表现,同时也是自己掌握会议精神的主要途径。因此,全体与会者应当自觉维护会场秩序,保持会场安静,不影响发言人的讲话与听众的倾听。开会时不应当随意走动,或者与周围人交头接耳。要聚精会神、全神贯注,注意专心聆听别人的讲话,抓住要点,发现问题。在一般情况下,不要带孩子到会议现场。

在发言人或主持人讲话时,不允许有意起哄,不应当在会场上使用手机,不应当收听 MP3 和收音机。不准吃东西、制造噪音等。与讲话者意见相左时,不应当在对方发言时予以打断,或是大声斥责、议论,更不能起哄、吹口哨、拍打桌椅等,应当寻找适当的渠道进行表达。当别人发言结束时,应当礼貌地鼓掌。

七、卫生间礼仪

洗手间是我们日常使用极为频繁的地方,由于公共场所的洗手间也是众人共用的,所以在使用时就必须遵守规则,以免影响了下一位使用者的情绪,而且洗手间的使用礼仪是最能体现出文明程度的高低的。

不论男女,在洗手间都有人使用的情况下,后来者必须排队等待,应该是在洗手间最靠外处排队,一般是在入口处排队,按先来后到依序排成一排,一旦有其中某一间空出来时,排在第一的自然拥有优先使用权,这是国际通常的惯例,而不是每个人分别排在某一间门外,以有点赌运气的方式等待。如果不按国际通用习惯排队,必定会得到其他人的怒目相视,甚至指责。

洗手间最忌讳肮脏,所以在使用时应尽量小心,如果有污染也应尽可能加以清洁。有些人有不良习惯,不愿意去善后,那就会殃及下一位使用者。女性卫生用品千万不要顺手扔入马桶中,以免马桶堵塞。其他如踩在马桶上使用,大量浪费卫生纸导致后来者无纸可用等,都是相当不妥的行为。

有的地方的冲水手把位置与平常所见的有所不同,但一般都是在水箱旁,有的在顶用拉绳来拉,或在马桶后方用手拉,也有一些设置在地上用脚踩的。实际上,用脚踩的方式应该是最符合卫生标准的。若是怕冲水时手被污染,则可用卫生纸包住冲水把再按冲水,在无人排队的情况下,用完洗手间也不必把门关好。应该故意留下明显缝隙,让后来者不需猜测就知道里面是空的。

在飞机、轮船、游览车、火车等交通工具上,洗手间是不分男女的,大家共用,此时也无需讲究"女士优先"。

每个地方的标记各不相同,一般除各国不同的文字注明外,也有不少地方是用图案来标识的,男厕多是:烟斗、胡子、帽子、拐杖、男士头像等。女士则多以高跟鞋、裙子、洋伞、嘴唇、女士头像等来表示。

在欧洲的一些国家,上洗手间是须付小费的,客气一点是在出口处的桌子上摆着一个浅碟子，使用完毕可以随意放一些硬币等当做清洁费。严格一点的，则在入门处清楚标识使用卫生间的费用，有些要事先付费，若不付费，看守者就不打开锁着的厕门。还有一些用机械投币式，即在入口设有一自动投币机门，投下一个硬币，旋转栅门就可以开一次。

原则上，使用完洗手间必须洗手，洗手台也会有擦手纸与干手机。一般习惯是先用擦手纸巾擦干手，把用完的纸扔入垃圾桶后，再用干手机把手吹干。干手机多为自动感应方式并有自动定时装置，所以不用考虑如何关闭电源的问题。清洁工人会不断巡视各洗手间并进行清洁。在清洁时有时会拖地板，此时就可能会停止使用洗手间，此时会放上"Wet Floor"等黄色的明显告示牌。如果遇到此情形，不可坚持使用，以免影响正常工作，但可以询问最近的洗手间在何处。

自主学习

1. 情景表演与公司同事乘火车或乘飞机出差。

2. 以下是中央文明办、国家旅游局联合发布的《中国公民国内旅游文明行为公约》。

《中国公民国内旅游文明行为公约》

营造文明、和谐的旅游环境，关系到每位游客的切身利益。做文明游客是我们大家的义务，请遵守以下公约：

维护环境卫生。不随地吐痰和口香糖，不乱扔废弃物，不在禁烟场所吸烟。

遵守公共秩序。不喧哗吵闹，排队遵守秩序，不并行挡道，不在公众场所高声交谈。

保护生态环境。不踩踏绿地，不摘折花木和果实，不追捉、投打、乱喂动物。

保护文物古迹。不在文物古迹上涂刻，不攀爬触摸文物，拍照摄像遵守规定。

爱惜公共设施。不污损客房用品，不损坏公用设施，不贪占小便宜，节约用水用电，用餐不浪费。

尊重别人权利。不强行和外宾合影，不对着别人打喷嚏，不长期占用公共设施，尊重服务人员的劳动，尊重各民族宗教习俗。

讲究以礼待人。衣着整洁得体，不在公共场所袒胸赤膊；礼让老幼病残，礼让女士；不讲粗话。

提倡健康娱乐。抵制封建迷信活动，拒绝黄、赌、毒。

思考讨论题：为什么中央文明办、国家旅游局要颁布《中国公民国内旅游文明行为公约》？

3. 案例分析

国外"一米线"面面观

美国人讲究个人隐私，所以，他们也尊重"一米线"。无论那"一米线"划着还是没划着，后一个人永远离前一个人1米开外，仿佛那条线早就刻在了他们脑子里。买东西交款，你尽可以放心拿出你的钱包，不会有双好奇的眼睛在离你20厘米的地方虎视眈眈地看着你。就连上洗手间，人们排队也是在大门口，而不是在"小单间"门口。

社交与家庭礼仪

保持适当距离是澳大利亚人社交场合、日常交谈和茶余饭后闲聊时非常注意的细节。在银行、飞机售票处和海关出入口等处排队时一定要站在"一米线"以外,否则会被他人认为缺少文明修养。一般来说,两个人站着谈话,相互之间要保持适当距离,否则双方都会感到不舒服。

丹麦的人口很少,除非在闹市区、大街上和公园里,几乎没有机会看到成群的人。在银行、邮局、面包店等地方,如果人多,彬彬有礼的丹麦人都自觉地排队,没有插队的人,排在第二位的站在一米线外等候,充分尊重别人的隐私权。

在英国,买票排队、参观排队、上公共汽车排队,即使排队人比较多,英国人的脾气也很温和,耐性非常好。尤其是在旅游观光的时候,不管游人多少,大家都主动排队。看室内展览比较花时间,前面参观的人步履缓慢,后面的人也会耐心地等前面的人让出位置后,再跟进去参观。

(资料来源:http://club.learning.sohu.com/r-rzyg00-14282-0-0-10.html)

思考讨论题:

(1)你的头脑中刻有"一米线"吗?

(2)国外"一米线"说明了什么?从中我们应该主要学习什么?

评价考核

能力评价表

内　　容		评　　价	
学习目标	评价内容	小组评价(5、4、3、2、1)	教师评价(5、4、3、2、1)
知识(应知应会)	旅行的装备		
通用能力	交际能力		
	自控能力		
态　　度	注重形象、遵守规则、讲究文明		
努力方向:		建议:	

任务4 职场礼仪

吴萌大学毕业后进了一家外贸公司做文案,工作强度不大,但是初入职场的她感觉在工作交往中,无论是上司还是同事,对她都不是很友好。吴萌喜欢把办公桌上摆得满满当当,还把自己心爱的大大的加菲猫玩具摆在桌上,而且天性直爽的她无论什么情况都直言不讳。有一次她见到秘书林大姐的电脑中有一张小孩的照片,就吃惊地对林姐说:"哎呀,这么难看的孩子照片,林姐怎么还保存着呀?"林姐顿时沉下脸来,强忍住怒火说:"那是我孩子!"从那之后林姐再没给吴萌好脸色。

有一天,吴萌终于忍受不住,向好朋友诉说心中的不快,假如你是她的好朋友,你

学习情境 4　公共生活礼仪

都会给她提出哪些意见来改善她的工作交往状况呢？

任务分析

人人都希望自己有一个愉快的工作环境，愉快的工作环境会有助于事业的成功。美国著名成功学大师卡耐基曾说过："一个人事业上的成功等于15%专业技术加上85%人际关系和处世技巧。"可见，现代人在工作中掌握良好的交往艺术是多么重要。吴萌的失误之处在于她不懂得办公室的一些礼仪规范，同时也不懂得工作中与上司、同事之间的交往艺术。

这里拟通过模拟吴萌与同事或上司交往的片段来完成本任务的学习，具体操作建议如下。

1. 让学生分成若干小组，每组 4 人。
2. 每人负责搜集关于办公室内一般礼仪规范、与上司、同事、下级的交往艺术。
3. 模拟办公室场景，在吴萌与上司或同事之间的交往中任选一个话题，编一个短剧，剧中吴萌要能正确处理人际关系。
4. 老师进行点评。

知识储备

一、工作交往艺术

1. 与上司交往的艺术

在一个工作单位里，最重要的人际关系非与上级的交往莫属，因为他可以提拔自己也可能处分自己。为了自己的事业有良好的发展空间，员工一定要学会与上级交往的艺术。

（1）日常交际礼仪

员工在日常工作中，见到上司要主动打招呼。如果距离较远，不方便呼叫，可注视之，目光相遇，点头示意即可。近距离时，则用礼貌用语问候上司，如"王经理，您好"。进上司办公室时，应先敲门，通报姓名，得到上司允许方可入内。与上司在一起时，言谈举止都要表现出应有的尊重和礼节。如与上司在谈话时，如果自己是坐着的，而上司是站着的，就应该站起来，请上司就座，而不应该毫不在乎地坐在那里。

（2）工作方面礼仪

工作中与上司的交往礼仪主要表现在汇报工作与执行工作上。在汇报工作时要注意自己的仪态，汇报时，表情应该自然，彬彬有礼，语速、音量都要适中，要让领导轻松而又清楚地听到自己的汇报内容，汇报的语气中要充分表现出对上司的尊重。在上司发表意见时，不要插嘴，不要显得不屑一顾。

在听领导布置工作时，一定要专心致志，不能目无领导。当工作无法完成时，或出现比较棘手的任务时，要及时通报，并说明缘由。工作中做错了事，要学会自我检讨，不要找借口，推辞责任。

社交与家庭礼仪

（3）与上司沟通技巧

首先要让上司认可。上级最信得过的下级是爱岗敬业、忠于职守、勤勤恳恳的人，所以，作为一个下级，要乐于"鞠躬尽瘁，死而后已"，要尽职尽责、积极主动、出色地做好本职工作，不可故作姿态，光说不练。要以自己的精明实干和出色的工作能力奠定和上司交往的基础。

其次要虚心接受上司批评，巧妙指出上司的错误。谁都可能出错，面对上司的批评，一定要调整好心态，虚心接受批评。要有一定的组织观念，上司并非是在找茬，他是在履行他的职责。要尊重上级的意见，上级的意见与自己的想法不一致时，如果他的意见没有失误，应按上级的安排去做，如果上级的意见确实不妥，也不要当面顶撞，这时应该巧妙地指正上级。

再次要注意不要到处表现自己。在上司面前，下级应表现得谦虚、朴实。正如一位西方教授所说，人们最迫切的愿望就是希望自己受到重视，尊重上司就会赢得上司。同时，不要忘记赞扬的作用，真心的赞扬是对他人的一种尊重和肯定。不但可以满足上司的自尊心，还能赢得上司的好感与信任。还要记住，当自己在工作中有了功劳，不要到处去宣扬，以免让上司感到你是个居功自傲的人。遇到棘手的问题时，也要谦虚请教上司，不要越级去见别的上司。

2. 与同事交往的艺术

在一天的工作中，大部分时间是和同事在一起的。同事之间相处得如何，直接关系到自己的工作、事业的进步和发展。同事之间关系融洽、和谐，人们就会感到心情愉快，有利于工作的顺利进行。而同事之间既存在合作又有竞争的特点，使得同事关系微妙复杂，学会同事间的交往艺术，对自己的工作和生活都有很大帮助。

（1）互相尊重

孟子有云："爱人者，人恒爱之；敬人者，人恒敬之。"要处理好复杂的同事关系，必须要懂得尊重他人。尊重同事，就要尊重同事的隐私。隐私是关系到个人名誉的问题。背后议论人的隐私，会损害其名誉，可能造成同事间关系的紧张。当同事在写东西、阅读书信或打电话时，应避开，做到目不斜视、耳不旁听。尊重同事，还在于不轻易翻动同事的东西。如果要找同事的东西，要请同事代找，如果他本人不在，要先征得同事的意见。

（2）真诚待人，互相帮助

办公室是一个小社会，也是一个小集体。同事间要真诚相待，相互帮助，相互理解，相互宽容。这样的集体才能成为一个团结战斗的集体，才能成为一个有凝聚力，使人心情舒畅的大家庭。同事有困难时，应主动询问，伸出援助之手，给他以人力、物力的帮助；当某位同事受挫时，应给予诚恳的安慰，要热情地鼓励他，帮助他走出困境；当同事间发生误会时，要有度量，应主动道歉，说明情况，征得对方的谅解，这样会增进双方的感情，使关系更加融洽。对同事的错误和误解要能容纳，"宰相肚里能撑船"，不可"小肚鸡肠"、耿耿于怀。

（3）经济往来要一清二楚

同事之间可能有相互借钱、借物、馈赠礼品或请客吃饭的往来，但不能大意忘记。每一项都要清楚明白，即使是小款项也应记在备忘录上，以提醒自己及时归还。向同事

学习情境 4　公共生活礼仪

借东西如不能及时归还，应每隔一段时间向对方说明一下情况。总之，同事间的物质经济往来要弄得清楚明白，无论是有意或无意地占人便宜都会令对方感到不快，也会影响同事之间的关系。

（4）透明竞争，权责分明

同事之间既有合作也避免不了竞争。与同事共处应遵守尊重、配合的原则，明确权责，尽量施展自己的才华，绝不轻率地侵犯同事的业务领域。应在透明、公平竞争中，各自施展自己的才华并求得发展。不要过分表现自己，免得落得孤芳自赏的名声，最后只是孤家寡人一个。但是也不可组建自己的小团伙，制造流言飞语中伤某位竞争对手。同时做事要尽力而为，量力而行，踏踏实实做好自己的本职工作，不让别人有诋毁自己的机会，努力创造更多与同事沟通的机会，增进同事间的感情，消除彼此间的隔膜，在合作中良性竞争。

（5）言谈要得体

与同事交谈时，一定要注意语言要有分寸、要得体。工作场合中要保持高昂的情绪，即使遇到挫折、饱受委屈、得不到上级的信任时，与同事交谈也不要牢骚满腹、怨气冲天。不要把痛苦的经历当作谈资一谈再谈，这样会让人退避三舍。谈论自己和别人时，不要滔滔不绝，要观察对方的反应来决定谈话应不应该继续进行。在工作场合中，不要说悄悄话，耳语就像噪音，影响人们的工作情绪，也会引起同事的反感。在与同事相处中，不要得理不饶人。有些人总喜欢嘴巴上占便宜，争上风。他们喜欢争辩，有理要争，没理就更要争三分，这样会使同事们感到烦闷，不利于同事之间的交往。要知道，一个好的倾听者，就是一个好的谈话者。善于倾听别人，能表现出自己对对方的关心与尊重，使对方获得满足感，从而愿意与自己交流。同事之间，善于倾听的人能拥有最多的朋友。

3. 与下级交往的艺术

孔子认为"君使臣以礼"，领导对下属应以礼相待。礼贤下士在中国已经存在了近两千年，像中国古代的点将台、拜将台，都是礼遇下属的体现。作为领导者，应该以礼对待员工，积极与员工进行有效的沟通。

（1）待人要公平、公正

《孙子兵法》中所言"上下同欲者胜"。只有上下同心，企业才会有发展。要做到这一点，领导者必须尽力做到公平、公正。因此，上级应该坚持客观、公正地对待下级，不要受情绪的影响。要学会做一个好的倾听者，站在下属的角度去考虑问题。身为领导者，要能听出下属的弦外之音、言外之意，对于下属的情绪和处境要多加理解，抛开自己的情绪。

作为领导，待人不能受偏见的影响，应该平等待人。有些人对某人向来印象不好，无论那个人有多么好都会视而不见、听而不闻。领导者不应该被各种各样的偏见蒙蔽了心灵。同时，身为领导者也不应该太偏激独断，能够听取别人意见才会与员工建立融洽的关系。

"经营之神"松下幸之助就是一位善于倾听，待人公正的企业家。他经常问他的下属，"说说看你对这件事是如何考虑的？""如果是你干的话，你会怎么办？"他一有时间就到工厂里转转，以便于听取工人的意见和建议。

社交与家庭礼仪

（2）尊重理解下属

一个成功的领导者应该尊重和理解他的下属，为工作营造一个良好的氛围。上级要尊重下属的人格，尊重他们的意见和建议，让每个人都感受到自己是团队的一员。当下属的工作没有按预定目标完成时，要学会换位思考，理解他们的难处，不能把责任都推到他们头上。领导者要有宽容人的度量，在与下属沟通时，不可分亲疏远近，也不能因顾及面子而冷落了才智之士奋发向上的心，还要以开阔的心胸容纳别人，原谅别人的过错。一个好的上司，要在尊重理解员工之时，宽以待人，严于律己。遇事先从自己身上找原因，这样才能博得下属的爱戴和敬重。

（3）拿捏好批评和表扬

表扬和批评相结合是人类自古以来形成的一种管理方法。对于领导者，批评和表扬下属是激励他们继续努力工作必不可少的手段。但是生活中却常能听到对员工大呼小叫、颐指气使的领导，和如此抱怨的员工，这就说明批评和表扬需要一定的技巧，才会达到好的效果。

批评是需要理由的。而很多领导会不知不觉地把批评下属当作是发泄情绪或证明自己权威的一种手段。一个优秀的领导者应该在工作中建立明确的奖惩制度，并且贯彻落实，奖罚有度，才能树立自己的威信。

批评下属时可以先表扬后批评。因为想让别人顺从地听取批评的意见不是一件容易的事。所以在进行批评时，可以先从正面肯定开始，这样才不会被看成是在搞个人针对，会让人更好接受。同时，可以提出一些好的建议和忠告来帮助他们改进自己的工作。

批评下属的时候要就事论事。在对员工进行批评的时候，要尽量避免使用一些会使问题扩大化的词语，注意就事论事。如男性主管不可以对女职员说"你们女人就是这样"。

批评下属的时候也要选对场合。一般情况下，不要在众人面前批评员工，这样虽然会起到杀一儆百的作用，但会伤害到被批评者的自尊，同时对领导者的形象和涵养也会有不好的影响。尤其值得注意的是，不能当着某部门员工的面批评此部门的领导，这样会让这个受批评的领导尴尬，也会给他以后的工作带来不好的影响。

批评的态度要宽容。批评是帮助员工发现自己的缺点并加以改正和完善的一种手段，而不是彻底毁灭一个人的自信心。所以领导者在批评下属的时候，语气要温和，不能大动干戈，咄咄逼人。

表扬的技巧在前面的"学习情境"中有详细叙述，这里不再赘述。

4. 与异性交往的艺术

（1）异性交往中女性的礼仪修养

女性在工作中首先要注意自己的个人形象。职业女性发型应以保守为佳，妆容以淡妆为好。办公室女性着装应该庄重、大方，能够体现职业女性的专业素质。同时职业女性还要注意自己的举止应该是端庄、自然、优雅，不要风风火火、慌慌张张，也不要扭捏作态、装腔作势。

女职员在工作中要注意时间效率。尤其在打电话时，最好少打 5 分钟以上时间的电话，如果表述事件不够概括，交代事宜重复啰唆，这会使人怀疑其工作能力。

女性要公私分明。在工作时间内应专心致志地办理公务，不要在工作时间处理私事，要不断提高自身的素质，培养事业心和责任感。

女性在与异性同事交往时得到男性的照顾是很自然的事情，但是要保持清醒的头脑，弄清楚男性是出于礼貌还是另有其他目的，再根据情况恰当处理。

（2）异性交往中男性的礼仪修养

男性在工作交往中，不必过分追求外表的光鲜，给人以稳重干净的感觉就可以。男性要讲信誉，说话算数，一言九鼎，俗话说"大丈夫一言既出，驷马难追"。男性只有言出必行，工作认真，办事负责，对女性谦虚和气、有礼貌才能取得女性的信任。

在与异性交往中，男性要有度量，从大处着眼，目光远大，胸怀大志，不计较是非小事，宽厚待人，这样才能获得女性的赞赏。

（3）异性交往的礼仪原则

首先要坦然交往。工作中男女同事完全可以堂堂正正地交往。有些人在与异性交往时表现得过分矜持、紧张或扭扭捏捏，这是一种不自信的表现，更是对别人的一种伤害，因为这会让对方觉得受冷落。现代社会，尤其是女性应摈弃封建社会的陈规陋习，坦然、大方、开朗的与男性同事交往。因为生理原因，男性在工作的有些方面会比女性有优势，与男性同事关系相处好，可以在工作中获得一些帮助。

其次要注意分寸。"男女授受不亲"的时代虽然已成历史，但是办公室中，异性之间的交往无论国内国外，还是有一定的度的，这就是说要注意一定的分寸。异性在工作交往中要保持一定的距离。彼此说话要注意分寸场合，不能含有挑逗性的语言，以免引起误会。女性在男性面前的动作也要有所注意，不能在男性面前梳理头发、抚摸自己的皮肤，不能过度地扭动自己的臀部和腰肢，以免发出错误的信号。异性同事之间最好不要过多倾诉婚姻上的不如意。女性与异性上司的交往中也应注意分寸。要保持适当的距离，这既是对上司的尊重，也是异性交往中必须做到的。女性在工作之余，不能参与到上司的私生活中，以免陷入工作之外的纷争。保持适当的距离，出色完成本职工作，才是打动上司的最佳途径，也是保住自己工作岗位最得体的方法。

二、办公室礼仪

办公室礼仪最能体现一个人是否具备良好的素质和个人修养，因为办公室是日常工作的地方，同事们在这里朝夕相处，很多礼仪需要我们去注意，良好的礼仪不仅能树立个人和组织的良好形象，也会关系到一个人的前程和事业发展。

1. 办公室内的一般礼仪规范

（1）要守时，不迟到早退

上班时间要按时报到，遵守午餐、上班、下班时间，不迟到早退，否则会给领导留下一个懒散、没有时间观念的印象。另外，要严格遵守上班时间，一般不能在上班时间随便出去办私事。

（2）不要随便打私人电话电话

有些企业规定办公时间不要随便接听私人电话，一般在外国公司里用公司电话长时间地经常性地打私人电话是不允许的。

社交与家庭礼仪

（3）做错了事要勇于承认

如果有些小的事情办错了，当上司询问起来时，如果这事与自己有关，即使别的同事都有一些责任，也要直接替大家解释或道歉，如果是自己做错了事，更要勇于承担责任，绝不可以诿过于别人。

（4）乐于助人

当看到同事有需要帮忙的事情，一定要热心地帮助解决。在任何一个工作单位里，热心助人的人是有好人缘的。

（5）不要随便打扰别人

当我们自己已经将手头的活儿干完时，一定不要打扰别人，不要与没有干完活的人交谈，这样做是不礼貌的。

（6）爱惜办公室公共用品

办公室的公用物品是大家在办公室的时候用的，不要随便把它拿回家去，也不要浪费公用物品。

2. 办公室环境礼仪

当人们走进办公区的情绪是积极的、稳定的，就会很快进入工作角色，不仅工作效率高，而且质量好；反之，情绪低落，则工作效率低，质量差。如果在办公区内，体现出整洁、明亮、舒适的工作环境，容易使员工产生积极的情绪，充满活力，工作卓有成效。

随着现代化进程的加快，人们的办公"硬件"水平逐渐提高，办公环境也在不断改善，人们的工作效率也应该相应地提高。

（1）办公室桌面环境

办公室的桌椅及其他办公设施，都需要保持干净、整洁、井井有条。正如鲁迅先生所说，"几案精严见性情"，心理状态的好坏，必然在几案或其他方面体现出来。

从办公桌的状态可以看到当事人的状态，会整理自己桌面的人，做起事来肯定也是干净爽快。他们为了更有效地完成工作，桌面上只摆放目前正在进行的工作文件；在休息前应做好下一项工作的准备；因为用餐或去洗手间暂时离开座位时，应将文件覆盖起来；下班后的桌面上只能摆放计算机，而文件或是资料应该收放在抽屉或文件柜中。

（2）办公室心理环境

"硬件"环境的加强仅仅是提高工作效率的一个方面，而更为重要的往往是"软件"条件，即办公室工作人员的综合素质，心理素质。这个观点正在被越来越多的"白领"们所接受。

办公室内的软件建设是需要在心理卫生方面下一番工夫的。因为"精神污染"从某种意义上说要比大气、水质、噪声的污染更为严重。它会涣散人们工作的积极性，乃至影响工作效率、工作质量。为此，在办公室内需要不断提高心理卫生水平。

学会选择适当的心理调节方式，使工作人员不被"精神污染"。领导应主动关心员工，了解员工的情绪周期变化规律，根据工作情况，采取放"情绪假"的办法。工作之余多组织一些文娱体育活动，既丰富文化生活，又宣泄了不良情绪。有条件的可以建立员工心理档案，并定期组织"心理检查"，这样可以"防微杜渐"，避免严重心理问题

学习情境 4　公共生活礼仪

的产生。经常组织一些"健心活动"。使工作人员能够经常保持积极向上、稳定的情绪，掌握协调与控制情绪的技巧与方式。

3. 办公室里谈话注意事项

（1）一般不要谈工资等问题

在很多公司里，每一个人的工作不一样，得到的报酬也不一样的。如果你说出你的工资比别人高时，容易引起一些麻烦事。

（2）不要谈私人问题

在办公室谈论私人话题，特别是遇到的不好的事情和不好的心情，会影响别人的情绪，或者引起别人对自己不好的看法，如果不注意，不但会影响形象，也会影响前途。

（3）不要评论别人的是是非非

俗话说"当面多说好话，背后莫议人非"。当有人在评论别人时，不要插嘴，也不要充当谣言的传播者。

三、求职面试礼仪

现代社会对每个人提出了种种挑战的同时，也提供了各种各样难得的机遇，如何在竞争激烈的人才市场中，力挫群雄，一举应聘成功，在具备良好的专业素养的前提下，掌握必要的技巧也不容忽视，尤其是求职面试中的礼仪礼节，它往往还起着举足轻重的作用呢。

1. 面试前的心理准备

无论是刚从学校毕业的新人，还是等待谋求新职的人，都必须面临求职面试这一关。每一个求职的人，都希望在面试时留给主考官一个好印象，从而增大录取的可能性。所以，事先了解面试时的一些必要的礼节，是非常重要的。可以说，这是求职者迈向成功的第一步。中国有句古话："知己知彼，百战不殆。"面试就如同一场试探性的战斗，战斗的双方就是面试单位的主考官和参加面试的自己。心理准备包括如下几点。

（1）研究主考官

应聘者"研究主考官"，这里所说的"研究"是要试想一下主考官会从哪些方面来考察、评价面试者。综合起来，有以下几个方面：主考官可能会先评价一个应聘者的衣着、外表、仪态和行为举止；主考官会对应聘者的专业知识、口才、谈话技巧做整体的考核；主考官可能会从面谈中来了解应聘者的性格和人际关系，并从谈话过程中了解应聘者的情绪状况以及人格成熟的程度；主考官会在面试时，观察应聘者对工作的热情程度和责任心，了解应聘者的人生理想、抱负和上进心。

（2）研究自己

认识自己，了解自己的长处、兴趣、人生目标、就业倾向等。许多学校都会为毕业生就业求职开设一些辅导，帮助毕业生分析个人的专业和志向，作为毕业生的自己，可以充分利用这个渠道，为求职预先做好准备。听取家人和有社会经验的亲友的意见和建议，修正个人的志愿，也是很有必要。

搜集招聘公司的相关资料，了解该公司目前的经营状况、企业文化、未来的发展等

社交与家庭礼仪

情况,这项工作可以使自己更能把握现有情况,增强面试时的信心。

事前的演练可以帮助发现问题,放松紧张的精神。

参加面试一定要抱着谨慎的态度,不浪费每一次机会,并把每一次面试当作重要的经验积累起来,千万不要有随便或侥幸的心理。人与人的作用是相互的,你若是郑重其事,对方也自然会更重视。

对于一个大学毕业生来说,毕业工作意味着社会角色的转变,求职是参加工作的第一步,穿着一定要符合新的社会角色。对男士来讲,拥有一套合身、穿着舒服但不用很昂贵的西装是非常有必要的。对女士来讲,暂时把时装收起来,身着职业套装会平添几分成熟。

2. 撰写简历

简历主要是针对应聘的工作,将相关经验、业绩、能力、性格等简要地列举出来,以达到推荐自己的目的。由于毕业生就业推荐表栏目和篇幅限制,多数毕业生更希望有一份个性突出、设计精美、能给用人单位留下深刻印象的简历。

(1) 简历的设计原则

真实、简明、无错是简历设计的三个原则。真实原则就是指简历从内容上讲必须真实,如选了什么课就写什么课,如果没有选,就不要写。兼职工作更是如此,做了什么,就写什么,不要做了一,却写了三或四。因为在面试时,简历就是面试官的靶子,他会就简历上的任何问题提出疑问。如果我们自己学过或做过,就能答上来,否则自己和考官都会很尴尬,自己在考官眼里的信誉也就没有了,这是很不利的。讲真话,不要言过其实,相信自己的判断力是十分重要的。

如果自己没有参加任何兼职工作,可以不写,因为主考官知道你是刚刚要毕业的学生,而学生的本职工作就是学习。或许你就是重点地学了本专业,没有顾上其他;或许你在学习本专业同时选择了第二专业或辅修专业;或许你虽然没有在校外兼职,但在校内系里或班里做了大量社会工作。总之,你会有自己的选择,也会珍惜自己的选择,并为自己的选择骄傲。这样就没有必要为没有兼职工作而苦恼或凭空捏造。请记住,主考官都是从学生过来的,他们会尊重你的选择。

简历最好简单明了。如果简历内容过多,又缺乏层次感,会给人以琐碎的感觉。必要信息如姓名、性别、出生年月、联系电话和地址等一定要写上。相比之下,身高、体重、血型、父母甚至兄弟姐妹做什么工作并不是非常重要的,这些内容纯属辅助信息,可要可不要,至少不应占据重要位置。可以将自己认为重要的信息全部浓缩到第一页上,然后把认为次要的信息,诸如每学期成绩单、获奖证书复印件等信息都当作附件。这样的简历主考官只看一页就清楚了,主次分明,非常有效,主考官如果感兴趣,可以继续看附件里的文件。

无错原则是指简历应该没有错误,尽可能在寄出简历之前,一个字一个字地检查一遍,标点符号也不能落下。否则会被认为是一个粗心的人,在激烈的竞争中就可能被淘汰。

(2) 简历的内容

简历并没有固定格式,对于社会经历较少的大学毕业生,一般包括个人基本资料、学历、社会工作及课外活动、兴趣爱好等，其内容大体包括以下几方面。

① 个人基本材料。主要指姓名、性别、出生年月、家庭住址、政治面貌、身高、视力等，一般写在简历最前面。

② 学历。用人单位主要通过学历情况了解应聘者的智力及专业能力水平，一般应写在前面。习惯上书写学历的顺序是按时间的先后，但实际上用人单位更重视现在的学历，最好从现在开始往回写，写到中学即可。学习成绩优秀，获得奖学金或其他荣誉称号是学习生活中的闪光点，可一一列出，以加重分量。

③ 生产实习、科研成果和毕业论文及发表的文章。这些材料能够反映自己的工作经验，展示专业能力和学术水平，将是简历中一个有力的参考内容。

④ 社会工作。近几年来，越来越多的用人单位渴望招聘到具有一定应变能力、能够从事各种不同性质工作的大学毕业生。学生干部和具备一定实际工作能力、管理能力的毕业生颇受青睐。社会工作对于仍在求学的毕业生来说，主要包括社会实践活动和课外活动，是应聘时相当重要的。

⑤ 勤工助学经历。即使勤工助学的经历与应聘职业无直接关系，但是勤工助学能够显示意志，并给人留下能吃苦、勤奋、负责，积极的好印象。

⑥ 特长、兴趣爱好与性格。兴趣爱好与性格特点能够展示品德、修养、社交能力及团队精神，它与工作性质关系密切，所以用词要贴切。

⑦ 联系方式。联系地址、电话、邮政编码千万不要忘记写，以免用人单位因联系不到而失去择业机会。

在按要求完成上述简历的基础上，也别忘了给自己的简历设计一个完美的封面。

3. 面试时的礼仪

面试时首先遇到的就是究竟应何时到达面谈地点较为恰当。是准时抵达还是提前到达？若是早到又应以几分钟为宜？在等待的时间中应该注意什么？由于目前的交通状况不甚良好，令人无法预计准确的车程时间，所以最好提早出门，比原定时间早 5～10 分钟到达面谈地点，所谓"赶早不赶晚"。早到可先熟悉这家单位附近环境并整理仪容。但如果早到 10 分钟以上，千万别在接待区走来走去。因为这样会打扰上班的职员，有损他人对自己的第一印象，对后面的面试一点好处也没有。所以此时可向别人询问盥洗室，在那里可再一次检查自己的服装仪容。接下来轮到自己上场面试时，须掌握以下要点：

（1）入座的礼仪

进入考官办公室时，必须先敲门再进入，之后应等主考官示意坐下才可就座。如果有指定座位，则坐上指定的位子；但如觉得座位不舒适或光线正好直射，可以对求主考官说："有较强光线直接照射我的眼睛，令我感觉不舒服，如果主考官不介意，我是否可换个位置？"若无指定位置时，可以选择主考官对面的位子坐定，如此方便与主考官面对面交谈。

（2）自我介绍的分寸

当主考官要求做自我介绍时，因为一般情况都已事先附在自传上，所以不要像背书似的发表长篇大论，那样会令主考官觉得冗长无趣。记住将重点挑出稍加说明即可，如姓名、毕业学校名称、主修科目、专长等。如主考官想更深入了解家庭背景及成员，再

社交与家庭礼仪

简单地加以介绍即可。"时间就是金钱",通常主考官都是公司的高级主管,时间安排相当紧凑,也因此说明愈简洁有力愈好,若是说得过于繁杂会显不出重点所在,效果反倒不好。

(3) 交谈的礼节

交谈是求职面试的核心。面试是与面试官交谈和回答问题的过程,在这个过程中要根据自我介绍和交谈内容控制音量的大小、语速的快慢、语调的委婉或坚定,声音的和缓或急促,在抑扬顿挫之中表现出坚定和自信。如果装腔作势,会给人一种华而不实、在演戏的感觉。

回答问题是面试交谈的重要方面,得体地回答面试官提出的问题是取得成功的关键,面试者要对面试官可能提到的问题有充分的准备。

(4) 拥有职业化举止

一家医疗机构为了选拔护士长进行了一次面试。一位应试者在笔试中是佼佼者,但在面试过程中,她不但拍桌子,脚不断地敲打地板,身体还时不时地扭动。她认为自己很有希望,但结果却落选了。她为什么会落选呢?原因就是她缺乏职业化的举止。

许多的面试者往往只注重衣着和话语,而忽略了胜于有声语言的形体语言。职业化的举止,就是一种无声却胜过有声的形体语言。形体语言是指人的动作和举止,包括姿态、体态、手势和表情。

在面试中,面试者应该特别注意自己的站姿、坐姿、走姿、握手和表情等。

站姿给人的印象非常重要。人们往往认为其简单而忽略它的重要性。站立应当身体挺直、舒展、收腹,眼睛平视前方,手臂自然下垂。这样的站姿给人一种端正、庄重、稳定、朝气蓬勃的感觉。如果站立时歪头、扭腰、斜伸着腿,会给人留下轻浮、没有教养的印象。

面试时的坐,不要贪图舒服。许多人养成了瘫坐的习惯,在面试一下子就表现出来了。正确的坐姿从入座开始,入座的动作要轻而缓,不要随意拖拉椅子,身体不要前后左右晃动,背部要与椅背平行,沉着安静地坐下。落座后,上身要保持直立状态,既不前倾,也不后仰。双手自然下垂,肩部放松,五指并拢。男女的坐姿还有一定的区别:男士可以微分双脚,这样给人以自信、豁达的感觉,双手可以随意放置;女士一般要并拢双膝,或者小腿交叉端坐,这样,给人端庄、矜持的感觉,双手一般要放在膝盖上。

以下这些做法是应该避免的:拖拉椅子,发出很大的声音;一屁股坐在椅子上;坐在椅子上,耷拉着肩膀,含胸驼背,给人萎靡不振的感觉;半躺半坐,男的跷着二郎腿,女的双膝分开、叉开腿等,给人放肆和缺乏教养的感觉;坐在椅子上,脚或者腿自觉不自觉地颤动或晃动。

面试时重要的是自信。这种自信可以通过走姿表现出来。现在,越来越多的公司强烈地意识到走姿的重要性。自信的走姿应该是,身体重心稍微前倾,挺胸收腹,上身保持正直,双手自然前后摆动,脚步要轻而稳,两眼平视前方。步伐要稳健,步履自然,有节奏感。需要注意的是,如果同行的有公司的职员或接待小姐,不要走在他们前面,应该走在他们的斜后方,距离一米左右。

每个人都会有一些属于自己的习惯动作,如挠头、揉眼睛、玩手指、双手交叉在胸前等,若是在平时,尽可以去做,但在面试时,都要省略,它们会分散人的注意力,给

学习情境4 公共生活礼仪

面试考官留下不好的印象。中国有句古话"此时无声胜有声",用无声的、职业化的举止,向招聘者表明"我是最适合的人选"。

(5) 面试的其他细节

正在面试时,千万不要出现不礼貌的行为,因为一些小动作也会被主考官列作评判内容。以下举例说明需留意的小节。

不嚼口香糖、不抽烟,尤其现在提倡禁烟,更不要在面谈现场抽烟。与人谈话时,口中吃东西、叼着烟都会给人不庄重的感觉,也显得不尊重对方;不可要求茶点,除非是咳嗽或需要一杯水来镇定自己;不要随便乱动办公室的东西;不要谈论个人故事而独占谈话时间。

自己随身带的物品,不可放置在面试考官办公桌上。可将公文包、大型皮包放置于座位下右脚的旁边,小型皮包则放置在椅侧或背后,不可挂在椅背上。

离座时记住椅子要还原,并向主考官行礼以示谢意。

在一般面试者看来,主考官向你表示面谈结束,求职面试的全过程就结束了。其实不然,这只是面谈的结束,求职还没有结束。此时此刻,作为求职者,万万不可大意,认为大功告成或没有希望了。面谈结束后的礼仪同样很重要,也许可以扭转之前不利局面,在困境中重新获得生机。

1. 案例分析

"冷玫瑰"的烦恼

某公司公关部的菲菲漂亮、聪明又能干,可是她在男同事中却不是很受欢迎。因为菲菲对男同事都敬而远之,男同事主动与她打招呼,她从来都不正眼看人家一眼,有同事聚会时,她也从不主动与男同事交谈。所以好多男同事都觉得菲菲太清高了,一点也不近人情。

思考讨论题:
(1) 菲菲的这种与异性同事交往的方式对吗?
(2) 你能帮她提一下改进的意见吗?

糟糕的应聘者

以下是某企业人力资源经理对求职者的忠告。

面试从你接到电话通知的那一刻就已经开始了。也许是等待就业的心情比较迫切吧,我在通知有资格参加下一轮面试的面试者时,一般从电话另一头听到的都是一些浮躁的声音,这里摘了一点我们的对话,供大家参考:

"喂!"

"喂,您好,请问是×××先生么?"

"你是谁啊?"(当时,我的心里已经不高兴了,但是不会表露出来)"我是××公司的,请问您参加了我们公司的招聘吗?"

社交与家庭礼仪

"哪个公司"（肯定是撒大网了）"我们把您的面试时间安排在了明天的×××，地点在×××。"

"我记一下，你们是什么公司？"（噢，我的天）……

这样我就会把我的看法写在他（她）的简历上，供明天面试的时候参考，影响可想而知！

（资料来源：http://tieba.baidu.com/f?kz=564626502）

思考讨论题：

（1）应该怎样接通知你参加面试的电话？

（2）你认为面试是从什么时候开始的？为什么？

2. 关于面试的基本程序你都清楚了吗？找个机会，将面试过程中的这些礼仪悉数演习一遍吧。

3. 办公室的天地虽小，可这天地之间方寸皆讲礼仪，你知道办公室礼仪都包括哪些方面吗？假如你要去一个办公室实习，你该做哪些准备？

4. 在职场你认为哪些礼仪是我们需要特别关注的？

5. 怎么理解"与同事相处，要多琢磨事，少琢磨人"？

能力评价表

内　容		评　价	
学习目标	评价内容	小组评价（5、4、3、2、1）	教师评价（5、4、3、2、1）
知识（应知应会）	办公室的礼仪规范		
专业能力	与上司交往的艺术		
	与同事交往的艺术		
	与下级交往的艺术		
通用能力	交际能力		
	沟通能力		
	自控能力		
	展示自我能力		
态　度	敬业、遵守规范、注重形象、严于律己		
努力方向：		建议：	

学习情境 5　交际活动礼仪

礼仪的目的与作用在使得本来的顽梗变柔顺，使人们气质变温和，使他敬重别人，和别人合得来。

——[英]洛克

对人有礼，这无非是善意地表示真正的善意。

——[美]威瑟斯庞

任务 1　会议活动的组织

嘉宾们即将到来

海达公司的新产品发布会即将开始，总经理秘书小叶正站在会议大厅的入口处，她一边做着最后的检查，一边等着嘉宾的到来。她检查主席台上放置的名签时，发现有问题，一位嘉宾因故不能前来，名签却没有撤掉，而另一位嘉宾刚才来电话说要来参加新产品发布会，名签却没有准备。这时她的手机又响了，原来是接电视台记者的汽车在路上抛锚了，重新派车已经来不及了。同时，会议秘书组的人员来报，宣传材料不够。此时嘉宾已经陆续到来。

会议是指 3 人以上参加、聚集在一起讨论和解决问题的一种社会活动形式。人们通过会议交流信息、集思广益、研究问题、决定对策、协调关系、传达知识、布置工作、表彰先进、鼓舞士气等。随着社会的发展，人们已经难以想象"没有任何会议"的情形，而会务礼仪正是适应会议工作内容的需要而产生的。

本任务"情境导入"中的案例说明开好一次会议绝非易事，如何有条不紊地做好各项会务工作是每个服务行业从业人员必须面对而又必须做好的问题。

这里拟通过"会议组织与服务训练"，完成本任务的学习。通过训练，掌握会议签到的内容，掌握签到表的制作，签到服务礼仪的要求，以及到会人员的人数统计工作、会议组织控制、会务服务与材料整理等工作。具体操作如下。

1. 全班学生分成 2 组，以小组为单位举行一次"外经贸会议"。
2. 在标准会议室进行布置。设置好签到台，设定上级领导或院方领导、来宾若干人；安排签到人员、礼仪服务行业从业人员、会议记录员若干人。

3. 训练步骤如下。

（1）会前布置。签到表、座位牌的制作；签到台、座位牌的放置；会场环境布置等。

（2）签到、引导会议座次。签到人员、礼仪服务人员确定，表演准确地引导签到和座次，要求语言表达符合礼仪规范；与会人员进入会场在引导下签到、就座。

（3）统计到会人数。签到人员统计到会人数，并报告主席。

（4）会议组织控制。会议主持人确定，表演要求语言表达流畅、应变协调等；小组发言人角色扮演；自由发言。

（5）会务服务与材料整理。资料发放规范训练：方位、顺序、姿势、用语等；茶水服务，礼仪训练；会议记录：除会务服务组人员和主持人外，原则上每位学生均作记录；摄影等。

（6）实训考核：包括学生结果性材料与成绩考核：交会议签到表一份，占30%；会议人数统计表一份，占10%；交会议记录一份，占10%；过程表现，占50%。

一、商务会议的礼仪

商务会议是商务活动中最重要、最频繁的内容之一。筹办、主持或者参加一次有效的商务会议，遵守商务会议的礼仪规范，对于商务人员来说是十分重要的。在筹办会议时，各方面都要考虑周全。主持会议要体现出会议主持人员对整个会议的良好的控制能力；出席会议时，仪态、精神都要与会议的内容、主题吻合。一个重要会议的举行往往是商务人员才华显现的机会，又是其礼仪修养和礼仪业务水平的表演舞台，所以应特别留心。

1. 商务会议的安排

（1）会场选择

大型会议的会场选择对会议主题的深化有密切关系，对与会者参会的情绪也有很大影响。举办会议首先要选准会场会址。要考虑交通便利、设施齐全、环境安静、停车方便、大小适中、费用合理等因素，使与会者能够方便地到会，安心地开会。

（2）会场布置

对于一般的小型会议，会议室只要清洁、明亮，有足够的桌椅让与会者方便地看文件、做记录、讨论发言就行了。而大型会议的会场准备则比较复杂，需要体现会议的主题，应注意会场内座位的布局、主席台的布置以及其他可以渲染和烘托气氛所作的装饰等，一定要讲究科学性、合理性和艺术性。

① 会标。会标即会议全称的标题化。应将会议全称用大字书写后挂在主席台的正上方，一般用红底白字，也可以用红底金字。这是会议礼仪十分重要的一点、点睛的一点。它能增强会议的庄重性，揭示会议的主题与性质，使与会者一进会场就被会标引导，容易进入会议状态。

② 会徽。会徽是体现或象征会议精神的图案性标志。要选择具有强烈感染和激励作用的图案，重大会议的会徽可向社会征集，也可在单位组织内部征集。会徽图案要简练、

易懂、寓意丰富。

③ 标语。标语当然是会议主题的体现，会场上的气氛往往就是被恰到好处的标语、旗帜等渲染起来的。标语在准备会议文件时就应拟就、并报请领导批准。会议标语要集中体现会议精神，使其简洁、上口、易记，具有宣传性和号召力。

④ 旗帜。会议的旗帜包括主席台上悬挂的旗帜和会场内外悬挂的旗帜。主席台上的旗帜应围挂在会徽两边，显得庄严隆重；主席台的两侧插上对应的红旗或彩旗，又可增添喜庆气氛。而会场门口和与会者入场的路旁插上红旗或彩旗，使会议的热烈气氛洋溢在会场内外，以衬托会议的隆重。

⑤ 花卉。花卉是礼仪不可缺少的重要道具，在会场上，花卉还能起到解除与会者疲劳的作用。选用花卉应突出中华民族的文化特色，以梅花、牡丹、菊花、兰花、月季、杜鹃、山茶、荷花、桂花、水仙等十大名花为代表的中国原产花卉，早已被赋予浓重的文化色彩，以这些花为主构成的花卉艺术品如插花、盆景等都能以无声的语言向人们传播中华民族的文化，表现民族精神。因此，越是重大的会议，越应选取有代表性的中国原产花卉作为摆放的主体花卉，并将中国传统艺术花卉的插放造型作为会议花卉的礼仪形式。

⑥ 灯光。会议场所的灯光应该明亮、柔和，既给人适宜的照明，也可减缓因会议时间过长而带来身体或精神上的疲劳。大型会议的会场灯光应设计几套，以便于会议颁奖、照相、演出等多种需要。

⑦ 座位。会场内座位的布局要根据会议的不同规模、主题，选择合适的摆放形式。"而"字形的布局格式比较正规，有一个绝对的中心，因此容易形成严肃的会议气氛，参见图 5-1。一些小型的、日常的办公会议以及座谈会等通常在会议室、会议厅进行，可以根据需要将座位摆放成椭圆形、圆形、回字形、T 字形、马蹄形和长方形等，这些形式可以使参加会议的人坐得比较紧凑，彼此面对面，容易消除拘束感，参见图 5-2。座谈会、小型茶话会、联谊会等多选择六角形、八角形或者半圆形等布局形式。①

（3）主席台布置。主席台是会议的中心，也是会场礼仪的主要表现位置。主席台布置应与整个会场布置相协调，并作强调突出。

① 座位。主席台座位要满座安排，不可空缺。如果原定出席的人因故不能来，要撤掉座位，而不能在台上留空。主席台座位若有多排，则以第一排为尊贵。第一排的座位以中间为贵，依我国传统一般由中间按左高右低顺序往两边排开，即第二领导坐在最高领导左侧，第三领导坐在最高领导右侧，以此类推。如果人数正好成双，则最高领导在中间左侧，第二领导在中间右侧，以此类推。但目前国际上流行右高左低，因此安排涉外会议时，也要灵活依据有关规矩。时下一般处理方式为：开会以左为尊，宴请以右为尊。每个座位的桌前左侧要安放好姓名牌，既方便入座，也便于台下与会者和新闻采访人员辨认熟悉有关人士。主席台座位不要排得太挤，桌上也不要摆放鲜花之类，以免阻碍视线，但要便于主席团成员打开文件、做记录、翻阅讲话稿，并放置笔、茶水、眼镜等物。

---

① 杨海清：《现代商务礼仪》，科学出版社，2006。

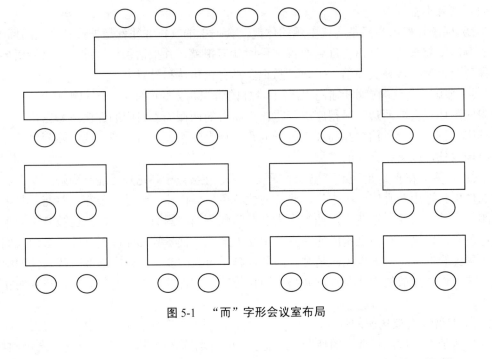

图 5-1 "而"字形会议室布局

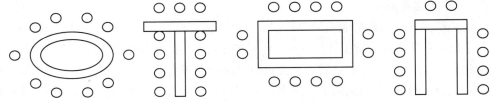

图 5-2 椭圆形、T 字形、回字形、马蹄形会议室布局

② 讲台。主席台的讲台应设于主席台前排右侧台口,讲台不能放在台中央,使主席团成员视线受妨碍。讲台上主要放话筒,也可适当放上一盆平铺的花卉。讲台桌面要便于发言者打开讲话稿或摆放相关材料。整个主席台的台口可围放一圈花卉,但要选低矮些的绿色品种。

③ 话筒。发言席和主席台前排座位都应设有话筒,以便于发言者演讲和会议主持人或领导讲话。一般发言席和主持人话筒专用,其他主席台前排就座者合用两三个话筒,并且一般置放于主要领导面前。

④ 后台。一般在主席台的台侧与后台,应设为在主席台就座领导和与会者的休息室,以便于安排他们候会,并尽可能在后台排好上台入座次序,以免造成混乱。有时会议也许会发生了一些小意外,后台还可以供有关人员作商量对策、排除困难之用。主席团成员开会也可利用后台休息室。所以,秘书人员切不可忽视后台的作用。

(4) 会议其他用品。为方便会议进行,秘书人员应为会议准备各种工作文具用品,如纸、笔、投影仪、指示棒、黑白板、复印机、电脑数据库以及投票箱等。不同会议有各种不同的需求,满足与会者的需求是有关人员在安排会议、布置会场时必须考虑的。

2. 会议准备阶段的礼仪

（1）时间选择

开会时间选择要合适。大型会议尽可能避开公众节假日。同时注意会期不能安排太长，否则会影响与会者的日常工作，当某些紧急事件发生时，可以取消或延期举行会议。

（2）邀请对象

对出席会议的对象的选择要考虑各种因素，与会者既要有与会资格，又要有参与能力和水平修养。如果被邀与会者不能完成会议的有关任务，会感到痛苦或尴尬，使与会成了一次不愉快的经历，对会议组织者来说，这也是礼仪考虑不周的表现。

（3）详尽通知

会议通知的发送要做到：发得早——既便于与会者安排手头工作，又便于与会者为会议内容做准备；内容细——会议名称、届次、主要议题议程、出席范围、与会者应递交什么材料或做哪些准备、会期、会址等都应明明白白告知，便于与会者有备而来，从而提高会议效率；交代明——食宿如何安排、费用多少、交通线路怎样，都要交代清楚，以免造成麻烦。对特邀贵宾的通知，应派专人登门呈送，以示郑重。

3. 会议召开阶段的礼仪

（1）接站

一般会议都规定了报到日期。在报到日期应安排好接站。在车站、码头、机场等主要交通站点，用醒目的牌子标明"××会议接站"，使与会者一下交通工具就看见接站牌而安心。对所接到的与会者要表示欢迎，并慰问其旅途劳顿。

（2）登记

对到达报到地点的与会者，首先要做好签到、登记、收费、预订返程票、发放会议资料、发放会议身份证件等工作。这一过程应尽量在登记处一揽子解决，并应迅速办理，让与会者早点到客房休息。登记时，对与会者合理要求应尽量予以满足。大型会议的东道主应在会议召开前一天晚上，到会议各住宿地看望与会者，尤其是特邀贵宾和与会领导。

（3）联络

会议进行期间要注意与各小组联络，不要使一位与会者有被冷落的感觉。会议简报要对各小组相对均衡报道，不要只将视点聚焦于有大人物、有热点的小组，使其他小组产生不愉快心绪。

（4）安全

要确保每一个与会者的安全，包括其人身安全、财物安全以及食品卫生。涉密会议还必须强调文件安全。秘书人员要尊重每一个与会者，但涉机密时，必须按章办事。

（5）娱乐

若会期较长，在会议期间可安排一些影视放映和文艺演出，以调剂精神。也应鼓励与会者主动参与文体活动。可组织一些自娱自乐的卡拉OK演唱或球类、棋牌活动等，活跃会议气氛，调节与会者情绪。还可适当组织与会者参观游览，使会议节奏张弛得当。

社交与家庭礼仪

4. 会议结束阶段的礼仪

（1）照相

如果会议有照相一项应早作安排，免得个别与会者提前离开而不能参与。早安排也可使与会者在离会前拿到照片。

（2）材料

发给与会者的材料要有口袋，以便于集中携带。如需收回的材料要早打招呼，发现有人未交，应尽早查问。不一致的意见不要写到会议的决议或纪要中去。要乐于为与会者提供复印材料，邮寄材料或其他物品等有关服务。

（3）送客

将与会者所订票交给其本人时，要仔细核对车次、航班或船期，并仔细向与会者交代。若有不对或不周处，应主动承担责任。如果有人需要照顾而影响到了其他人，应向其他人解释，以争取大家谅解。在每一个与会者离开时，都要热情相送，对集中离开的与会者，要尽可能准备车辆送他们去车站、机场或码头，对贵宾则必须送至机场登机处。

二、其他常见会议礼仪

1. 展览会礼仪

组织通过举办展览会，运用真实可见的产品和热情周到的服务、全面透彻的资料、图片介绍和技术人员的现场操作，吸引大量的参观者，使其留下深刻的印象。它是组织重要的公共关系活动之一。举办展览会要精心组织应做好以下细致全面的工作。

（1）展览会的组织

① 明确展览会的主题。每一次、每一种类型的展览会都应有明确的主题和目的。只有主题明确，才能提纲挈领，对所有的展品进行有机的排列组合，充分展示展品的风采。否则主题不明，眉毛胡子一把抓，很难把展品、各类资料有机地结合起来，杂乱无章，势必影响展览效果。

② 搞好展览整体设计。任何一项展览都是一项系统工程，要求必须有一个详细的整体设计。包括：展览场地、标语口号、展览徽章、参展单位及项目、辅助设备、相关服务部门的设置和人员安排、信息的发布与新闻界的联络、对工作人员的培训等，都需要全面设计，周密安排。否则在某一个环节上安排不当都会影响整个展览的效果。

③ 成立对外新闻发布机构。专门机构负责与新闻界进行密切的联系，展览过程中往往会发生许多有新闻价值的东西，这就需要有关人员以敏锐的观察力去挖掘、去分析并写成各种新闻稿件发表，以扩大影响，同时，要组成专门的机构，专门负责新闻发布的计划，如确定发布内容、发布时机、发布形式等，这样效果会更好些。

④ 进行展览的效果测定。展览的效果一般体现在观众对展品的反映，对组织形象的认识以及对整个展览会从内容到形式的总体看法等方面。为了检验举办各类展览活动的目的是否达到，必须对展览效果进行检测。测定的方法很多，如设立观众留言簿，召开座谈会听取反映，检验公众对展品的留意程度等。

学习情境 5　交际活动礼仪

（2）展览会的礼仪

展览会的工作人员应当具备良好的素质，明确办展览的目的和主题，了解展览的知识和技能，具备与展览产品有关的专业素质，还要懂得礼仪，从各自不同的角度影响公众，使公众满意。

① 主持人礼仪。主持人是一个展览会的操纵者，应该表现出决定性人物的权威性。在着装上，要穿西服套装、系领带，拿一个真皮公文包，显示出气派的样子，由此使公众也对其主持的展览会和产品产生信赖感。主持人的形象就是组织实力的一种体现。与宾客握手时，主持人应先伸出手去，等宾客先放手后再放手。

② 讲解员礼仪。讲解员应热情礼貌地称呼公众，讲解流畅，不用冷僻字，让公众听懂。介绍的内容要实事求是，不弄虚作假，不愚弄听众。语调清晰流畅，声音响亮悦耳，语速适中。解说完毕，应对听众表示谢意。讲解员着装要整洁大方，打扮自然得体，不要怪异和过于新奇而喧宾夺主。举止庄重，动作大方。

③ 接待员礼仪。接待员站着迎接参观者时，双脚略开，与肩同宽，双手自然下垂或在身后交叉，这种站姿不仅大方而且有力。站立时切勿双脚不停地移动，表现出内心的不安稳、不耐烦，也不要一脚交叉于另一只脚前，因为这是不友善的表示。接待人员不可随心所欲地趴在展台上或跷着"二郎腿"，嚼着口香糖，充当守摊者。随时与参观者保持目光接触，目光要坚定，不可游移不定，也不可眼看别处，要表示接待员的坦然和自信。

2. 赞助会礼仪

赞助是指组织对某一社会事业、事件无偿地给予捐赠和资助，从而扩大组织的知名度与美誉度，树立美好形象的活动。赞助会是某项赞助举行时采用的具体形式。赞助活动实施之际，往往需要举行一次聚会，将有关的事宜公告于社会。这种以赞助为主题的赞助会，在赞助活动中，尤其是大型赞助中，大都必不可少。赞助会一般由受赞助者操办，也可由赞助者操办。

（1）场地的布置

赞助会的举行地点，一般可选择受赞助者所在单位的会议厅，也可租用社会上的会议厅。会议厅要大小适宜，干净整洁。会议厅内，灯光亮度适宜。在主席台的正上方，需悬挂一条大红横幅，在其上面，应以金色或黑色的楷书书写着"××单位赞助××项目大会"，或者"××赞助仪式"的字样。赞助会会场的布置不可过度豪华张扬，可略加装饰即可。

（2）人员的选择

参加赞助会的人员既要有充分的代表性，又不必在数量上过多。除了赞助单位、受赞助者双方的主要负责人及员工代表之外，赞助会应当重点邀请政府代表、社区代表、群众代表以及新闻界人士参加。所有参加赞助会的人士，与会时都要身着正装，注意仪表，个人动作举止规范，以与赞助会庄严神圣的整体风格相协调。

（3）会议的议程

赞助会的具体会议议程应该周密、紧凑，其全部时间不应超过一小时。会议的议程如下。

社交与家庭礼仪

① 宣布会议开始。赞助会的主持人，一般应由受赞助单位的负责人或公关人员担任。在宣布正式开会之前，主持人应恭请全体与会者各就各位，保持肃静，并且邀请贵宾到主席台上就座。

② 奏国歌。此前，全体与会者须一致起立。在奏国歌之后，还可奏本单位标志性歌曲。

③ 赞助单位正式实施赞助。赞助单位代表首先出场，口头上宣布其赞助的具体方式或具体数额。随后，受赞助单位的代表上场。双方热情握手。接下来，由赞助单位代表正式将标有一定金额的巨型支票或实物清单双手捧交给受赞助单位代表。必要时礼仪小姐要为双方提供帮助。在以上过程中，全体与会者应热烈鼓掌。

④ 双方代表分别发言。首先由赞助单位代表发言，其发言内容，重在阐述赞助的目的与动机。与此同时，还可将本单位的简况略做介绍。然后由受赞助单位代表发言，集中表达对赞助单位的感谢。

⑤ 来宾代表发言。根据惯例可以邀请政府有关部门的负责人讲话。其讲话主要肯定赞助单位的义举，呼吁全社会积极倡导这种互助友爱的美德。该项议程，有时也可略去。至此赞助会结束。

会后，双方主要代表及会议的主要来宾，应合影留念。此后，宾主双方稍事晤谈，来宾即应告辞。

3. 联欢会礼仪

联欢会是一个宽泛的概念，它包括各种组织举办的节日联欢会（如新年联欢会、春节联欢会），各种文艺晚会（如歌舞晚会、电影晚会、戏曲晚会、相声小品晚会），游艺晚会等。联欢会对于提高组织凝聚力、向心力，活跃员工的文化生活，加强与外部公众的文化沟通，提高组织形象都起着积极的作用。联欢会重在娱乐，但也不可忽视其礼仪，否则会事倍功半。

（1）联欢会的准备

① 确定主题。为了使联欢会起到"教人"和"娱人"的双重作用，要精心确定联欢会的主题，使其有明确的指导思想和预期的目标。在此基础上选择联欢会的形式，适宜的形式对联欢会的成功意义重大，联欢会的形式可以不拘一格，可以不断创新。

② 确定时间、场地。联欢会的时间一般应选在晚上，有时也可根据情况选择在白天。其会议长度一般在两小时左右为宜。联合会的场地选择非常重要，最好选择宽敞、明亮，有舞台、灯光、音响的场地。场地应加以布置，给人以温馨、和谐、喜庆、热烈之感。联欢会的座次要事先安排好，一般应将领导安置在醒目位置，其他公众最好穿插安排，以便于交流沟通。

③ 选定节目。要从主题出发来选定节目，尤其是开场和结尾的节目一定要精彩、有吸引力。节目应多种多样，健康而生动，各种形式穿插安排，不可头重尾轻，更不可千篇一律。正式的联欢会上，要把选定的节目整理编印成节目单，开会时发给观众，为观众提供方便。

④ 确定主持人。主持人是联欢会的关键人物，应选择仪表端庄，表达能力强，有一定的组织能力、应变能力，熟悉各项事物的人担当主持人。一场联欢会的主持人最好不

学习情境 5　交际活动礼仪

少于两人（通常为一男一女）。主持人也不可过多，以免给人以凌乱无序之感。

⑤ 彩排。正式的联欢会一定要事先进行彩排。这样有助于控制时间、堵塞漏洞，增强演职人员的信心。非正式的联欢会也要对具体事宜逐项落实，做到万无一失。

（2）观众的礼仪规范

观众在参加联欢会，观看演出时应严守礼仪规范，这主要包括以下方面。

① 提前入场。在一般情况下，在演出正式开始之前一刻钟左右，观众即应进入演出现场，注意不要迟到。入场后要对号入座，在自己的座位上就座时，要悄无声息，坐姿优雅。切勿将坐椅弄得直响，或坐姿不端。

② 专心观看。参加联欢会观看节目时要专心致志，全神贯注。不能交头接耳，窃窃私语；不能进行通信联络，要自觉关闭手机等移动通讯设备，或处于"静音"状态；不要吃东西，不要吸烟，更不能随意走动或大声讲话、起哄等。总之要自觉维护全场的秩序，保持安静，使联欢会顺利进行。

③ 适时鼓掌。当主要领导、嘉宾入场或退场时，全场应有礼貌地鼓掌。演出至精彩处时也应即兴鼓掌，但时间不宜太长，演出结束时可鼓掌以示感谢。对可能表演不佳的演员，要予以谅解，不要鼓倒掌，更不能吹口哨、扔东西等，因为这些做法是非常没有修养的表现。演出结束时，全体演员登台谢幕时，观众应起立鼓掌，再次感谢演员的表演，不能熟视无睹，扬长而去。

4. 茶话会礼仪

茶话会是我国传统的聚会方式。非正式的茶话会，一般是民间自发组织或形成的，如一伙熟人聚在一起聊天，这家主人自然会给每位客人敬上一杯茶，大家边喝边说，热热闹闹，十分惬意。谈话一般也没有固定的议题。现在很多的组织也经常利用这一形式进行日常的沟通，所以熟悉茶话会的礼仪是必要的。

（1）茶话会的准备

正式的茶话会一般有主办单位或主办人，事先要发通知或请柬给被邀请人，其举办地是会议厅、客厅或花园里举行。正式茶话会除了备有足够茶水之外，一般还备有水果、糕点、瓜子、糖果等。召开茶话会多在节日，如五一劳动节、五四青年节、中秋节、国庆节、元旦等，借节日之题而发挥，一般也是采用漫谈形式，无中心议题。在正式茶话会上的中心议题可以是祝贺、发感慨、谈感想、作总结、提建议、谈远景，也可以吟诗作唱，畅叙友谊，无固定格式，气氛也比较活跃、轻松、自由。

举办茶话会时，除了准备上好的茶叶之外，还应注意擦净茶具。茶具一般以泥制茶具和瓷制茶具为最佳，其次是玻璃茶具和搪瓷茶具。在我国，泡茶一般不加其他东西，但某些民族以及国外的一些国家喜欢在泡茶时加上牛奶、白糖、柠檬片等。有的茶话会还准备咖啡等饮料。

正式茶话会有主办人和有关领导。主办人要负责对来宾的迎送和招呼，主持会议；有关领导也常常以一个普通与会者的身份发言。茶话会不排座次，宾主可以随意交谈。正式茶话会简便易行，在服饰上也没有什么严格规定或特殊要求。

（2）茶话会的举行

茶话会开始时，一般由主办人致词，讲话应开宗明义地说明茶话会宗旨，还要介

社交与家庭礼仪

与会单位代表或个人，为交流和谈话创造适宜的气氛。

茶话会主持人要随时注意来宾在茶话会上的反应，随时把话题引导到大家都感兴趣的问题上来，或轻松愉快的话题上。参加茶话会的每一个人都有义务维护茶话会的气氛，不使茶话会冷场，也不可使秩序太乱。

有人讲话时，要专心致志地倾听，不要随意打断他人的话，也不可显露烦躁、心不在焉，更不要妄加评论他人的话。自己发言的时候，用词、语气、态度要表现出文明礼貌修养，神态要自然有神，仪态要端庄大方。样子过分拘谨或做作会使人不快。发言时口里应停止咀嚼食物，更要防止嘴角上留有残渣来发言。

自由交谈时不要独坐一隅，纹丝不动，而应与左右交谈，尽快找到共同的话题，打破僵局，融洽气氛。

幽默风趣的语言在茶话会上是受欢迎的，但要避免开玩笑，伤害他人自尊；行为举止也不能无所约束，随便走动，推推搡搡，秩序就被搅乱了。

茶话会结束时，来宾应向主人道别，也要和新朋友、老相识辞行。不要中途退场或不辞而别。

茶话会应讲究实效，时间不宜过长，以 1～2 小时为宜。

茶话会不带任务，但追求气氛与聚会的效果。通过与会者的交谈、畅叙和坐在一起喝茶时共同创造的氛围，来感受他人的思想感情，增进相互间的了解和友谊。

5. 座谈会礼仪

邀请有关人员就某一个或某些问题召开会议，收集对某一个问题的反映，就某些方面的问题发表看法，是座谈的形式。座谈会要注意以下礼仪。

（1）发送通知

会议通知要发送及时，至少在开会的前一天发到与会者手中，因为座谈会大都要求与会者发言，早一天接到通知可以稍作准备。会议通知上要写明召开座谈会的时间、详细地点、座谈内容、举办单位名称。如果用电话通知，最好找到参加者本人接电话，表示郑重；如果托人转告，则不要忘了告知座谈会的主题，以免与会者懵懂而去，打无准备的仗，发生尴尬，这对与会者将是失礼的。

（2）会前礼仪

座谈会座位的安排，一般是与会者围圈而坐，主持人也不例外，以便创造一种平等的气氛。如果参加座谈会的互相多有不认识的，主持人应该一一进行介绍，或引导他们做自我介绍，以融洽会议气氛。

（3）会中礼仪

座谈会开始时，主持者应首先讲明会议的主题以及被邀请者的类别，为什么邀请在座的来参加座谈会，以便使座谈者了解自己与这个座谈内容的联系，明确自己对座谈会的重要性，更积极主动地进入角色。如果开始有冷场现象，主持者可以引导大家先从比较容易作为话题的稍远处或外围谈起，然后逐步逼近座谈会主题。采取点名的方法请某人先发言，是不得已而为之的。

座谈会请一定的对象来参加，就是希望大家来了后能畅所欲言，知无不言，言无不尽。话不在长短，而在于能包容较大的信息量。讲话的时候也不要求非得一个个轮着来，讲完一个算一个，像完成任务似的，允许你一言，我一语，鼓励大家插话和讨论。但插话时，切记不着边际地打"横炮"，也不要用反唇相讥、唯我独尊的方法和态度发言。要多用探讨、商榷的口气，即使有争论，也是冷静的，而不是冲动和粗暴的语言。

（4）结束礼仪

座谈会结束时，主持者应总结归纳大家的发言，并对大家发言提供的信息，参与座谈的态度作出肯定，表示座谈对于某项工作有积极的作用。最后，要向大家表示感谢。

6. 新闻发布会礼议

发布会一般是指新闻发布会，又称记者招待会。政府、企业、社会团体或个人都可公开举行，邀请各新闻媒介的记者参加。举行发布会主要是为了把组织较为重要的成就以及信息报告给所有新闻机构，所以，在发布会上发布的消息对于产品和产品形象、组织和组织形象、先进人物和重要人物当选具有较重要的价值。

（1）发布会的准备

筹备发布会，要做的准备工作很多，其中最重要的，要做好时机的选择、人员的安排、记者的邀请、会场的布置和材料准备等。

① 时机的选择。在确定发布会的时机之前应明确两点。一是确定新闻的价值，即对某一消息，要论证其是否具有专门召集记者前来予以报道的新闻价值，要选择恰当的新闻"由头"。二是应确认新闻发表紧迫性的最佳时机。以企业为例，新产品的开发、经营方针的改变或新举措、企业首脑或高级管理人员的更换、企业的合并、逢重大纪念日、发生重大伤亡事故等事件时，都可以举行发布会。如果基于以上两点，确认要召开新闻发布会的话，要选择恰当的召开时机：要避开节日与假日，避开本地的重大活动，避开其他单位的发布会，还要避开与新闻界的宣传报道重点相左或撞车。恰当的时机选择是发布会取得成功的保障。

② 人员的安排。发布会的人员安排关键是要选好主持人和发言人。发布会的主持人应由主办单位的公关部长、办公室主任或秘书长担任。其基本条件是仪表堂堂，年富力强，见多识广，反应灵活，语言流畅，幽默风趣，善于把握大局、引导提问和控制会场，具有丰富的主持会议的经验。

新闻发言人由本单位主要负责人担任，除了在社会上口碑较好、与新闻界关系较为融洽之外，对其基本要求是修养良好、学识渊博、思维敏捷、能言善辩、彬彬有礼。

发布会还要精选一批负责会议现场工作的礼仪接待人员，一般由相貌端正、工作认真负责、善于交际应酬的年轻女性担任。

值得注意的是，所有出席发布会的人员均需在会上佩戴事先统一制作的胸卡，胸卡上面要写清姓名、单位、部门与职务。

③ 记者的邀请。对出席发布会的记者要事先确定其范围，具体应视问题设计范围或事件发生的地点而定，一般情况下，与会者应是与特定事件相关的新闻界人士和相关公众代表。组织为了提高单位的知名度，扩大组织的影响而宣布某一消息时，邀请的新闻单位通常多多益善；而在说明某一活动、解释某一事件，特别是本单位处于劣势而这样做时，邀请新闻单位的面则不宜过于宽泛。邀请时要尽可能地先邀请影响大、报道公正、口碑良好的新闻单位。如事件和消息只涉及某一城市，一般就只请当地的新闻记者参

社交与家庭礼仪

即可。

另外，确定邀请的记者后，请柬最好要提前一星期发出，会前还应用电话提醒。

④ 会场的布置。发布会的地点除了可考虑在本单位或事件所在地举行外，还可考虑租用大宾馆、大饭店举行，如果希望造成全国性影响的，则可在首都或某一大城市举行。发布会现场应交通便利、条件舒适、大小合适。会议地点确定后，应实地考察，在会议召开前应认真进行会场布置，会议的桌子最好不用长方形的，要用圆形的，大家围成一个圆圈，显得气氛和谐、主宾平等，当然这只适用于小型会议。大型会议应设主席台席位、记者席位、来宾朋友席位等。

⑤ 材料的准备。在举行发布会之前，主办单位要事先准备好以下材料。一是发言提纲。它是发言人在发布会上进行正式发言时的发言提要，要紧扣主题，体现全面、准确、生动、真实的原则。二是问答提纲。为了使发言人在现场正式回答提问时表现自如，可在对被提问的主要问题进行预测的基础上，形成问答提纲及相应答案，供发言人参考。三是报道提纲。事先必须精心准备一份以有关数据、图片、资料为主的报道提纲，并认真打印出来，在发布会上提供给新闻记者。在报道提纲上应列出本单位的名称、联系方式等，便于日后联系。四是形象化视听材料。这些材料供与会者利用，可增强发布会的效果。它包括：图表、照片、实物、模型、录音、录像、影片、幻灯片、光碟等。

（2）发布会进行过程中的礼仪

这主要包括：第一，搞好会议签到。要搞好发布会的签到工作，让记者和来宾在事先准备好的签到簿上签下自己的姓名、单位、联系方式等内容。记者及来宾签到后按事先的安排把与会者引到会场就座。第二，严格遵守程序。要严格遵守会议程序，主持人要充分发挥主持者和组织者的作用，宣布会议的主要内容、提问范围以及会议进行的时间，一般不要超过两小时。主持人、发言人讲话时间不宜过长，过长了则影响记者提问，对记者所提的问题应逐一予以回答，不可与记者发生冲突。会议主持人要始终把握会议主题，维护好会场秩序，主持人和发言人会前不要单独会见记者或提供任何信息。第三，注意相互配合。在发布会上，主持人和发言人要相互配合。为此首先要明确分工，各司其职，不允许越俎代庖。在发布会进行期间，主持人和发言人通常要保持一致的口径，不允许公开顶牛、相互拆台。当新闻记者提出的某些问题过于尖锐或难于回答时，主持人要想方设法转移话题，不使发言者难堪。而当主持人邀请某位记者提问之后，发言人一般要给予对方适当的回答，不然，对那位新闻记者和主持人都是不礼貌的。第四，态度真诚主动。发布会自始至终都要注意对待记者的态度，因为接待记者的质量如何直接关系到新闻媒介发布消息的成败。作为专业人士，记者希望接待人员对其尊重热情，并了解其所在的新闻媒介及其作品等；希望提供工作之便，如一条有发表价值的消息，一个有利于拍到照片的角度等，记者的合理要求要尽量满足。对待记者千万不能趾高气扬，态度傲慢，一定温文尔雅，彬彬有礼。

（3）发布会的善后事宜

发布会举行完毕后，主办单位需在一定的时间内，对其进行一次认真的评估善后工作。

① 整理会议资料。整理会议资料有助于全面评估发布会会议效果，为今后举行类似会议提供借鉴。发布会后要尽快整理出会议记录材料，对发布会的组织、布置、主持和回答问题等方面的工作进行回顾和总结，从中吸取经验，找出不足。

② 收集各方反映。首先要收集与会者对会议的总体反映，检查在接待、安排、服务等方面的工作是否有欠妥之处，以便今后改进。其次要收集新闻界的反映，了解一下与会的新闻界人士有多少人为此次新闻发布会发表了稿件，并对其进行归类分析，找出舆论倾向，同时，对各种报道进行检查，若出现不利于本组织的报道，应作出良好的应对策略。若发现不正确或歪曲事实的报道，应立即采取行动，说明真相；如果是由于自己失误所造成的问题，应通过新闻机构表示谦虚接受并致歉意，以挽回声誉。

自主学习

1. 晓丹是五湖四海股份公司的办公室主任，公司董事会决定在北京举行年度股东大会，晓丹受聘负责会议筹备与接待服务工作。请问晓丹应该从哪些方面着手组织这次会议呢？

2. 某职业技术学院为推荐毕业生就业，专门邀请了 10 家企业的领导进行会谈。请模拟演示这次会谈程序，最后安排企业领导与师生合影。

3. 五湖四海公司为了答谢新老顾客对公司的厚爱，决定在公司会议室举办一次座谈会。如果让你来组织，你将怎样做？

4. 在全班模拟组织一次新闻发布会，以新近学校或系发生的较大的新闻事件为主题，同学们分别扮演发言人、记者、会议服务行业从业人员。

评价考核

能力评价表

内容		评价	
学习目标	评价内容	小组评价（5、4、3、2、1）	教师评价（5、4、3、2、1）
知识（应知应会）	会议的筹备		
	会议的环境礼仪		
专业能力	会议准备阶段的礼仪		
	会议召开阶段礼仪		
	会议结束阶段礼仪		
	联欢会礼仪		
	座谈会礼仪		
	茶话会礼仪		
	新闻发布会礼仪		
通用能力	人际沟通能力		
	组织能力		
	协调能力		
态度	礼貌待人、认真、热情、大方		
努力方向：		建议：	

社交与家庭礼仪

任务2　仪式活动的组织

情境导入

某公司举行新项目开工剪彩仪式，请来了张市长和当地各界名流嘉宾，请他们坐在主席台上。仪式开始时，主持人宣布："请张市长下台剪彩！"却见张市长端坐没动，主持人很奇怪，重复了一遍："请张市长下台剪彩！"张市长还是端坐没动，脸上还露出一丝愠怒。主持人又宣布了一遍："请张市长剪彩！"张市长才很不情愿地勉强起来去剪彩。

这里的主持人虽然态度热情，但却犯了客人的禁忌——"下台"一词有歧义，实为极大的失礼。因此参与仪式活动的人员，除了仪容、仪表，在语言方面也应精心准备。

（资料来源：http://www.517edu.com/2010/1/18/bhfen.htm）

任务分析

仪式是指在人际交往中，特别是在一些比较重大、比较庄严、比较隆重、比较热烈的正式场合里，为了激发起出席者的某种情感，或者为了引起其重视，而郑重其事地参照合乎规范与管理的程序，按部就班地举行的某种活动的具体形式。在现实生活里，我们可能接触到的仪式很多，诸如签字仪式、剪彩仪式、交接仪式、庆典仪式等。

当今社会，对组织而言仪式有着重要的作用，它有利于提高组织的知名度和美誉度，塑造组织形象；有利于鼓舞员工的士气，激发员工对本组织的热爱，培育组织员工的价值观念，增强组织的凝聚力；有利于传递组织的信息，使组织赢得更多的成功机会和合作伙伴；有利于沟通情感，传达意愿，增进友情。讲究仪式礼仪是现代交际的一项重要内容，也是组织成功的关键。

仪式活动的筹备和举行需要注意各种细节和诸多方面，否则就会出现"情境导入"案例中的那种情况，造成失礼现象的发生。

这里拟通过"模拟开业庆典"活动，完成本任务的学习。具体操作如下。

1. 实训时可将学生分成小组进行，让学生轮流模拟演示各个角色。
2. 可在实训室进行必要的准备，如布置会场、挂横幅等，另外还要准备致辞等。
3. 模拟某企业开业庆典仪式，使仪式落实在某个商业组织上。要求：编制一份庆典仪式程序，仪式按照程序进行；重要领导和来宾名单的单位、职务可由学生自己拟订，分别扮演相关角色；编制一份庆典仪式程序。
4. 庆典结束后，学生评析，教师总结。

知识储备

一、签字仪式

签字仪式是组织与对方经过会谈、协商，形成了某项协议或协定，再互换正式文本的仪式。它是一种比较隆重的活动，礼仪规范也比较严格。

1. 签字仪式的准备

签字仪式是组织具有"里程碑"意义的大事,应予以充分准备,做到万无一失。

（1）准备待签文本

洽谈或谈判结束后,双方应指定专人按谈判达成的协议做好待签文本的定稿、翻译、校对、印刷、装订、盖印等工作。文本一旦签字就具有法律效力,因此,对待文本的准备应当郑重严肃。

在准备文本的过程中,除了要核对谈判协议条件与文本的一致性以外,还要核对各种批件,主要是项目批件、许可证、设备分交文件、用汇证明、订货卡等是否完备,合同内容与批件内容是否相符等。审核文本必须对照原稿件,做到每字不漏,对审核中发现的问题,要及时互相通报,通过再谈判,达到谅解一致,并相应调整签约时间。在协议或合同上签字的有几个单位,就要为签字仪式提供几份样本。如有必要,还应为各方提供一份副本。与外商签订有关的协议、合同时,按照国际惯例,待签文本应同时使用宾主双方的母语。

待签文本通常应装订成册,并以仿皮或其他高档质料作为封面,以示郑重。其规格一般为大八开,所用的纸张务必高档,印刷务必精美。作为主方应为文本的准备提供准确、周到、快速、精美的条件和服务。

（2）布置签字场地

签字场地有常设专用的签字厅,也有临时以会议厅、会客室来代替的。布置它的总原则,是要庄重、整洁、清净。

一间标准的签字厅,应当室内铺满地毯,除了必要的签字用桌、椅外,其他一切的陈设都不需要,正规的签字桌应为长桌,其上最好铺设深绿色的台布。

按照仪式礼仪的规范,签字桌应当横放。在其后,可摆放适量的椅子。签署双边性合同时,可放置两张椅子,供签字人就座。签署多边性合同时,可以仅放一张椅子,供各方签字人签字时轮流就座。也可为每位签字人都各自提供一张椅子。

在签字桌上,应事先安放好待签文本,以及签字笔、吸墨器等签字时所用的文具。

与外商签署涉外商务合同时,须在签字桌上插放有关各方的国旗。插放国旗时,在其位置与顺序上,必须依照礼宾序列而行。例如签署双边性文本时,有关各方的国旗须插放在该方签字人椅子的正前方。如签署多边性合同、协议等时,各方的国旗应依一定的礼宾顺序插在各方签字人的身后。

（3）安排签字人员

在举行签字仪式之前,有关各方应预先确定好参加签字仪式的人员,并向其有关方面通报。客方尤其要将自己一方出席签字仪式的人数提前给主方,以便主方安排。签字人要视文件的性质来确定,可由最高负责人签,但双方签字人的身份应该对等。参加签字的有关各方事先还要安排一名熟悉签字仪式详细程序的助签人,并商定好签字的有关细节。其他出席签字仪式的陪同人员,基本上是双方参加谈判的全体人员,按一般礼貌做法,人数最好大体相等。为了表示重视,双方也可对等邀请更高一层的领导人出席签字仪式。

由于签字仪式的礼仪性极强,签字人员的穿着也有具体要求。按照规定,签字人、

社交与家庭礼仪

助签人以及随员，在出席签字仪式时，应当穿着具有礼服性质的深色西装套装或西装套裙，并且配以白色衬衫与深色皮鞋。

在签字仪式上露面的礼仪、接待人员，可以穿自己的工作制服，或是旗袍一类的礼仪性服装。签字人员应注意仪态、举止，要落落大方，得体自然，既不要严肃有余，也不要过分喜形于色。

2. 签字仪式的程序

虽然签字仪式的时间不长，但它是合同、协议签署的高潮，其程序规范、庄重而热烈。主要有以下几项。

（1）签字仪式开始

有关各方人员进入签字厅，在既定的位次上坐好。签字者按照主居左，客居右的位置入座，双方其他陪同人员分主客两方以各自职位、身份高低为序，自左向右（客方）或自右向左（主方）排列站于各签字人之后，或坐在己方签字者的对面。双方助签人分别站在己方签字者的外侧，协助翻揭文本，指明签字处，并为业已签署的文件吸墨防洇。

（2）签字人签署文本

签字人签署文本通常的做法是先签署己方保存的合同文本，再接着签署他方保存的合同文本，这一做法在礼仪上称为"轮换制"。它的含义是在位次排列上，轮流使有关各方有机会居于首位一次，以显示机会均等，各方平等。

（3）交换合同文本

双方签字人，正式交换已经有关各方正式签署的文本，交换后，各方签字人应热烈握手，互致祝贺，并相互交换各自方才使用过的签字笔，以志纪念。这时全场人员应该鼓掌，表示祝贺。

（4）共同举杯庆贺

交换已签定的合同文本后，礼仪小姐会用托盘端上香槟酒，有关人员，尤其是签字人当场干上一杯香槟酒，这是国际上通用的旨在增添喜庆色彩的做法。

（5）有秩序退场

接着请双方最高领导者及客方先退场，然后东道主再退场。整个签字仪式以半小时为宜。

二、开业仪式

开业仪式，是指在单位创建、开业，项目完工、落成，某一建筑物正式启用，或是某工程正式开始之际，为了表示庆贺和纪念，而按照一定的程序所隆重举行的专门的仪式。筹备和举行开业仪式始终应按着"热烈、隆重、节约、缜密"的原则进行。

1. 开业庆典的筹备

（1）做好开业庆典的舆论宣传工作

此类工作包括两个方面。一是选择有效的大众传播媒介进行集中性的广告宣传。企业可在报纸、电台、电视台广泛发布广告或在告示栏中张贴开业告示，其内容多为开业庆典举行的日期及地点、开业之际对顾客的优惠、开业单位的经营范围及特色等，以引起公众的注意。开业广告或告示发布时间在开业前的 3 天内为宜。二是邀请有关的大众传播界人士在开业庆典举行之时到场进行采访、报道，以期对本单位作进一步的正面宣传。

（2）做好来宾邀请工作

开业庆典影响的大小，往往取决于来宾的身份高低与数量多少。在力所能及的条件下，要力争多邀请一些来宾参加开业庆典。地方领导、上级主管部门与地方职能管理部门的领导、合作单位与同行单位的领导、社会团体的负责人、社会名流、新闻界人士，都是邀请时应予优先考虑的重点。其中新闻界人士是邀请的首要对象。

（3）发放请柬

提前一周发出请柬，便于被邀者及早安排和准备。请柬的印制要精美，内容要完整，文字要简洁，措辞要热情。被邀者的姓名要书写整齐，不能潦草马虎。一般的请柬可派人送达，也可通过邮局邮寄。给有名望的人士或主要领导的请柬应派专人送达，以表示诚恳和尊重。

（4）布置现场

应突出喜庆、热闹的气氛，营造出一种隆重而令人振奋的氛围。开业庆典多在开业现场举行，需要较为宽敞的活动空间，所以正门之外的广场、正门之内的大厅、展厅门前等处均可作为开幕仪式的举行地点。按照惯例，举行开业典礼时宾主一律站立，故一般不布置主席台及坐椅。为显示隆重与敬客，可在来宾尤其是贵宾讲话之处铺设红色地毯，并在场地四周悬挂横幅、标语、气球、彩带、宫灯。此外，还应当在醒目之处摆放来宾赠送的花篮、牌匾等。

（5）准备开幕词、致词

仪式开始，组织的负责人致词，向来宾表示感谢，并介绍本组织的经营特色和服务宗旨等。上级领导和来宾可在会上致词祝贺，在祝贺中应多讲一些祝愿的话，但要注意限制发言时间。开幕词、致词要言简意赅、热情庄重，起到密切感情、增加友谊的作用。

（6）做好接待服务工作

接待人员在会场门口接待来宾，待来宾签到后，引导来宾就位。重要来宾须由本单位主要负责人亲自出面接待，其他来宾可由本单位的礼仪小姐负责接待。若来宾较多，应准备好专用的停车场、休息室，并应为其安排饮食。

（7）要做好礼品馈赠工作

开业庆典赠予来宾的礼品应具有以下三大特征。第一，宣传性。可在礼品及其外包装上印上本单位的企业标志、广告用语、产品图案、开业日期等。第二，荣誉性。要使之具有一定的纪念意义，让拥有者对其珍惜、重视，并为之感到光荣和自豪。第三，独特性。它应当与众不同，具有本单位的鲜明特色，使人爱不释手。

（8）拟定典礼程序

从总体上来看，开业庆典大都由开场、过程、结局三个阶段构成。

① 开场：奏乐，邀请来宾就位，宣布仪式正式开始，介绍主要来宾。

② 过程：这是开业庆典的核心内容，它通常包括本单位负责人讲话、来宾代表致词、启动某项开业标志等。

社交与家庭礼仪

③ 结局：包括开业庆典结束后宾主一道进行现场参观、联欢、座谈等。它是开业庆典必不可少的内容。

（9）做好各种物质准备

① 用品准备。如来宾的签到簿、本单位的宣传材料、待客的饮料等。

② 设备准备。对于音响、录音录像、照明等设备以及开业典礼所需的各种用具、设备，必须事先认真检查、调试以防在使用时出现差错。一般在开会前一小时应再验收一下。

2. 参加开业庆典的礼仪

（1）主办方礼仪

这主要包括：仪容整洁。出席典礼的人员事前要做适当修饰。女士要适当化妆，男士应梳理好头发，刮净胡须。服饰规范。最好着统一式样的服饰。如果着装不统一，也至少要保证男士穿深色西装或中山装，女士穿深色西装套裙或套装。准备充分。请柬的发放应及时，无遗漏；安排好座位、座次；安排好来宾的迎送车辆等。遵守时间。不得迟到、无故缺席或中途退场。仪式应准时开始，准时结束。态度友好。见到来宾要主动热情的问好，对来宾提出的问题应予以友善的答复。当来宾发表贺词后，应主动鼓掌表示感谢。不能随意打断来宾的讲话，提出挑衅性质疑，或是对来宾进行人身攻击。来宾致词中如有不能接受的内容，当场一般不加理睬，如果敌意过于明显，应以委婉而简短的语言引开话题。行为自律。主办方人员不得嬉笑打闹，不要东张西望，表现出心不在焉的样子。

（2）宾客礼仪

这包括：准时参加。如有特殊情况不能到场，应尽早通知主办方，说明理由并表达歉意。最好送贺礼。贺礼可以选择花篮、镜匾、楹联等，以表示对开业方的祝贺，并在贺礼上写明庆贺对象、庆贺缘由、贺词及祝贺单位。恭致祝贺。致贺词要简短精练，以贺顺利、发财、兴旺的吉利话为主，不能随意发挥。广交朋友。到场后应礼貌地与周围的人打招呼，可通过自我介绍互换名片等方式结识更多的朋友。礼节性支持。如鼓掌、合影、跟随参观、写留言等。礼貌告辞。仪式结束后应和主办人握手告别，并致谢意。

3. 开幕仪式礼仪

开幕仪式是开业仪式常见的形式之一，通常它是指公司、企业、宾馆、商店、银行等正式启用前或各类商品的展示会、博览会、订货会正式开始之前所正式举行的相关仪式。每当开幕仪式举行之后，公司、企业、宾馆、商店、银行等将正式营业，有关商品的展示会、博览会、订货会将正式接待顾客与观众。一般举行开幕式时要在比较宽敞的活动空间中进行，如门前广场、展厅门前、室内大厅等处。

开幕式的主要程序为：宣布仪式开始，全体肃立，介绍来宾，邀请专人揭幕或剪彩。揭幕时揭幕人行至彩幕前恭敬地站立，礼仪小姐双手将开启彩幕的彩索递交对方。揭幕人随之目视彩幕，双手拉起彩索，展开彩幕。全场目视彩幕，鼓掌并奏乐；在主人的亲自引导下，全体到场者依次进入幕门；主人致词答谢；来宾代表发言祝贺；主人陪同来宾参观，开始正式接待顾客或观众，对外营业或对外展览宣告开始。

4. 奠基仪式礼仪

奠基仪式是指一些重要的建筑物如大厦、场馆、亭台、纪念碑等，在动工修建前，正式举行的庆贺性活动。其举行地点应选择在动工修建建筑物的施工现场，一般在建筑物的正门右侧，在奠基仪式的举行现场设有彩棚，安放该建筑物的模型、设计图、效果图，并使各种建筑机械就位待命。

用来奠基的奠基石应是一块完整无损、外观精美的长方形石料。在奠基石上文字应当竖写，在其右上款，写上建筑物的名称，正中央应有"奠基"两个大字，左下款刻有奠基单位的全称以及举行奠基仪式的具体年月日。奠基石上的字体，大都用楷体刻写，并且最好用白底金字或黑字。在奠基石的下方或一侧，还应安放一只密闭完好的铁盒，内装与该建筑物相关的各有关资料以及奠基人的姓名。届时，它将同奠基石一道被奠基人等培土掩埋于地下，以志纪念。

奠基仪式的程序为：仪式正式开始，介绍来宾，全体起立；奏国歌；主人对建筑物的功能、规划设计等进行介绍；来宾致词道贺；正式进行奠基，奠基人双手持握系有红绸的新锹为奠基石培土，再由主人与其他嘉宾依次为之培土，直至将其埋没为止。奠基时应演奏喜庆乐曲或敲锣打鼓，营造良好的气氛。

5. 落成仪式礼仪

也称竣工仪式，往往指本单位所属的某一建筑物或某项设施建设、安装工作完成之后，或是某一纪念性、标志性建筑物——诸如纪念碑、纪念塔、纪念堂等建成之后，以及某种意义特别大的产品生产成功之后，所专门举行的庆贺性活动。落成仪式一般应在现场举行，如新落成的建筑物之外，纪念碑、纪念塔的旁边等。参加落成仪式要注意情绪，在庆贺工厂大厦落成、重要产品生产等时应表现出欢乐和喜悦，在庆祝纪念碑、纪念塔落成时应表现出庄严而肃穆。

落成仪式的程序是：宣布仪式开始。全体起立，介绍各位来宾；奏国歌，并演奏本单位标志性乐曲；本单位负责人发言，以介绍、回顾、感谢为主要内容；进行揭幕或剪彩；全体人员向刚刚落成的建筑物行注目礼；来宾致词；全体人员进行参观。

三、剪彩仪式

剪彩仪式是有关的组织为了庆贺其成立开业、大型建筑物落成、新造的车船和飞机出厂、道路桥梁落成首次通车、大型展销会、展览会的开幕而举行的一种庆祝活动。

剪彩作为一种庆典仪式，可以在开业典礼中举行，也可举行专门的剪彩仪式，以期引起社会各界的重视。剪彩仪式起源于美国。据说美国人做生意保留着一种习俗，即一清早必须把店门打开，为了使人们知道这是一个新开张的店铺，还要特地在门前横系上一条布带。因为这样做既可以防止店铺未开张前闯入闲人，又起引人注目、标新立异的作用。等店铺正式开张时才将布带取走。1912年，美国的圣安东尼州的华狄密镇上有一家大百货公司将要开张，老板威尔斯严格地按照当地的风俗办事，在早早开着的店门前横系着一条布带，万事俱备，只等开张。这时，老板威尔斯十岁的女儿牵着一只哈巴狗从店里匆匆跑出来，无意中碰断了这条布带。这时在门外等候的顾客及行人以为正式开

社交与家庭礼仪

张营业了，蜂拥而入，争先恐后地购买货物，真是生意兴隆。不久，当老板的一个分公司又要开张时，想起第一次开张时的盛况，又如法炮制。这次是有意让小女把布带碰断，果然财运又不错。于是，人们认为让女孩碰断布带的做法是一个极好的兆头，因而争相效法，广为推行。此后，凡是新开张的商店都要邀请年轻的姑娘来撕断布带。后来，人们又用彩带取代色彩单调的布带，并用剪刀剪代替用手撕，有的讲究用金剪子。这样一来，人们就给这种正式做法取了个名——"剪彩"。剪彩的人也逐步被一些德高望重的社会名流甚至是国家元首代替。具体地，剪彩要遵循以下礼仪规则。

1. 邀请参加者

参加剪彩仪式的人员主要分为：主办单位负责人和组织仪式的人员，上级领导、主管单位负责人、知名人士、记者等来宾；主办单位企业的员工；有关管理人员和技术人员。通过参加仪式，参加者身临其境，感受项目或展览的重要，从而形成深刻难忘的印象。对仪式的参加者应做好接待工作。当宾客到达时，接待人员要请宾客签到，然后引领他们到指定的位置上。

2. 做好准备工作

剪彩仪式的主席台要事先布置好，主席台要蒙好台布，摆放茶水和就职人员的名牌。为了增添热烈而隆重的喜庆气氛，可以邀请礼仪小姐参加仪式。礼仪小姐可从本组织中挑选，也可到礼仪公司聘请。对礼仪小姐要求仪容、仪表、仪态文雅、大方、端庄。着装宜选择西式套装或红色旗袍，穿高跟鞋，配长筒丝袜，化淡妆，并以盘起发髻的发型为佳。人员确定后，要进行必要的分工和演练。剪彩仪式的用品如剪刀、白纱手套、托盘应按剪彩者人数配齐，系有花结的大红缎带约2米，馈赠的纪念性小礼品也应准备好。

3. 剪彩者形象

剪彩者是剪彩仪式的主角，其仪表举止直接关系到剪裁仪式的效果和组织形象。因此作为剪彩者，要有荣誉感和责任感，衣着大方、整洁、挺括，容貌要适当修饰，剪彩过程中要保持稳重的姿态、洒脱的风度和优雅的举止。

4. 仪式开始

仪式主持人在宣布仪式开始时，声音要高亢响亮。然后，向到会者介绍参加剪彩仪式的领导人、负责人与知名人士，并对他们表示谢意，同时，也对在场的其他与会者表示感谢。感谢还要用掌声表示，主持人把两手高举起一些，以作为对在场各位鼓掌引导的暗示。仪式上可以安排简短发言，言简意赅，充满热情，两三分钟即可，发言者一般为东道主的代表，向东道主表示祝贺的上级主管部门、地方政府及其他协作单位的代表。

5. 进行剪彩

主持人宣布正式剪彩之后，剪彩者应在礼仪小姐的引导下，步履稳健地走向剪彩位置，如有几位剪彩者时应让中间主剪者走在前面，其他剪彩者紧随其后走向自己的剪彩位置。主席台上的人员一般要尾随至剪彩者之后1～2米处站立。当礼仪小姐用托盘呈上白手套、新剪刀时，剪彩者可用微笑表示谢意并随即接过手套和剪刀。剪彩前要向手拉缎带的礼仪小姐点头示意，然后，全神贯注、表情庄重地将缎带一刀两断，如果几位剪彩者共同剪彩,要注意协调行动,处在外端的剪彩者应用眼睛余光注视处于中间位置的剪彩者的动作,力争同时剪断彩带。还应与礼仪小姐配合,让彩球落于托盘中,剪彩者在放下剪刀后,应转身向周围的人鼓掌致意,并与主人进行礼节性的谈话,然后在礼仪小姐引导下退场。

6. 参观庆贺

剪彩后,一般要组织来宾参观工程、展览等。有时候要宴请宾客,共同举杯庆祝。

1. 案例分析

签字仪式

7月15日是国能电力公司与美国PALID公司在多次谈判后达成协议,准备正式签字的日期。国能电力公司负责签字仪式的现场准备工作,国能电力公司将公司总部十楼的大会议室作为签字现场,在会计室摆放了鲜花,长方形签字桌上临时铺设了深绿色的台布,摆放了中美两国的国旗,美国国旗放在签字桌左侧,中国国旗放在右侧,签字文本一式两份放在黑色塑料的文件夹内,签字笔、吸墨器文具分别置放在两边,会议室空调温度控制20度,办公室陈主任检查了签字现场,觉得一切安排妥当,他让办公室张小姐通知国能电力公司董事长、总经理等我方签字人员在会议室等待,自己到楼下准备迎接客商。

上午九点,美方总经理一行乘坐一辆高级轿车,准时驶入国能电力公司总部办公楼,司机熟练地将车平稳地停在楼前,陈主任在门口迎候,他见副驾驶坐上是一位女宾,陈主任以娴熟优雅的姿势先为前排女宾打开车门,并做好护顶姿势,同时礼貌地问候对方。紧接着,陈主任迅速走到右后门,准备以同样动作迎接后排客人,不料,前排女宾已经先于他打开了后门,迎候后排男宾,陈主任急忙上前问候,但明显感觉女宾和后排男宾有不悦之色。陈主任一边引导客人进入大厅,来到电梯口,一边告知客人,董事长在会议室等待,电梯到达十楼后,陈主任按住电梯控制开关,请客商先出,自己后出,然后引导客人到会议室,在会议室等待的国能电力公司的签字人员在客人进入会议室时,马上起立鼓掌欢迎,刘董事长急忙从座位上站起,主动向对方客人握手,不料,美方客人在扫视了会议室后,似乎非常不满,不肯就座,好像是临时改变了主意,不想签字了,问题出在哪里呢?

(资料来源:http://scy.gjdx.com/UploadFiles/2009928008880.doc)

思考讨论题:

(1)国能电力公司安排的这次签字活动有不当之处吗?请对其进行评判。
(2)陈主任在迎接礼仪的安排和自己的迎送过程中是否有不到之处?
(3)外方客人不悦和临时变卦的主要原因是什么?

2. 中国北京的兴盛公司与美国的MALD公司通过近一年的谈判,终于达成了正式合作的协议,双方将在北京某大饭店举行签字仪式,如果此次签字仪式由你准备,请列出准备的具体内容和签字仪式的现场布置工作。

社交与家庭礼仪

评价考核

能力评价表

内　容		评　价	
学习目标	评价内容	小组评价（5、4、3、2、1）	教师评价（5、4、3、2、1）
知识（应知应会）	会议的筹备		
	会议的环境礼仪		
专业能力	会议准备阶段礼仪		
	会议召开阶段礼仪		
	会议结束阶段礼仪		
	联欢会礼仪		
	座谈会礼仪		
	茶话会礼仪		
	新闻发布会礼仪		
通用能力	人际沟通能力		
	组织能力		
	协调能力		
态　度	礼貌待人、认真、热情、大方		
努力方向：		建议：	

任务3　涉外交际的开展

情境导入

中国一家拥有职工约6000人的大型国有企业，为了避免濒临破产的局面，想寻找一家资金雄厚的企业做合作伙伴。经过多方努力，这家企业终于找到了一家具有国际声望的日本大公司。经过双方长时间艰苦地讨价还价，终于可以草签合约了，全厂职工为之欢欣鼓舞。本以为大功告成的中方人员，没想到在第二天的签字仪式中，公司领导因故晚了10分钟。待他们走进签字大厅时，日方人员早已排成一行，正恭候他们的到来。中方领导请日方人员坐上签字台，日方的全体人员却整整齐齐、规规矩矩地向他们鞠了一个大躬，随后便集体退出了签字厅，中方领导莫名其妙，因为迟到10分钟对他们来讲实在不算什么。事后，日方递交中方一份正式的信函，其中写到："我们绝不会为自己寻找一个没有任何时间观念的生意伙伴。不遵守约定的人，永远都不值得信赖。"无疑，双方的合作搁浅了，中方为了自己迟到的10分钟付出了沉重的代价——破产倒闭，近6000人下岗。

（资料来源：http://club.qingdaonews.com/showAnnounce_1166_150_1_0.htm）

学习情境 5　交际活动礼仪

任务分析

涉外交往礼仪是指在对外交往活动中或不同文化背景的人们交往中向交往对象表示尊重、友好的各种惯用交际礼宾形式及各种礼节、仪式和习惯的礼仪规范。

在交往活动中，到位的礼宾，会给外交活动增色不少；而欠妥的礼仪，也会给双方带来尴尬。外交礼仪既代表国家的形象，又能体现国与国之间外交关系的相互尊重和友好。掌握外事工作的原则，礼宾工作的基本要求，对我国开展对外交往，发展与各国的友好关系、增进友谊会产生积极作用。

随着国与国之间交往的日益频繁，跨文化交际已成为不可避免的现实。来自不同文化背景的人们走到一起，交际容易出现障碍，即时有效地克服这些交际障碍是跨文化交际取得成功的关键，这对促进国际间的文化、政治、经济交流有着极其重要的意义。

俗话说"外事无小事"。涉外交往若不讲规则，不讲礼仪，不尊重对方的风俗，是不可能取得良好的涉外交际效果的，"情境导入"中的案例所反映的情况正是一个很好的例证。

这里拟通过"模拟到外国朋友家做客"活动，强化对涉外礼仪规范的把握，从而促进本任务的学习。具体操作如下。

1. 在实训室进行。准备道具、小礼物等。
2. 学生分组扮演角色，可以表演到日本、法国、美国等不同国家外国朋友家做客的情况，中方代表 1~2 人，外国友人为一对夫妇（他们对中国的了解程度各小组自定）。
3. 教师可以和推选出的 4 名学生担当裁判，根据各组表演情况，从语言表达、个人仪容仪表和举止、台词设计、表演技巧和风格、小组配合等方面综合评价，决出最佳礼仪先生、礼仪小姐和最佳礼仪团队。

知识储备

一、涉外交际的礼仪修养

社交中，如果与外宾交往就必须了解和掌握涉外交往的基本原则，它既是对外交往的基本概括，又对参与涉外交往的人员具有普遍的指导意义。了解这些基本礼仪要求是涉外交往礼仪修养的集中表现。

1. 体现女士优先

我们在听演说时，演讲者总是首先这样称呼："女士们，先生们"，从没有人称呼："先生们，女士们"，为什么这样呢？原来这与国际社会公认的一条重要礼仪原则——"女士优先"有直接的关系。

"女士优先"主要是指成年异性间进行社交活动时的一个礼仪规范和礼仪原则。其含义是：在一切社交场合，每一位成年男子都有义务主动自觉地去尊重、照顾、体谅、关心、保护女性，并且想方设法为女士排忧解难，只有这样才能体现出绅士风度。强调"女士优先"并非因为妇女被视为弱者，值得同情、怜悯，最重要的原因是，人们将妇女视

社交与家庭礼仪

为"人类的母亲",处处对妇女给予礼遇,是对"人类母亲"的感恩之意。

（1）行走

在室外行走时,如果是男女并排走,则男士应当自觉地"把墙让给女士",即请女士走在人行道的内侧,而自己主动行走在外侧,这样做既可以防止女士因疾驶的车辆而感到不安全,担惊受怕,还可避免汽车飞驶而溅起的污泥浊水弄脏女士的衣裙。

当具体条件不允许男女并行时,男士通常应该请女士先行,而自己随行其后,并与其保持大约一步左右的距离。当男士与女士"狭路相逢"时,前者不论与后者相识与否,均应礼让,闪到路边,请女士率先通过。男士在路上遇到认识的女士时,应点头致意,并把手抽出衣袋,也不要嘴里叼着烟。

当男士与女士走到门边时,男士应赶紧上前几步,打开屋门,让女士先进,自己随后。

（2）乘车

陪伴女士或同乘火车、电车时,男士应设法给女士找一个较为舒适、安全的座位,然后再给自己找一个尽可能靠近她的座位;如果找不到的话,应站在她的面前,尽可能离其近一些。

乘出租车时,男士应首先走近汽车,把右侧的车门打开,让女士先坐进去,男士再绕到车左边,坐到左边的座位上。有时,为了安全起见,出租车左侧车门用安全装置封闭了,那么男士只好随女士其后从右侧上车,坐在本应由女士坐的右边座位上,这种情况不算失礼。

当男士自己驾驶汽车时,他应先协助女士坐到汽车驾驶座旁的前排座位上,尔后绕到另一侧坐到驾驶座上。抵达目的地后,男士要先下车,然后绕到汽车的另一侧,打开车门,协助女士下车。

（3）见面

参加社交聚会时,男宾在见到男、女主人后,应当先行向女主人问好,然后方可问候男主人。男宾进入室内后,须主动向先行抵达的女士问候。女士们如果已经就座,则此时不必起身回礼。

而在女宾进入室内时,先到的男士均应率先起身向女宾致以问候,已入座的男士也应起身相迎。不允许男士坐着同站立的女士交谈,而女士坐着同站立的男士交谈则是允许的。

主人为不相识的来宾进行介绍时,通常应当首先把男士介绍给女士,以示对女士的尊重。当男女双方进行握手时,只有当女士伸过手来之后,男士才能与之相握,否则如果男士抢先出手,是违背"女士优先"原则的。为了表示对女士的尊重,男士还必须与女士握手时摘下帽子,脱下手套,而女士在一般情况下则没有必要这样做。

（4）上下楼

在上下楼梯时,男士要跟随在女士的后面,相隔一两级台阶的距离;下楼梯时,男士应该先下。如果是乘电梯上下楼,进电梯时,男士应请女士先进去,然后自己再进入电梯。在电梯里,男士负责按电钮,礼貌地询问女士所上的楼层。

（5）进餐馆

如果男士预先选择预定了餐桌，则应走在前面为女士引路，如果不是这样，行进的顺序应该是：侍者——女士——男士。在餐桌旁，男士应协助女士就座，把椅子从桌边拉开，等女士即将坐下时再把椅子移近桌子。坐定后，男士应把菜单递给女士，把选择菜单的权利先交给女性。一般餐毕也总是由男士付账的。

若出席宴会，女主人是宴会上"法定"的第一顺序。也就是说，其他人在用餐时的一切举动均应跟随女主人而行，不得贸然先行。按惯例女主人打开餐巾，意味着宣布宴会开始，女主人将餐巾放在桌上，则表示宴会到此结束。

（6）观看影剧

进影剧院或是听音乐会时，应由男士拿着入场券给检票员检票。在存衣室，男士应先协助女士脱下大衣、披风，然后再自己脱去外套。如果没有专人引导入座，男士就应走前几步为女士引路。从两排之间穿行，走向自己的座位时，应面向就座的观众，并且女士走在男士的前面。如果是几个男士和几个女士一起去观看影剧或听音乐会，那么最先和最后穿过就座观众的应是男士，女士夹在中间进去，这样可以使女士不与陌生人坐在一起。散场人挤时，男士应走在女士前面；不挤时，女士稍前或并排与男士同行。

（7）助臂

男士应该帮助他所陪伴的女士携带属于她的较重的或拿着不方便的物品，如购物袋、旅行包、伞等。女士携带的东西掉在了地上，男士不论相识与否，都应帮她拾起。在女士可能失足、滑倒的时候，男士应该以臂相助。

值得说明的是，以上"女士优先"的具体做法主要适用于社交场合。在商务场合，人们强调的是"男女平等"，或是"忽略性别"，因而是不太讲究"女士优先"的。

2. 讲究礼宾次序

涉外交际中，对出席活动的国家、团体、人士的位次按某些规则和惯例进行排列，这种排列的先后次序被称为礼宾次序。为使国际交往顺利进行，必须讲究礼宾次序。

（1）礼宾次序的依据

在国际交往中，礼宾次序主要按宾客的身份与职务高低，依次排列。在多边活动中，有时可按姓氏的顺序排列；有时可按参加国的字母顺序（一般以英文字母为准）排列；有时则可按代表团组成日期的先后排列；有时则可按代表团抵达活动地点的时间先后排列等。

（2）礼宾次序的具体要求

在各类涉外交际中，大到政治磋商、商务往来、文化交流，小到私人接触、社交应酬，凡确定礼宾次序必须从其总的原则出发，这一总的原则就是"以右为尊"，即一般以右为大、为长、为尊；以左为小、为次、为卑。

按照惯例，在并排站立、行走或者就座的时候，为了表示礼貌，主人理应主动居左，而请客人居右；男士应当主动居左，而请女士居右；晚辈应当主动居左，而请长辈居右；未婚者应当主动居左，而请已婚者居右；职位身份较低者应当主动居左，而请职位、身份较高者居右。

社交与家庭礼仪

在不同场合也有特殊要求：

两人同行，以前者、右者为尊；

三人行，并行以中者为尊，前后行，以前者为尊；

上楼时，尊者、妇女在前，下楼时则相反；

迎宾引路时，主人在前，送客时，则主人在后；

宴请排位，主人的右边是第一贵客，左边次之。

进门上车时，应让尊者先行。上车时，位低者应让尊者从右边车门上车，然后在从车后绕到左边上车；坐车（指轿车）时，以后排中间为大位，右边次之，左边又次之，前排最小。

3. 尊重个人隐私

所谓隐私，就是指一个人出于个人尊严和其他某些方面的考虑，因而不愿意公开，不希望外人了解或是打听个人秘密、私人事宜。在涉外交际中，人们普遍讲究尊重个人隐私，并且将尊重个人隐私与否视为一个人在待人接物方面有没有教养，能不能尊重和体谅交际对象的重要标志之一。

在涉外交际中，首先要避免与对方交谈时涉及个人隐私，要做到"八不问"。

（1）年龄不问

在国外，人们普遍将自己的实际年龄当作"核心机密"，不会轻易告之与人。

（2）收入不问

在国际社会里，人们普遍认为：任何一个人的实际收入，均与其个人能力和实际地位有直接的因果关系。所以，个人收入的多寡，一向被外国人看作自己的脸面，十分忌讳他人进行直接、间接的打听。除去工资收入以外，那些可以反映个人经济状况的问题，如纳税数额、银行存款、股票收益、私宅面积、汽车型号、服饰品牌、娱乐方式、度假地点等因与个人收入相关，所以在与外国人交谈时也不宜提及。

（3）婚姻不问

中国人的习惯是对亲友、晚辈的恋爱、婚姻、家庭生活时时牵挂在心，但是绝大多数外国人却对此不以为然。西方人将此视为纯粹的个人隐私，向他人询问是不礼貌的。

（4）工作不问

工作方面的问题在外国人看来都属个人隐私。

（5）住址不问

西方人认为，留给他人自己的住址，就该邀请其上门做客，在一般情况下，他们一般不大可能邀请外人前往其居所做客。为此他们都不喜欢轻易地将个人住址、住宅电话号码等纯私人咨询"泄密"。在他们常用的名片上，也没有此项内容。

（6）学历不问

外国人大都将此项内容视为自己的"底牌"，不愿意轻易让人摸去。

（7）信仰不问

在国际交往中，不要动辄对交往对象的宗教信仰、政治见解评头品足，更不要将自己的政治观点、见解强加于人，这样做对交往对象来说都是不友好、不礼貌、不尊重的表现。

学习情境5　交际活动礼仪

（8）健康不问

在外国，人们在闲聊时一般都是"讳疾忌医"，非常反感其他人对自己的健康状况关注过多，对他人的这种过分关心，外国人是会觉得不自在的。

4. 不必过分谦虚

中国人在待人接物时，讲究的是含蓄和委婉，奉行"满招损，谦受益"的古训，在对自己的所作所为进行评价时，中国人大都主张自谦、自贬，不提倡多作自我肯定，尤其是反对自我张扬。在对外交往时，过于自谦并非益事，它常常会引起他人的疑惑和不满，不利于涉外交际的顺利进行。遵守不必过谦的原则，会使人感到自己为人诚实，充满自信。在涉外交往中，特别是在面临如下情况时，更要敢于、善于充分地从正面肯定自己。

（1）当面对赞美时

当外国友人赞美自己的相貌、衣着、手艺、工作、技术等时，一定要落落大方高兴地道一声"谢谢！"而不应加以否认和自我贬低。接受外国人的赞美是对本人的接纳和承认，是自己自信和见过世面的表现。曾有这样一个笑话。一个法国朋友在称赞一位中国姑娘漂亮时，那位中国姑娘表现得十分谦虚，连忙说："哪里，哪里！"没想到这一说却出了洋相，因为那位法国朋友误以为对方是在问他自己"哪里漂亮？"便立即答到："你的眼睛很漂亮"。可对方依然谦虚如故："哪里，哪里"，法国朋友又回答"你的鼻子也漂亮"……结果南辕北辙了。

（2）当赴宴、馈赠时

宴请外国人出席宴会时，不必说"今天没什么好菜，随便吃一点"，当送礼给外国人时，也不要说"礼品很不像样子，真不好意思拿出手来"之类的话，而应得体大方地说"这是本地最有特色的菜"，"这是这家饭店烧的最拿手的菜"，"这是我特意为您挑选的礼物"等。反过来，在接受外国人的赴宴邀请或接受外国人送的礼物时，也不应过于谦虚地没完没了地说"真不敢当"、"受之有愧"之类的话，这会使人产生不愉快的感觉，使宴请和送礼者感到难堪，及时表示谢意是得体的做法。

（3）当做客、拜访时

到外国人家做客、拜访时，对主人准备的小吃和饮料不要推辞不用。如果主人问"喝点什么，茶还是咖啡"，可以任选一种；若桌上备有小吃，可随意取用，但不可失态；若主人问是否加糖或加牛奶，则可按自己的喜好谢绝和选择其中一种。

（4）当交往应酬时

当自己同外国友人交往应酬时，一旦涉及自己正在忙什么、干什么的时候，无论如何都不要脱口而出，说自己是"瞎忙"、"混日子"、"什么正经事都没有干"，否则会被对方认为是不务正业之人。

二、国外活动的礼仪

1. 办公室拜访礼仪

（1）事先预约

在国外访问外商，务必事先预约，切勿在没有预约的情况下不邀而至。按照国际惯例，在出国进行商务访问之前，出访人员的正式名单一般都按身份头衔排序后传真给东

社交与家庭礼仪

道主,以便东道主写邀请函和安排访问日程。访问日程通常详细列明出访时间、出访地点、出访活动安排等。如果日程安排表里安排了商务访谈,要按日程安排表的约定时间进行拜访,但即使是按照日程表的约定拜访,也要在拜访前电话核准,防止意外改变。约定时间最好避开节假日、用餐时间、过早或过晚的时间。

(2) 准时赴约

准时到达是对拜访人员最起码的要求,是注重个人信用和形象、提高办事效率和尊重外方的表现,通常以提前几分钟或准时到达为宜。为避免迟到,可采取提前出发、事先准备好资料或计划好路线等办法。万一因故不能赴约,一定要及时通知对方,解释原因并告诉对方最后的到达时间,必要时另行约定再拜访的时间。再拜访时,务必记住当面向外方表示郑重的道歉。

(3) 等待通报

正规的外商办公室都设有接待处,抵达约定地点后,如未见拜访对象的直接迎接,应在进入办公室之前先告诉接待员或助理自己的名字和约见时间,说明来意后递上名片,以便接待员或助理向拜访对象通报。

(4) 在接待人员的引领下到访谈办公室

约见活动得到确认后,通常会由接待人员引领到约见办公室,在接待员或助理的引领下走过办公区域时,不要大声喧哗或左顾右盼,以免打扰他人工作。如拜访对象因故不能马上接待的,应在接待员或助理的引领下进入指定房间等候,入室后应按照接待人员的指示将帽子、手套和外套等挂在指定位置。

等待时要安静,不要以谈话来消磨时间,以免打扰其他人工作。有抽烟习惯的,要注意观察该场所是否有禁止吸烟的警示,或经允许后方可抽烟,最好克制一下,不抽烟。如等待时间过久,可向有关人员说明,并另行约定时间,不要显现出不耐烦的表情。

(5) 问候、介绍

第一次见到拜访对象的,应主动向拜访对象问好,并按照拜访国家的礼仪习惯行见面礼。拜访对象不止一人时,应按先尊后卑,由近而远的惯例一一问候和行礼。对于已经认识的,可直接问好并行礼。大多数国家的见面礼以握手为主。

行礼后要等待拜访对象安排座位,与拜访对象一起入座。如果和上司一起去访问,自己不能先坐上座,要先让上司坐上座,自己坐下座。只有在拜访对象允许或邀请的情况下才可以挪动椅子,如果移动了椅子,离开时应把椅子放回原处。坐好后把手提袋或公文包放在地上,不应放在桌上,也不应自行取用桌上的小食品。

双方入座后,先要相互介绍并互换名片。先由被拜访一方主动介绍并给客人名片,如果主人没有主动给名片,应向其索要,同时也递给主人一张。

(6) 访谈

介绍完毕后,通常主人会先闲谈三四分钟后才转入正题。作为客人这时以主人为主,除非访谈是自己的要求。

访谈过程语言要客气,避免滔滔不绝,提出问题后要给对方讲解和答复的时间。对方发言时要注意倾听,有不同意见不要中途打断,也不要辩解不休,而应在对方讲完后再补充。另外还要注意控制访谈时间,不宜逗留过长时间。

要有良好的时间观念。商务拜访的时间长度应按事先的约定进行，要尽可能快地进入正题，避免闲扯不完，而影响办事效率，且绝不可单方面延长拜访时间。如是初次见面，访谈时间以一个小时以内为宜。最长的访谈时间也不宜超过两小时。

事先未约定访谈时间长度的，应对拜访对象的举动反应敏锐，一旦拜访对象有结束访谈的意思，要立即起身告辞。

（7）告辞

访谈结束后，无论访谈结果如何，都要对拜访对象致谢，并站起来握手道别。必要时过后可根据情况写致谢信。

2. 私人住所拜访礼仪

（1）应邀后准备礼品

在国外进行商务访问期间，如有热情好客的外商邀请到其私人住所拜访，或因私拜访外国友人，接受外国友人的私人邀请后，要准备礼品。准备礼品时要了解友人的文化背景和兴趣爱好，考虑精神价值和纪念意义，尽量选择体现民族性而有品位的礼品，如茶叶、丝巾、CD、书画等，并配上精美的包装。注意受礼者的禁忌。

（2）准时赴约

应邀到外商家中拜访、做客的，应按主人提议的时间准时或提前几分钟到达，过早或过晚都是不礼貌的行为。拜访时间一般在上午10：00或下午4：00左右。若因故迟到，应郑重道歉。

到达主人住所后，应先敲门或按门铃，经主人允许后方可进入，切忌擅自闯入。敲门要用食指，力度要适中，间隔有序，等待回音。无人回应时，可适当加大力度。如有回应，应侧身立于门框右侧，待门开时再向前迈步。按门铃的时间不宜过长。

（3）问候、行礼、赠送礼品

进门见到主人后要问好，按其民族习俗行礼，在主人的指示下入座，主人不让座不能随便入座。如果主人年长，主人不坐，客人不能先坐。主人让座后要道谢，坐姿要规矩。入座后将礼品赠送给对方，必要时对礼品进行说明。

对主人准备的小吃，不要拒绝，应适当品尝，主人准备的饮料，则应尽可能喝掉。

主人递过来的食品要双手接下，并表示感谢。如果主人没有抽烟的习惯，要克制自己的烟瘾，以示对主人的尊重。

没有主人的邀请和允许，不得擅自参观主人的住房和庭院。有主人引领参观其住所时，不得随意触动除书籍、花草以外的室内摆设和个人用品。即使是非常熟悉的朋友，也不应随意脱衣、脱鞋、脱袜，动作不要过于随便或放肆无礼。

对主人家的人，尤其是夫人或丈夫和孩子，应礼貌问候。对于在主人家遇到的其他客人也要表示尊重，友好相待，客人较多时，要一视同仁，切勿明显表现出厚此薄彼，或将主人冷落一旁。对主人家的宠物不应表示害怕或讨厌，更不能踢它或打它。

（4）交谈

到外国友人的私宅拜访，是以朋友的身份相见，交谈时多以双方共同的兴趣爱好为话题，交谈的内容也不必像商务访谈那么正规，但也要注意语气，且要避免敏感的政治话题，再熟悉的朋友也不能表现得太随意。

社交与家庭礼仪

（5）告辞

要注意访谈的时间，礼貌性的拜访一般不宜超过半小时。拜访期间如遇到其他重要客人，或主人表现出送客之意，要知趣告退，自己提出告辞，如主人表示挽留，仍须执意离开，但要向主人道谢，并请主人留步，不必远送。

3. 国外住店礼仪

（1）饮用房间内饮料的礼节

国外旅店一般都不供应开水，往往会提供一瓶免费的矿泉水。有的旅店，酒或饮料一拿出冰箱即自动记账；也有的旅店，房间设有自动出售各种饮料或小食品的装置，只要挥动开关，食品、饮料便自动出来，同时自动记账，结算时统一付款；旅客如要喝热饮料，可向服务员索取，但要付现金及小费。找服务员可在室内按电铃或打电话呼叫，服务员一旦上门服务，一定要致谢，并付小费。

（2）正确使用房间内的设备

房间和卫生间里的某些设备，如自己不会使用，应先请教他人，特别是外国旅店房间内的电气设备和洗澡用的开关，形式多种多样，应注意其不同的使用方法。使用旅店卫生间内的用品只要打开封条即可。旅店房间内提供的用品仅供在旅店内使用，除交费物品外，都不能带出旅店。

4. 付小费的礼仪

客人付小费，表达的含义颇为丰富。它既能代表客人对服务人员付出劳动的尊重，也可以表达客人对服务工作的一种肯定和感谢之情。从另一层面来说，也体现了客人的文化修养。相传，"付小费"之风源于18世纪的伦敦。当时，在有些饭店的餐桌上，摆着写有"保证服务迅速"的小碗。顾客一旦将零钱投入其中，便会得到服务员迅速而周到的服务。久而久之，就形成"小费"之风。这种做法渐渐扩展到其他的服务行业，并逐渐演变成一种固定的用来感谢服务人员的报酬形式，成为今天世界上许多的国家约定俗成的一种常规礼仪形式。

（1）小费要付给谁

按照惯例，入住饭店，要给打扫房间的服务生小费，也要给为你送早点的服务员小费。饭店的行李员如果帮我们将行李提到了房间，那么，理所应当付小费给他。出租车的司机把我们送到目的地，我们要在计价器显示数字的基础上增加一点车费当作小费。在国外参加团队旅游，我们要付给导游员和在旅途中掌握方向的驾驶员小费，这一直是惯例。

（2）怎样付小费

付小费有一些技巧和惯例。付小费通常用美金支付，不应张扬，在私下进行即可。所付小费有时放在菜盘、餐盘下；有时放在杯底下；有时放在房间床头，忌放在枕头底下，那样的话会被服务生误认为是客人自己的东西；有时放在写字台上，若能同时留一张"Thank you"的字条，会备受服务生的欢迎和尊重；有时以不收找零的钱作为小费付给服务员；付小费给行李员，最好是在与他握手表示感谢的同时将小费悄悄给他；给导游、司机的小费，则要由团员一起交齐后放到信封里，由一位代表当众给他们。付小费

学习情境 5　交际活动礼仪

时最忌讳给硬币，曾有过客人将一把硬币当面给行李员作为小费，使行李员十分恼怒而拒收的例子。因此随身携带一些小额现钞，非常必要。

（3）小费付多少合适

向服务人员给付小费的具体金额颇有讲究，既不能不给、少给，也不必多给。国际上通用的计算小费的方法之一就是：小费通常由消费者按照本人的消费总额的一定比例来支付。在餐馆就餐、在酒吧娱乐时，消费者需要付给服务员的小费为消费总额的 10%左右；在搭乘出租车时，一般应当按照车费的 15%付给司机作为小费。

在国外住宿酒店时，通常会将需要支付的小费明码实价的列在正式的账单中，收取总消费额的 10%～15%作为小费，不用额外支付。此外，还有一些约定俗成的规矩，付给门童的小费约为 1 美元；付给客房服务员的小费为 1～2 美元；给行李员小费，一般要按照自己的行李具体件数来计算，通常一件行李应付 0.5～1 美元；而付给保洁员的小费，一般为 0.5 美元左右。

到不同的国家去旅行，除了天气、景观、风俗等事情外，小费也是必须事先弄明白的一件事情。因为每个国家的具体情况略有不同，所以各项服务要付多少小费，还是在到达这个国家时向当地的导游咨询较为妥当。

三、涉外接待礼仪

涉外交往中必须重视交际对象的特殊性，努力掌握如下涉外接待礼仪。

1. 涉外迎送

迎送是国际公共关系常见的社交礼节。迎送不仅是整个社交活动的开始，也是对不同身份外宾表示相应尊重的重要仪式。对外宾留下良好的第一印象，加深双方的友谊与合作，都发挥着重要作用。

（1）迎送的安排

迎送活动的安排主要有两种不同档次：一是举行隆重的欢迎仪式，这主要使用于对外国国家元首、政府首脑、军方高级领导人的访问，以示对他们访问的欢迎与重视。二是一般迎送，使用于一般来访者。无论是官方人士、专业代表团的来访，还是长期在我国工作的外交使节，常驻我国的外国人士、记者和专家等，当他们到任或离任时，都可安排相应的人员前往迎送，以示尊重和友谊。

（2）迎送规格的确定

关于迎送规格，各国的规定不尽相同。在确定迎送规格时，主要是依据来访者的身份、访问的性质和目的，并且适当考虑两国之间的关系，同时还要注意国际惯例，综合平衡。一般按照国际惯例的"对等原则"，主要迎送人员应与来宾的身份相当。如果由于各种原因而不能完全对等时，可灵活变通，由职位相当的人士或副职出面，并向对方作出解释。

（3）成立接待团队

为了接待重要的贵宾和代表团队，东道主一般组成一个接待工作团队来履行接待任务。接待团队的工作人员由外事、翻译、安全警卫、后勤、医疗、交通、通讯等方面的工作人员组成。

社交与家庭礼仪

（4）收集信息、资料

接待班子要注意收集来访者的有关信息和资料，了解其本次访问的目的，对会谈、参观访问、签订合同等事项的具体要求，前来的路线、交通工具，抵离时间，来访者的宗教信仰，生活习惯，饮食爱好与禁忌等。

（5）拟订接待方案

接待方案包括各项活动的项目、日程及详细时间表，项目负责人和接待规格、安全保卫措施等等。日程确定后，应翻译成客方使用的文字，并打印好，发给客方，以便及时与客方进行沟通。

拟订接待方案重点要落实好食、宿、行，并制定合理的费用预算，保证接待隆重得体又不铺张浪费。

（6）掌握抵离时间

必须准确掌握外宾乘坐的飞机（火车、船舶）抵达及离开的时间，迎送人员应在来宾抵达之前到机场（车站、码头）。送行人员应在外宾离行前抵达送行地点，切勿迟到、早退。

（7）献花

献花是常见的迎送外宾时用来表达敬意的礼仪之一。一般在参加迎送的主要领导人与客人握手之后，由青年女子或儿童将花献上，也有的由女主人向女宾献花。献花须用鲜花，并注意保持花束整洁、鲜艳，一般忌用菊花、杜鹃花、石竹花以及黄色花卉（黄色具有断交之意）等。有的国家习惯送花环，或者送一二枝名贵兰花、玫瑰花等。

（8）介绍

主宾见面应互相介绍其随从人员。主要的迎送人员在与来宾见面致意（如握手等）后，他还可以担负起介绍其他迎送人员的任务。一般是在客人的内侧引领客人与各位迎送人员见面，并把他们介绍给来宾。然后再由主宾将客人按一定身份一一介绍给主人。若主宾早已相识，则不必介绍，双方直接行见面礼即可。

（9）陪车

来宾抵达后，在前往住地或临行时由住地前往机场、码头、车站，一般都安排迎送人员陪同乘车。陪车时应请宾客做在主人右侧。两排座轿车，译员坐在司机旁；三排座轿车，译员坐在主人前面的加座上。当代表团9人以上乘大轿车时，原则上低位者先上车，下车顺序相反。但前座者可先下车开门，大轿车以前排为最尊位置，自右向左，按序排列。上车时应当请客人首先上车，客人从右侧门上；如果外宾先上车坐到了左侧座位上，则不要再请外宾移动位置。陪同人员在替客人关门时，应先看车内人是否坐好，既要注意不要扎伤客人的手，又要确保将门关好，注意安全。

（10）具体事项

迎送中一些具体事项要引起我们的注意，主要包括以下几个方面。

在客人到达之前最好将客房号、乘车号码等通知客人，如果做不到，可印好住房、乘车表，在客人刚到达时，及时发到客人手里。

指派专人协助客人办理入出境手续及机票（车票、船票）和行李提取或托运手续等事宜。客人到达后，应尽快进行清点并将行李取出并运送到住处，以便客人更衣。

客人到达后,一般不要立刻安排活动,应让客人稍事休息,倒换时差。可在房间中适当放些新鲜水果或鲜花等。

迎送的整个活动安排要热情、周到、无微不至、有条不紊,使宾客有宾至如归的感觉。接待人员要始终面带微笑,彬彬有礼,不能表现得冷漠、粗心、怠慢或使客人感到紧张、不便。

陪同人员应尽力安排好客人的食、住、行,对客人的要求做出反应,给予答复。翻译应如实翻译,不能掺进自己的意见和看法,不能打断双方的谈话或在一方一句话还没说完就翻译,就餐时不可因餐饮影响翻译工作。

司机在行车时,应集中精力驾驶,不能边驾驶边说话,如果司机主动与客人甚至陪同人员或翻译人员说话聊天,只会使客人感到不安全和被冷落。

在为外宾送行时,送行人员应在外宾临上飞机(火车、轮船)之前,按一定顺序同外宾一一握手话别。飞机起飞(火车、轮船开动)之后,送行人员应向外宾挥手致意,直至各交通工具在视野中消失方可离去。否则,外宾一登上飞机(火车、轮船),送行人员就立即离去,是很失礼的。尽管只是几分钟的小事情,却可能因小失大。

2. 会见会谈礼仪

会见和会谈都是国际公共关系交往的重要方式,会见,国际上通称接见或拜会。凡身份高的人士会见身份低的人士,主人会见客人,人们通常称其为接见或召见;凡身份低的人士会见身份高的人士,客人会见主人,人们通常称其为拜会或拜见。接见和拜会后回访,通常称为回拜。我国通常对此不作细分,统称会见。

会谈是指双方或多方就某些重大的政治、经济、科技、文化、军事、宗教以及其他共同关心的问题交换意见,洽谈协商。会谈一般专业性、政策性较强,形式比较正规。会见多是礼节性的,而会谈多为解决实质性问题。有时会见、会谈也难以区分,因为会见时双方也常谈专业性或政治性问题,以上区分只是相对而言。

(1) 会见的礼仪

会见就其内容来说,多为礼节性的,也有政治性、事务性的会见,或兼而有之。礼节性会见一般时间短,话题也较为广泛。政治性会见一般涉及国与国之间的双边关系、国际局势及一些重大国际问题的看法或意见等。事务性会见一般涉及贸易争端、业务交流与合作等。会见的礼仪主要有以下内容。

① 确定参加会见的人员。会见来访者,一般情况下应遵循"对等"的原则,但有时由于某些政治或业务的需要,上级领导或下级人士也可会见来访者。参加会见的人员不宜过多。

② 确定会见的时间、地点。会见的时间一般安排在来访者抵达的第二天或举行欢迎宴会之前。会见的时间不宜过长,一般以半小时左右为宜。会见的地点多安排在客人住地的会客室、会议室或办公室,也可在国宾馆等正式的会客场所。

③ 做好会见的座位安排。会见时座位的安排必须依据参加会见人数的多少、房间的大小、形状、房门的位置等情况来确定。会见的座位安排有多种形式,宾主可以穿插坐,也可分开坐,通常的安排是将主宾席、主人席安排在面对正门位置,客人坐在主人的右边。其他客人按照礼宾顺序在主人、主宾两侧就座。译员、记录员通常安排在主宾和主

社交与家庭礼仪

人的后面。座位不够时可在后排加座。

④ 掌握会见的一般礼节。会客时间到来之时,主人应在门口迎候客人,问候并同客人一一握手,宾主互相介绍双方参加会见的人员,然后引宾入座。主人应主动发言,创造一种良好的气氛。双方可自由交谈,就共同感兴趣的话题发表自己的看法。交谈时应注意坐姿,不要跷二郎腿,不可左顾右盼,漫不经心。主人与主宾交谈时,旁人不可随意插话,外人也不可随意进出。会见时可备饮料招待客人。主人应控制会见时间,最好以合影留念为由,结束会见。合影后,主人将客人送至门口,目送客人离去。

⑤ 注意合影的礼宾次序。合影时,一般主人居中,男主宾在主人右边;主宾夫人在主人左边,主人夫人在男主宾右边,其他人员穿插排列,但应注意,最好不要把客人安排在靠边位置,应让主人陪同人员站在边上。

(2) 会谈的礼仪

会谈的形式多种多样,常见的有领导人之间单独会谈,有少数领导人及其助手与来访者进行的不公开发表内容的秘密会谈,有的是就有关重要而又复杂的问题,有关官员进行预备性问题等而举行的正式会谈,也可称为谈判。会谈的礼仪主要包括以下内容。

① 确定会谈的时间、地点、人员。会谈的时间、地点由双方协商确定。会谈的人员应慎重选择,会谈的专业性较强,一方面要求有专业特长,另一方面还要考虑专业互补和群体智慧。会谈人员既要懂得政策法律,又要能言善辩,善于交际,应变能力强,并确定主谈人和首席代表。

② 会谈的座位安排。涉外双边会谈通常采用长方形或椭圆形会谈桌。多边会谈或小型会谈也可采用圆形或正方形会谈桌。

不管什么形式,均以面对正门为上座,宾主相对而坐,主人背向门落座,而让客人面向大门。其中主要会谈人员居中,其他人按着礼宾次序左右排列。

这里需要说明的是,许多国家把翻译人员和记录员安排在主要会谈人员的后面就座。我国习惯上把翻译人员安排在主要谈判人座位的右侧就座,这主要取决于主人的安排,说到这个习惯上的小差别,还有一段历史背景。当初,我国也是按国际上通用的做法把翻译人员安排在后面就座的,但新中国建立不久,中国总理兼外交部长周恩来认为这个惯例不符合中国的情况,因为西方的翻译人员大多是临时雇佣的,不属于参加会谈的人员,而我国的翻译人员却是参加会谈的重要人员之一,理应受到尊重,所以周总理在出访时坚决要求对方允许我方翻译人员坐在主要会谈人员的右侧。从那时起,我国就有了这个做法并一直采用至今。

如果长方桌的一端向着正门,则以入门的方向为准,右为客,左为主。

如果是多边会谈,可将座位摆成圆形或正方形。

此外,小范围的会谈,也可像会见一样,只设沙发,不摆长桌,按礼宾顺序安排。

3. 涉外参观游览

涉外参观游览,是指外国客人在访问或旅游期间对一些风景名胜、单位设施等进行实地游览、观看和欣赏。来访的外国人以及我国出访人员,为了了解去访国家情况,达到出访目的,都应组织一些参观游览活动。参观游览应注意以下礼仪。

（1）选定项目

选择参观游览项目，应根据访问目的、性质和客人的意愿、兴趣、特点以及我方当地实际条件来确定。对于外国政府官员、大财团、大企业家一般应安排参观反映我国经济发展情况的部门单位和经济开发区，以及重点招商项目。对于一般企业家、商人和有关专业人员可安排参观与其有关的部门、单位，同时安排一些有地方特色的游览项目。年老体弱者不宜安排长时间步行的项目，心脏病患者不宜登高。一般来说，对身份高的代表团，事前可了解其要求；对一般代表团，可在其到达后，提出方案，如果确有困难，可如实告知，并做适当解释。

（2）安排日程

当参观游览项目确定后，应制定详细活动计划和日程，包括参观线路、座谈内容、交通工具等，并及时通知有关接待单位和人员，以便各方密切配合。

（3）陪同参观

按国际惯例，外宾前往参观时，一般都安排相应身份的人员陪同。如有身份高的主人陪同，宜提前通知对方。接待单位要配备精干人员出面接待，并安排解说介绍人员，切忌前呼后拥。参观现场的在岗人员，不要围观客人。遇客人问话，可有礼貌地回答。

（4）解说介绍

参观游览的重头戏是解说介绍。有条件的可以先播放一段有关情况纪录片，这样既可节省时间，又可实现让客人对情况有所知。我方陪同人员应对有关情况有所准备，介绍情况要实事求是，运用材料、数据要确切，不可一问三不知，也不可含糊其辞。确实回答不了的，可表示自己不清楚，待咨询有关人员后再答复。遇较大团组，宜用扩音话筒。另外，遇有保密部位的，则不能介绍，如客人提出要求，应予婉拒。

（5）乘车、用餐和摄影

在出发之前，要及时检查车况，分析行车路线，预先安排好用餐。路远的还要预先安排好中途休息室，要把出发、集合和用餐的时间地点及时通知客人和全体工作人员。一般地方均允许客人摄影。如有不能摄影处，应事先说明，现场要竖立中英文"禁止摄影"标志牌。

（6）在国外参观游览的礼节

出访人员、团组要求参观，可通过书面、电话或面谈方式向接待单位提出，经允许后方能成行。参观内容，要符合访问目的和实际，要注意客随主便，不要强人所难。在商定之后，要核实时间、地点和路线。参观过程，应专心听取介绍，不可因介绍枯燥或不对口味而显露出不耐烦和漫不经心状，这是极不礼貌的。同时应广泛接触、交谈，以增进了解，加深友谊。注意尊重对方的风俗和宗教习俗。如要摄影，事先要向接待人员了解有无禁止摄影的规定。参观游览，对服装要求不严格，不必穿礼服，穿西装可以不打领带，但应注意整洁整齐，仪容亦宜修整。参观完毕，应向主人表示感谢，上车离开时应在车上向主人挥手道别。

4. 国旗悬挂

国旗是国家的一种标志，是国家的象征。悬挂国旗是一种外交礼遇与外交特权。人们往往通过悬挂国旗，表示对本国的热爱或对他国的尊重。在国际交往中，悬挂国旗要

社交与家庭礼仪

遵循以下惯例。

（1）悬挂国旗的场合

按国际关系准则，国家元首、政府首脑在他国领土上访问，在其住所和交通工具上悬挂国旗（有的是元首旗）是一种外交特权。

东道国接待来访的外国元首、政府首脑的隆重场合，在贵宾下榻的宾馆，乘坐的汽车上悬挂对方（或双方）的国旗（或元首旗），是一种礼遇。

在国际会议上，除会场悬挂与会国国旗外，各国政府代表团团长亦按会议组织者的有关规定，在一些场所或在车辆上悬挂本国国旗（也有不挂国旗的）。

有些展览会、体育比赛等国际活动，也往往悬挂有关国家的国旗。在大型国际比赛中，还往往为获前三名的运动员升起其代表国家的国旗。

伴随着我国加入世界贸易组织(World Trade Organization，WTO)，双边、多边的经贸往来日趋频繁，在谈判、签字仪式上亦应悬挂代表国的国旗。

（2）悬挂国旗的要求

在建筑物上或室外悬挂国旗，一般应在日出升旗、日落降旗。升降国旗时，服装要整齐，要立正脱帽行注目礼。不能使用污损的国旗。升国旗一定要升至杆顶。

悬挂双方国旗，按照国际惯例，以右为上，左为下。但这是以旗面本身为准的，搞不好会弄错。所以还应记住以挂旗人为准，"面对墙壁左为上，右为下。"挂旗时，挂旗人必然面对墙壁，这时左为上，悬挂客方国旗，右为下，挂主方国旗。乘车时应记住"面对车头左为上"，左边挂客方国旗，右边挂主方国旗（有时以汽车行进方向为准，驾驶员右手为上）。所谓主客标准，不以在哪国举行活动为依据，而以举办活动的主方为依据。如外国代表团来访，东道国举办欢迎宴会，东道国是主人；外国代表团答谢宴会，来访国是主人。由于国旗是一个国家的标志与象征，代表一个国家的尊严，所以挂国旗时，一定不能将国旗挂颠倒。

这里值得一提的是"下半旗"。"下半旗"也称"降半旗"，是一种国家行为，一般是在某些重要人士逝世或重大不幸事件、严重自然灾害发生时来表达全国人民的哀思和悼念的重要礼节，是当今世界上通行的一种致哀方式，全国各公开场合的国旗，驻外的使、领馆的国旗均应下半旗致哀。"下半旗"并不是将国旗下降至旗杆的一半处，也不是直接把国旗升至旗杆的一半处，而是先将国旗升至杆顶，然后下降到离杆顶约占全杆三分之一处。降旗时，也应先将旗升至杆顶，然后再下降。

1. 假如你毕业后进入一家中美合资企业工作，在与外国员工打交道时，需要注意哪些与中国不同的礼仪习惯？

2. 8~10人一组，分别扮演相关角色，模拟迎送外国贸易代表团（哪国由学生自拟），模拟见面、接站、送行、乘车的具体礼仪。

3. 你所在公司的老总准备到韩国考察，请你为他准备一份关于该国民间礼俗与禁忌的材料。

学习情境5 交际活动礼仪

4. 请留学归来的留学生，或者到国外生活过的亲朋好友来校，开一次国外礼俗风情讲座。

5. 与同学模拟跟外宾聊天的情景，评议其中有没有不礼貌之处？

6. 接待外宾为什么要热情有度？

7. 留意观察电视上接待外宾的系列情景，并对照教材有关内容加深理解。

能力评价表

内 容		评 价	
学习目标	评价内容	小组评价（5、4、3、2、1）	教师评价（5、4、3、2、1）
知识（应知应会）	出国的礼仪		
	国旗的悬挂		
专业能力	国外办公室、私人住所拜访礼仪		
	涉外接待礼仪		
	涉外会见、会谈礼仪		
	涉外参观游览礼仪		
通用能力	交际能力		
	组织能力		
	跨文化沟通能力		
态 度	礼貌待人、不卑不亢、一丝不苟		
努力方向：		建议：	

附 录

附录1 中国传统礼俗

一、传统节日礼俗

传统节日是按照历法时序排列而形成的、周期性的、约定俗成的社会民俗活动日。节日民俗是民俗的一种独特表现形式,并渗入到人们生活方式的细枝末节中,带有强烈的人文因素和浓厚的民间礼仪色彩。

中国是一个多民族的国家,在几千年的发展过程中,各民族虽然形成了各具特色的丰富多彩的民族传统节日与习俗,但从历史悠久、流传面广,具有的普及性和群众性来看,汉族的传统节日与习俗占据着主导地位。

现按时序先后,介绍影响比较大、至今仍广泛流传的主要节日。

1. 欢天喜地迎新春——春节习俗

春节俗称"年节",是我国一个古老的节日,是中华民族最隆重、最喜庆的传统佳节。传统的春节是从腊月二十四的扫尘开始的。

相传,在古时候,有个名叫万年的青年,看到当时节令混乱,就有了想把节令定准的打算。一天,他上山砍柴累了,坐在树下休息,树影的移动启发了他,便设计了一个测日影计天时的晷仪,测定一天的时间。后来,山崖上的滴泉启发了他的灵感,就动手做了一个五层漏壶来计算时间。天长日久,他发现每隔三百六十多天,四季就轮回一次,天时的长短就重复一遍。当时的国君叫祖乙,也常为天气风云的不测感到苦恼。万年知道后,就带着日晷和漏壶去拜见国君,对祖乙讲清了日月运行的道理。祖乙听后龙颜大悦,于是把万年留下,希望能创建历法,为天下的黎民百姓造福。过了一段时间,祖乙知道万年创建历法已成,亲自去看望万年。万年指着天象对祖乙说:"现在正是十二个月满,旧岁已完,新春复始,祈请国君定个节吧。"祖乙说:"春为岁首,就叫春节吧。"据说这就是春节的来历。

(1) 扫尘

"腊月二十四,掸尘扫房子",据《吕氏春秋》记载,我国在尧舜时代就有春节扫尘的风俗。按民间的说法,因"尘"与"陈"谐音,新春扫尘有"除陈布新"的含义,其用意是要把一切穷运、晦气统统扫出门。这一习俗寄托着人们破旧立新的愿望和辞旧迎新的祈求。

(2) 贴春联

春联也叫门对、春贴、对联、对子、桃符等,它以工整、对偶、简洁、精巧的文字描绘时代背景,抒发美好愿望,是我国特有的文学形式。每逢春节,无论城市还是农村,家家户户都要精选一幅大红春联贴于门上,为节日增添喜庆气氛。

（3）贴窗花和倒贴"福"字

在民间人们还喜欢在窗户上贴上各种剪纸——窗花。窗花不仅烘托了喜庆的节日气氛，还以其特有的概括和夸张的手法将吉事祥物、美好愿望表现得淋漓尽致，将节日装点得红火富丽。

在贴春联的同时，一些人家要在屋门上、墙壁上、门楣上贴上大大小小的"福"字。"福"字指福气、福运，寄托了人们对幸福生活的向往，对美好未来的祝愿。为了更充分地体现这种向往和祝愿，有的人干脆将"福"字倒过来贴，表示"幸福已到"、"福气已到"。

（4）贴年画

春节挂贴年画在城乡也很普遍，浓墨重彩的年画给千家万户平添了许多兴旺欢乐的喜庆气氛。年画是我国的一种古老的民间艺术，反映了人民朴素的风俗和信仰，寄托着人们对未来的希望。

（5）包饺子

新年的前一夜叫团圆夜，离家在外的游子都要不远千里万里赶回家来，全家人要围坐在一起包饺子过年。因为和面的"和"就是"合"的意思；饺子的"饺"和"交"谐音，"合"和"交"又有相聚之意，所以用饺子象征团聚合欢；又取更岁交子之意，非常吉利；此外，饺子因为形似元宝，过年时吃饺子，也带有"招财进宝"的吉祥含义。一家大人聚在一起包饺子，话新春，其乐融融。春节过年包饺子是我国北方最普遍的习俗。

（6）守岁

除夕守岁是最重要的年俗活动之一，守岁之俗由来已久。"一夜连双岁，五更分二天"，除夕之夜，全家团聚在一起，吃过年夜饭，点起蜡烛或油灯，围坐炉旁闲聊，等着辞旧迎新的时刻，通宵守夜，象征着把一切邪瘟病疫照跑驱走，期待着新的一年吉祥如意。

古时守岁有两种含义：年长者守岁为"辞旧岁"，有珍爱光阴的意思；年轻人守岁，是为延长父母寿命。自汉代以来，新旧年交替的时刻一般为夜半时分。

（7）燃放爆竹

中国民间有"开门爆竹"一说。即在新的一年到来之际，家家户户开门的第一件事就是燃放爆竹，以哔哔叭叭的爆竹声除旧迎新。放爆竹可以创造出喜庆热闹的气氛，是节日的一种娱乐活动，可以给人们带来欢愉和吉利。

（8）拜年

新年的初一，人们都早早起来，出门去走亲访友，相互拜年，恭祝来年大吉大利。拜年次序是：首拜天地神祇，次拜祖先真影，再拜高堂尊长，最后全家依次序互拜。拜亲朋的次序是：初一拜本家，初二、初三拜母舅、姑丈、岳父等，直至初五，有的一直延续到正月十六。

春节拜年时，晚辈要先给长辈拜年，祝长辈长寿安康，长辈可将事先准备好的压岁钱分给晚辈。据说压岁钱可以压住邪祟，因为"岁"与"祟"谐音，晚辈得到压岁钱就可以平平安安度过一岁。拜年应注意以下方面礼仪。

社交与家庭礼仪

第一，拜年的时间选择要妥当，如有必要，可先向主人报一下信息，避免空跑。如准备在客人家吃午饭，最佳时间是上午9点至11点以前。过早，可能人家还未起床；太迟，正适人家吃饭，不方便。另晚餐以下午3点至5点之间为宜。

第二，拜年要衣着整洁，干干净净过节日，穿衣打扮要整洁、大方，适当穿上一些好衣服，给人一种节日的美感。

第三，要讲究称呼和规范，到别人家拜年，尤其是到亲戚家拜年，要事先对可能碰到的长辈、同辈的称呼用心了解，以免出现尴尬的场面，使人感到不够礼貌。

第四，"吉利话"要说得适宜，对不同的人，应有不同的祝贺语。交谈时要拣愉快的话题，不要扯到悲哀伤感的事情上，不要高谈阔论，不要信口开河，不要过分激烈地争论问题，要在轻松愉快、亲切自然的气氛中，把道喜贺新的真情实意表露出来。

第五，拜年时举止、姿态要文明，举止便是一张"身份证"，做到文明大方有致，才能使主人喜欢你。

第六，拜年时欢闹要有节制，不宜大声喧闹，不宜通宵达旦，以免影响邻居。同学间互相来往，不要影响家长的安排和活动。

第七，拜年结束时，对主人的盛情款待，要赞美感谢。临分手时，可发出邀请，表示回报的意思。

⑨ 蒸年糕。年糕因为谐音"年高"，再加上有着变化多端的口味，几乎成了家家必备的应景食品。年糕的式样有方块状的黄、白年糕，象征着黄金、白银，寄寓新年发财的意思。

2. 东风夜放花千树——元宵节习俗

元宵节是我国主要的传统节日，也叫元夕、元夜，又称上元节，因为这是新年的第一个月圆夜，因历代这一节日有观灯习俗，故又称灯节。

汉高祖刘邦死后，吕后之子刘盈登基为汉惠帝。惠帝生性懦弱，优柔寡断，大权渐渐落在吕后手中。吕后病死后，诸吕惶惶不安害怕遭到伤害和排挤。于是，在上将军吕禄家中秘密集合，共谋作乱之事，以便彻底夺取刘氏江山。此事传至刘氏宗室齐王刘襄耳中，刘襄为保刘氏江山，在众臣的帮助下，设计解除了吕禄的兵权，"诸吕之乱"终于被彻底平定。平乱之后，众臣拥立刘邦的第二个儿子刘恒登基，称汉文帝。文帝深感太平盛世来之不易，便把平息"诸吕之乱"的正月十五定为与民同乐日，京城里家家张灯结彩，以示庆祝。从此，正月十五便成了一个普天同庆的民间节日——"闹元宵"。据说这就是元宵节的由来。

（1）吃元宵

正月十五吃元宵。"元宵"作为食品，最早叫"浮元子"，后称"元宵"、"汤圆"。生意人还美其名曰"元宝"，有团圆美满之意。

（2）观灯

汉明帝永平年间（公元58—75年），适逢蔡愔从印度求得佛法归来，汉明帝为了弘扬佛法，下令正月十五夜在宫中和寺院"燃灯表佛"。此后，元宵放灯的习俗就由原来只在宫廷中举行而流传到民间。即每到正月十五，无论士族还是庶民都要挂灯，城乡通宵灯火辉煌。元宵放灯的习俗，在唐代发展成为盛况空前的灯市。中唐以后，已发展成为全民性的狂欢节。唐玄宗（公元685—762年）时的开元盛世，长安（今陕西西安）的灯市规模盛大。燃灯五万盏，花灯花样繁多，唐玄宗命人做巨型的灯楼，多达20间，高150尺，金光璀璨，极为壮观。宋代，元宵灯会无论在规模还是灯饰的奇幻精美都胜过唐代，而且活动更为民间化，民族特色更强。以后历代的元宵灯会不断发展，许多地方还举行玩龙灯、舞狮子、猜灯谜、踩高跷、划旱船、扭秧歌、打太平鼓等群众性的娱乐活动。

（3）中国的情人节

元宵节也是一个浪漫的节日，元宵灯会在封建的传统社会中，也给未婚男女的相识提供了一个机会。传统社会的年轻女孩不允许出外自由活动，但是过节却可以结伴出来游玩，元宵节赏花灯正好是一个交谊的机会，未婚男女借着赏花灯也顺便可以为自己物色对象。元宵灯节期间，便是男女青年与情人相会的时机。

3. 清明时节雨纷纷——清明节习俗

清明节是中国历法中的二十四节气之一，标志着春耕时节的到来，节期在公历每年4月5日左右。

据历史记载，在两千多年以前的春秋时代，晋国公子重耳逃亡在外，生活艰苦，跟随他的介子推不惜从自己的腿上割下一块肉让他充饥。后来，重耳回到晋国，做了国君（即晋文公，春秋五霸之一），封赏所有跟随他流亡在外的随从，唯独介子推拒绝接受封赏，带了母亲隐居绵山，不肯出来。晋文公无计可施，只好放火烧山，他想，介子推孝顺母亲，一定会带着老母出来。谁知这场大火却把介子推母子烧死了。为了纪念介子推，晋文公下令每年的这一天，禁止生火，家家户户只能吃生冷的食物，这就是寒食节的来源。寒食节是在清明节的前一天，古人常把寒食节的活动延续到清明，久而久之，人们便将寒食与清明合二为一。现在，清明节取代了寒食节，拜介子推的习俗也变成清明扫墓的习俗了。

（1）扫墓

清明节是一个纪念祖先的节日，主要的纪念仪式是扫墓。扫墓是慎终追远、敦亲睦族及行孝的具体表现，基于上述意义，清明节因此成为华人的重要节日。扫墓是清明节最早的一种习俗，这种习俗延续到今天，已随着社会的进步而逐渐简化。扫墓当天，子孙们把先人的坟墓及周围的杂草修整和清理干净，然后供上食品、鲜花等。由于火化遗体越来越普遍，因此，前往骨灰置放地拜祭先人的方式正在逐渐取代扫墓的习俗。

（2）踏青

踏青又叫春游，古时叫探春、寻春等。三月清明，春回大地，自然界到处呈现一派生机勃勃的景象，正是郊游的大好时光。我国民间长期保持着清明踏青的习惯。

（3）植树

清明前后，春阳照临，春雨飞洒，种植树苗成活率高，成长快。因此，自古以来，我国就有清明植树的习惯。有人还把清明节叫做"植树节"，植树风俗一直流传至今。1979年，全国人民代表大会常务委员会做出决定，每年的3月12日为我国的植树节。这对动员全国各族人民积极开展绿化祖国活动，有着十分重要的意义。

4. 艾蒿蒲酒话升平——端午节习俗

农历五月初五，是我国传统的端午节，又称端阳节、重五节。这是中国民间夏季最重要的传统节日。

据《史记·屈原贾生列传》记载，屈原是春秋时期楚怀王的大臣。他倡导举贤授能，富国强兵，力主联齐抗秦，遭到贵族子兰等人的强烈反对。屈原遭谗去职，被赶出都城，流放到沅、湘流域。公元前278年，秦军攻破楚国京都。屈原眼看自己的祖国被侵略，心如刀割，但是始终不忍舍弃自己的祖国，于五月初五，在写下了绝笔作《怀沙》之后，抱石投汨罗江身亡，以自己的生命谱写了一曲壮丽的爱国主义乐章。传说屈原死后，楚国百姓哀痛异常，纷纷涌到汨罗江边去凭吊屈原。渔夫们划着船只，在江上来回打捞他的真身。有位渔夫拿出为屈原准备的饭团、鸡蛋等食物，"扑通、扑通"地丢进江里，说是让鱼龙虾蟹吃饱了，就不会去咬屈大夫的身体了。人们见后纷纷仿效。一位老医师则拿来一坛雄黄酒倒进江里，说是要药晕蛟龙水兽，以免伤害屈大夫。后来因为怕饭团为蛟龙所食，人们想出用糠树叶包饭，外缠彩丝，从而发展成粽子。以后，在每年的五月初五，就有了赛龙舟、吃粽子、喝雄黄酒的风俗，以此来纪念爱国诗人屈原。

（1）赛龙舟

赛龙舟是端午节的主要习俗。相传起源于古时楚国人因舍不得贤臣屈原投江死去，许多人借划龙舟驱散江中之鱼，以免鱼吃掉屈原的身体。之后每年五月初五划龙舟以纪念之。后来，赛龙舟除纪念屈原之外，在各地人们还赋予了不同的寓意。江浙地区划龙舟，兼有纪念当地出生的近代女民主革命家秋瑾的意义。夜龙船上，张灯结彩，来往穿梭，水上水下，情景动人，别具情趣。贵州苗族人民在农历五月二十五至二十八举行"龙船节"，以庆祝插秧顺利和预祝五谷丰登。云南傣族同胞则在泼水节赛龙舟，纪念古代英雄岩红窝。不同民族、不同地区，划龙舟的传说有所不同。直到今天在南方的不少临江、河、湖、海的地区，每年端午节都要举行富有自己地方特色的龙舟竞赛活动。

（2）吃粽子

端午节吃粽子，这是中国人民的又一传统习俗。粽子，又叫"角黍"、"筒粽"。其由来已久，花样繁多。

（3）佩香囊

端午节小孩佩香囊，传说有避邪驱瘟之意，实际是用于襟头点缀的装饰。香囊内有朱砂、雄黄、香药，外包以丝布，清香四溢，再以五色丝线弦扣成索，做成各种不同形状，结成一串，形形色色，玲珑可爱。

（4）悬艾叶、菖蒲

民谚说："清明插柳，端午插艾。"在端午节，人们把插艾叶、菖蒲作为重要内容之一。家家都洒扫庭除，以菖蒲、艾条插于门楣，悬于堂中。并用菖蒲、艾叶、榴花、蒜头、龙船花，制成人形或虎形，称为艾人、艾虎；制成花环、佩饰，美丽芬芳，妇人争相佩戴，用以驱瘴。

5. 平分秋色一轮满——中秋节习俗

每年的农历八月十五，在中国人的心目中，是一个象征团圆的传统佳节；历来有"花好月圆人团聚"的说法。

相传，远古时候，射日的后羿从王母娘娘处求得一包长生不老药。据说服下此药，能即刻升天成仙。然而，后羿舍不得扔下妻子，只好将长生不老药交给妻子嫦娥珍藏。不料，此事被后羿的门客蓬蒙看见，蓬蒙等后羿外出后便威逼嫦娥交出长生不老药。嫦娥知道不是蓬蒙的对手，危急之时当机立断，取出长生不老药一口吞了下去。嫦娥吞下药后，身体立刻飞离地面，向天上飞去。由于嫦娥牵挂丈夫，便飞落到离人间最近的月亮上成了仙。后羿回来后，侍女们哭诉了一切。悲痛欲绝的后羿仰望夜空呼唤爱妻的名字，这时，他惊奇地发现，当天晚上的月亮特别圆，特别皎洁明亮，而且有个晃动的身影酷似嫦娥。后羿忙命人摆上香案，放上嫦娥最爱吃的蜜食鲜果，遥祭在月宫里的嫦娥。百姓们闻知嫦娥奔月成仙的消息后，纷纷在月下摆上香案，向善良的嫦娥祈求吉祥平安。从此，中秋节拜月的风俗便在民间传开了。

（1）赏月

在中秋节，我国自古就有赏月的习俗，《礼记》中就记载有"秋暮夕月"，即祭拜月神。到了周代，每逢中秋夜都要举行迎寒和祭月，设大香案，摆上月饼、西瓜、苹果、李子、葡萄等时令水果，其中月饼和西瓜是绝对不能少的，西瓜还要切成莲花状。全家团圆，共同赏月叙谈。

（2）吃月饼

我国城乡群众过中秋都有吃月饼的习俗，俗话中有："八月十五月正圆，中秋月饼香又甜。"月饼最初是用来祭奉月神的祭品，后来人们逐渐把中秋赏月与品尝月饼结合在一起，寓意家人团圆的象征。

6. 战地黄花分外香——重阳节习俗

每年农历九月初九，为两个最大的阳数相重，故称重阳节，也叫重九节、登高节，现又称敬老节。

东汉时期，汝河有个瘟魔，只要它一出现，家家就有人病倒，天天有人丧命，这一带的百姓受尽了瘟魔的蹂躏。一场瘟疫夺走了恒景的父母，他自己也差点丧了命。恒景病愈后辞别了妻子和乡亲，决心拜仙学艺，为民除掉瘟魔。恒景访遍名山高士，求师学艺。一个仙长送给恒景一包茱萸叶，一盅菊花酒，并且密授避邪用法。恒景回到家乡，初九的早晨，他按仙长的叮嘱把乡亲们领到了附近的一座山上，然后发给每人一片茱萸叶，一盅菊花酒。中午时分，随着几声怪叫瘟魔冲出汝河，瘟魔刚扑到山下，突然吹来阵阵茱萸奇香和菊花酒气。瘟魔戛然止步，脸色突变，恒景手持降妖剑追下山来，几个回合就把瘟魔刺死剑下，从此九月初九登高避疫的风俗年复一年地传了下来。

（1）登高

在古代，民间在重阳有登高的风俗，故重阳节又叫"登高节"。重阳节秋高气爽，登高一望，草木山川，尽收眼底。这实际上是一种野游，为我国人民传统的体育活动。

（2）吃重阳糕

据史料记载，重阳糕又称花糕、菊糕、五色糕，制无定法，较为随意。古时，九月初九天明时，以片糕搭儿女头额，口中念念有词，祝愿子女百事俱高，是古人九月做糕的本意。讲究的重阳糕要做成九层，像座宝塔，上面还做成两只小羊，以符合重阳（羊）

社交与家庭礼仪

之义。

（3）赏菊并饮菊花酒

重阳节正是一年的金秋时节，菊花盛开，民间还把农历九月称为"菊月"，在菊花傲霜怒放的重阳节里，观赏菊花成了节日的一项重要内容。清代以后，赏菊的习俗尤为昌盛，且不限于九月初九，但仍然是以重阳节前后最为繁盛。菊花酒由菊花加糯米、酒曲酿制而成，古称"长寿酒"，其味清凉甜美，有养肝、明目、健脑、延缓衰老等功效。

（4）插茱萸和簪菊花

重阳节插茱萸和簪菊花的风俗，在唐代就已经很普遍。古人认为在重阳节这一天插茱萸可以避难消灾，或佩带于臂，或作香袋把茱萸放在里面佩带，还有插在头上的。

二、婚姻嫁娶礼俗

恋爱、结婚是人生的大事，要举办仪式，这方面的礼俗值得重视。

1. 恋爱礼仪

恋爱礼仪包括恋爱约会礼仪、求爱礼仪、拜见未来公婆及岳父母礼仪等。

（1）恋爱约会礼仪

第一次约会对于初恋的人来说，往往留下终身难忘的印象，对于爱情的发展无疑是十分重要的一步。初次约会者，一般应注意以下几个方面。

应注重仪容得体的修饰，服装整洁而不矫饰，给人以严肃、庄重的感觉。

准时赴约，万不可失信。这对男方非常重要；至于女方，也要遵守。被约的一方，特别是女孩，适当的"迟到"是可以的，但切勿以此来"拿架子"。

两人交谈要自然、大方、诚恳、文雅。过分羞涩，会引起对方拘束；而过分洒脱，往往会惹对方猜疑。在倾听对方言谈时，切忌心不在焉，不认真听而想别的事情，或者目不转睛盯着对方打量，应以自然的神色为佳。

谈吐热情而不轻佻。按照中国的习俗，初次约会的主角应是男方，女方的表现是比较含蓄的。但是，男性不擅长辞令，女方则应主动提些问题，引起谈兴。

（2）求爱礼仪

在双方情绪好的时候，选择较有浪漫情调氛围的场所，如空旷辽阔的草原、登高望远的山巅、泉水叮咚的林野田园等等一些富有诗情画意的地方，有利于调节双方的情绪，增强感染力。要让对方感觉到你的求爱是积蓄已久的"火山"爆发，虽然不用言语来表达山盟海誓，但也要让对方感到你真切的恋慕和急切的盼望，这对那些还略带犹疑的对方来说，往往有一定的"催化"作用，帮助他（她）下定接受你的决心，打掉尚存的一丝犹疑。要注意委婉求爱的技巧，求爱最忌俗套、直白，如"我爱你"、"你愿嫁（娶）我吗"等，给人一种猝不及防的感觉，也让求爱这种人生大事失去了应有的浪漫情调。许多人注意借物言情，往往令人终生回味。

（3）拜见未来公婆及岳父母

出于礼貌，未来的新郎首先应当拜见未来新娘的父母，征得他们的同意和支持，同时表示自己会一生一世给其女儿以关爱、照顾、呵护，让她永远幸福；其次，未来的新郎还要带未来的新娘拜见自己的父母，希望他们喜欢并同意自己的选择；第三，未来新郎的父母要主动约请未来亲家，双方家庭在友好气氛中见面，共商婚礼的各项具体事宜。

当你的朋友及其父母邀请你到他（她）家作客时，你一定很紧张、激动、兴奋和喜悦。因此，你应注意以下礼仪：应适当打扮一下自己。过分修饰化妆大可不必。可以与你的朋友商量一下，是否携带礼物。礼物不宜过分破费，礼物与好感并不成正比。在进入对方居室前，轻轻叩门，等待允许方可进入，不可擅自破门而入。对室内不熟悉的人，则要等你的朋友介绍后再一一亲切称呼、问候。对朋友的父母，要大方地称呼"伯父"、"伯母"、"大叔"、"大姊"，而称呼"爸爸"、"妈妈"还为时过早。举止要大方，说话要得体。要多聆听长者问询，让长辈掌握话题。也不要过分拘谨，缩手缩脚。留下用餐时，要待主人安排后入座，饮酒不能过量。临行时要对主人的热情款待表示感谢，同时，对其他客人也一一告别。

2．订婚礼仪

我国古代，男女间的婚姻关系，常以婚约的订定为开始，此即所谓"订婚"。现在，订婚在法律上并无保障，因而现代的订婚仪式比较简单。一般来说，也不外是男女双方作一般的约定，告知父母以及亲友，进行一些有庆贺意义的活动。订婚的实质即是一种婚姻的约定。

首先，当事人双方的父母要见见面。牵线人当然是他们的儿女。一般应该是男方的父母去看望女方的父母，表示自己对儿子和对方的女儿的婚姻很高兴、很满意，并希望早日完婚等等。前去的时候，携带必要的礼品当然是必要的。

订婚时举行一些庆贺性质的活动也是可以的。最常见的是举行一次宴会。中式的此类宴会一般在饭店举行，宴会上的礼仪不外是由家长宣告子女订婚的消息，来宾予以祝贺。西式的订婚宴会一般采用鸡尾酒会或晚宴形式。订婚的消息由女方或其母亲来宣布。未来的新郎应站在女主人的身旁，对他无需作正式介绍，只要他站在女方家人一旁，由姑娘介绍给大家即可。如果采用晚宴的形式，订婚的消息可由女方父亲宣布，并提议向新人祝酒。

订婚宴上向新人祝福，是必要的礼仪。姑娘的父亲宣布订婚消息后，即可起身举杯提议祝酒。在客人的要求下，新人可以讲几句话感谢大家的祝愿。

订婚时男方给女方兼具志庆、纪念双重意义的订婚戒指，已经渐渐地被人们认可。订婚戒指应该戴在左手无名指上。订婚戒指在婚礼上应该取下来，婚后再和结婚戒指一起戴上。如果女方的父母已故，女儿也可以戴上其亡母的订婚戒指，但不能戴她的结婚戒指。

在农村，不少家庭仍将订婚作为结婚的重要程序，通常是备几桌酒筵或茶点，除双方当事人及法定代理人外，散发订婚喜柬或口头邀请，请双方介绍人、证明人以及比较知己的亲友，共同会餐，有的即席交换饰物，填写订婚证书等。所谓交换饰物，一般是赠送订婚戒指等，然后由订婚人、证明人、介绍人、主婚人（家长或法定代理人在场时，为当然主婚人）在订婚证书上盖章或签字。订婚证书一式两份，男女双方各执一份。席终人散，订婚仪式亦就告成了。至于被邀请参加订婚礼的亲友，究竟是否应该送礼，这随各地风俗习惯有所不同，不过就目前来说，大都是送钱，也有送花篮等。

社交与家庭礼仪

3. 婚礼的准备

这包括约定婚期、准备彩礼嫁妆并布置新房、发出邀请、选定伴郎伴娘、请好婚礼主持人、婚礼会场布置等环节。

（1）约定婚期

按一般的习惯，男女双方在领完结婚证书，举行过订婚仪式之后，就需要约定具体的结婚日期，并举行庆典活动。结婚是人一生中的大事，约定婚期又称"择日"，由两人和双方家长共同商议。传统婚礼的时间确定，往往带有一定的迷信成分，比如选择双日子举行婚礼等。现代婚礼则多在节假日举行，星期日或法定节假日，例如五一、十一、春节，经常是人们举行婚礼所选择的时间。因为在节假日里举行婚礼，宾客便于参加，不影响工作，同时，又可借节日气氛增添一些吉庆。在农村，人们多会选择农闲季节。

（2）准备彩礼嫁妆并布置新房

在中国传统中，送彩礼、准备嫁妆是婚礼之前很重要的一项活动。父母亲送给子女的结婚礼物不外两类：一类是支持新家庭生活的实用礼物，一类是带有吉庆、纪念意义的物品。新人的新房要精心布置，充满喜庆气氛。

（3）发出邀请

举行婚礼前，应拟定参加婚礼的宾客名单，并提前一两周发出邀请，有外地亲友的更要提前一些，这样给客人充分的准备时间，以避免因与其他事务冲突而不能出席婚礼。邀请的范围视婚礼的规模大小、亲疏程度和经济条件而定，一般包括：亲属朋友，包括新娘新郎的好友，也包括双方父母的好友；亲密的同事或邻居。有的情况下也可以请父母或子女单位的领导。特别不能忘记的是，邀请与缔结这桩婚姻关系重大的人（如介绍人）参加婚礼。要注意的是，同等亲疏关系的人，要请则都请，要么都不请，忌讳请了这个，忘了那个，这样容易造成感情伤害。另外，对于至亲的远方朋友或那些应该邀请的人，即使知道他们有重大的事务不能前来，也要发出邀请，以示尊敬，否则会显得礼数不周。这样的客人往往可以通过其他途径和方式向新郎新娘表示祝贺。

邀请的方式多种多样，一般为口头与书面两种。口头邀请一般针对经常能见面的亲友，打个电话邀请即可；也可以采用书面发请柬的方式。婚礼请柬又叫"请帖"、"邀请书"，它是举办婚礼的当事人邀请亲友参加婚礼或婚宴的专用书信。对请柬的大小、质量、印刷、风格等应该予以全面的考虑。请柬应该是典雅、喜庆的，一般选择红色和烫金。里面可以印字，也可以手写。其内容要写明时间、地点、新郎新娘的名字等。婚礼的请帖分男方和女方家长发出的请帖，也有以新婚当事人名义共同发出的请帖。一般可由新郎新娘共同具名，也可以分别具名，或由其家长具名。

- 新郎新娘共同具名

请　柬

我俩谨订于××××年××月××日×午××时，假座××饭店××厅举行婚宴，谨请光临×××　谨订×××。

- 家长具名

请　柬

谨订于××××年××月××日×午××时,假座××饭店××厅为儿×××(女×××)举行婚宴　谨请光临×××　家长　谨订×××。

写请柬应注意:被邀请者的姓名应写全,不应写绰号或别名;在两个姓名之间应该写上"暨"或"和",不用顿号或逗号;应写明举行婚礼的具体日期与时间(几月几日几时,星期几);写明举行婚礼的地点。

此外,还可以随请柬发出几种附件:一是指示婚礼地点的路线图,二是标示客人宴席座位的座位卡。如果需要了解参加人数,请柬上可写明"请回复"。作为接到邀请的亲友,无论请柬上写没写"请回复",最好能及时地和邀请者联系,说明自己能否参加。这是必要的礼貌。

(4)选定伴郎伴娘

伴郎伴娘也称"男傧相"、"女傧相"。傧相是需要精心选择的。女傧相,一般选择新娘的妹妹、表妹或好友,男傧相可以选择新郎的兄弟或好友等。傧相的主要任务是陪伴、辅助新娘新郎举行婚礼。任选男女傧相的主要条件:第一当然要仪态端正;第二要未婚者,年龄一般都是较新郎新娘为轻;第三要注意身材高矮,适配新郎新娘,否则很不雅观。

(5)请好婚礼主持人

一般请德高望重、有风度、有经验的人充当,也可聘请专业的司仪来主持。

(6)婚礼会场布置

在外门、会场门及会场内贴好成双的"喜"字,摆些鲜花、彩带。允许鸣放鞭炮的地方一般可以在大门外悬挂两挂大红鞭炮,这样可以增添许多热闹气氛。对于新人来说,还要准备好婚礼服,新娘至少应准备两套:一套婚礼上用的婚纱(可租可买),一套婚宴上穿的喜庆便服(一般购置或定做)。新郎则有一套精制的西装即可。

4. 婚礼的程序

要根据自己的经济实力量力去操办,应当将节约放在首位。国内较为常见的婚礼有家庭婚礼和集体婚礼。

(1)家庭婚礼

即一对新婚夫妇在自己家中或其他场所举办的约请双方亲朋好友参加的小型婚礼,主要程序有七项。

① 接新娘:男方到女方家接新娘,然后一起到婚宴场地,下车后一起步入现场,在来宾的掌声和欢呼声中,金童玉女们向新郎新娘洒一些代表喜庆而吉利的彩花和彩条,这时可演奏或播放《婚礼进行曲》。

② 婚礼开始:新郎新娘入座后,由司仪宣布婚礼开始。

③ 行鞠躬礼:在司仪的主持下,新人首先向双方的父母或其他尊长鞠躬,其次向全体来宾鞠躬,最后还要双方相互鞠躬。

④ 证婚人讲话:主要内容是扼要介绍新人双方恋爱的经过,并向双方预祝婚后幸福、

社交与家庭礼仪

美满。有时也可代为宣读结婚证书，宣布新婚夫妇婚姻合法。

⑤ 新人讲话：应当请新郎、新娘依次致谢，向全体来宾致以感谢。有时，也可以由新婚夫妇一同表演文娱节目。

⑥ 蛋糕：一般会准备一个大蛋糕，由新郎、新娘先许个愿，然后一起切蛋糕，也代表甜蜜婚姻生活的开始。

⑦ 婚宴开始：新郎、新娘从主桌开始，逐席向来宾敬酒一轮，婚礼至此告一段落，宴会之后，如有条件，也可以举办小型的舞会或放映电视录像和唱卡拉OK助兴。

（2）集体婚礼。即数对新人在公共场所有组织地进行的大型婚礼，基本程序有十项。

① 宣布婚礼开始，鸣鞭炮或奏乐。

② 全体新人入场，入场时应一对夫妻一排，男左女右，相互牵手，在乐曲、掌声和花海中列队缓步入场，并在台上就位。

③ 证人和有关领导上主席台就座。

④ 新人向家长、亲友行鞠躬礼。在集体婚礼中，新人的家长一般在会场的前排就座，这时，应起立接受新人的敬礼，并略微躬身答礼。

⑤ 新郎、新娘互致鞠躬礼。

⑥ 新人向证婚人、出席婚礼的有关领导和来宾行鞠躬礼。

⑦ 证婚人或领导讲话。一般情况下，证婚人皆由地方或单位领导担任，他们在讲话中首先要宣布新人结婚合法有效，并向新婚夫妇表示祝贺，最后提出一些希望。讲话要简明扼要、热情洋溢。

⑧ 家长代表讲话。可以事先在参加集体婚礼的家长中推出代表，在讲话中，既要表达对下一代的祝愿和期望，也要对有关领导出席集体婚礼表示感谢。

⑨ 新婚夫妇代表讲话。内容主要是感谢领导和亲友出席婚礼，并表示婚后夫妻恩爱、相伴终身的决心。

⑩ 向新人赠礼。由主办集体婚礼的单位向新婚夫妇赠送纪念品，通常是书籍、镜框等有纪念意义的物品。

5. 参加喜宴的礼仪

人们经常会应邀参加亲戚、朋友、同事的结婚、订婚典礼等喜宴，为了将祝福的心意传达给对方，避免冲淡喜庆的气氛，应注意以下几个方面的基本礼节。

（1）接受邀请

收到喜帖邀请函后，要马上打电话或是回函给对方，通常应先说声"恭喜"，然后再告知出席与否，好让对方能掌握正确的出席人数。

（2）准备礼金

在参加喜宴时一般要准备礼金。礼金要装入礼金袋中，此时，千万不要忘记在上面写上祝福的话。常用祝福贺语如下。

新婚贺语：天地之合、心心相印、永结同心、百年好合、永沐爱河、佳偶天成、百年偕老、花好月圆、珠联璧合、天缘巧合、美满良缘、郎才女貌、同德同心、情投意合、天赐良缘、白头偕老。

订婚贺语：缔结良缘、缘定三生、成家之始、鸳鸯璧合、文定吉祥、姻缘相配、白首成约、喜订鸳鸯、誓约同心、终身之盟、盟订良缘、许订终身。

礼金金额应根据当地的习俗和个人经济条件而定。一定要偶数，偶数象征着双双对对的祝福，最忌4（死）和9（苦），礼金的纸钞最好是新的。

（3）喜宴当天的礼节

① 服装要穿得豪华亮丽些。红色是最讨喜的颜色，柔嫩的粉色系也是不错的选择，尽量穿着豪华亮丽的服装出席，但"锋芒"千万不可超过新娘。尽量避免穿白色服装，因为那一天白色代表新娘；若是穿深色，最好佩戴小饰品来点缀，以免太过沉重。

② 出席喜宴要提前半小时到达，而且要整理一下仪容，不要匆匆忙忙地赶到，不然很没礼貌。在接待柜前先将礼金袋交给接待人员，并签名祝贺。

③ 如果有事迟到或早退的话，要事先通知对方。迟到时不要自行进入会场，最好让招待人员领你进去。若要早退，最好等来宾都致词后再走。离开时不需要再跟新郎、新娘打招呼，但要跟坐同桌的两侧人打招呼。

④ 在接待柜前，先对新人的亲戚道贺，报上大名，并要说谢谢他们的招待。递上礼袋，正面朝上递给对方，此时顺便说些祝福的话。再在签名簿上签名，如果夫妻一起出席，要先写先生的名字，再写太太的名字。

⑤ 喜宴开始后至敬酒前这段时间是媒人和来宾致词。要安静聆听致词，不可喧闹。边听演说边用餐，但要记住最初和最后一定要放下餐具鼓掌。如果同桌有人上台演讲的话，尽量不要用餐，专心聆听，致词结束时要鼓掌致意。

⑥ 如果跟你同桌的人都是陌生人，你也要表现出愉悦的心情。在就座前应先打招呼，并进行自我介绍，才不会显得尴尬，但也不要让自己太出风头。

（4）特殊情况应注意的礼节

本来说好要出席，但却因临时有事不能出席，要马上告知对方，让对方知道好做安排。也可以找代理人出席，代理人最好是双方都认识的朋友，礼金就请代理人代送。如明确自己不能出席喜宴，也应该要送礼金。应在典礼举行前直接送给对方或邮寄给对方，并记得在上面写些祝贺的话。

在喜宴中如突然被邀请上台致词。因是喜庆场合，不能推辞。首先向新人及双方家人致贺，说声"恭喜"，接着自我介绍，说些祝福新人的话，2~3分钟即可。如果在婚礼结束后才知道对方结婚，虽然没有被邀请出席，但却知道朋友结婚的事实，首先要打电话致贺，并在婚礼过后1~2周再送礼物或礼金表示祝贺。

6. 婚后礼仪

这包括答谢有关人员和走访亲友两个方面。

（1）答谢有关人员

对有关人员的答谢，是婚礼后必须顾及的礼数。主要包括那些为操办婚姻及婚礼出过力的人，如婚礼的主持人、伴娘、伴郎等。答谢的方法没有统一的定规，送些纪念品倒是有意义的。对于他们来说，他们的心愿是新人的婚姻美满和家庭幸福。所以与此有关的礼品也就最为适宜。

答谢婚礼的参加者、祝贺者，尤其是那些送了礼品的人，也是一项不可或缺的内容。此外，对于那些没有参加婚宴的同事或比较熟识的人散发喜糖，也是现在常见的礼数。

社交与家庭礼仪

重点要答谢婚礼介绍人,也就是"红娘",或称"媒人"。"红娘"在婚姻中扮演着极为重要的角色,对促进青年男女结为伉俪起着积极作用,据不完全统计,我国目前新婚夫妻的组成中"红娘"牵线搭桥联姻的占 65%~75%。这一比例在农村还会更高些。因此答谢红娘也成了新婚夫妇必须考虑的礼仪。从婚礼的全过程来说,答谢从礼数上要分三步。

① 男女双方一旦确立了结婚日期,就应该双双前往看望,邀请他们参加自己的婚礼,并诚恳地与他们商量婚姻事宜,介绍婚礼准备情况,并征询他们的意见,以示对他们的尊重。

② 在婚礼上,要以贵宾的礼节招待他们,并向亲朋好友介绍他们,表达对他们的感谢之情。

③ 在婚后,新郎新娘应前往"红娘"家中正式道谢,这次可不能空手而来,要做到情礼并重。至于送什么样的礼物要因人而异。如果"红娘"有小孩,可赠些书包、文具、玩具给其孩子;如果"红娘"是年轻女子,可赠香水、衣服表示情谊;如果"红娘"是文人,可以书、笔等文具赠之,礼品未必要昂贵,但要做到"礼轻情义重"。

另外,平时逢年过节,夫妇俩也可以登门造访,备一些礼品,以报牵线搭桥之恩。

(2)走访亲友。传统婚礼有所谓"认大小"的风俗,它是传统亲族观念的反映。在现代社会,此项礼俗也仍然存在。婚后拜访双方的至亲好友,可以说就是突出的表现。经过这种礼节性的拜访,亲友间就会相互熟识起来,接纳新郎或新娘为其成员。一般来说,当他们来拜访,亲友应当给以衷心祝福。

三、生日寿庆礼俗

人生礼俗是人生习俗中最重要的活动,它贯穿一个人从生到死的整个旅途,为平淡的人生增添了色彩,是人生旅途中的里程碑,体现了民族文化的特色。

中华民族是一个重血缘宗教亲情及天伦之乐的民族。人们特别看重生老病死、婚丧嫁娶的礼仪,以表达丰富的情感,并且通过红白喜事等活动,增强天伦之乐、慎终追远的情感,体现互相帮助、礼尚往来的情谊,巩固亲朋好友的关系。

本节主要讲述汉民族的人生礼俗。但民俗总是千姿百态、异彩缤纷的,汉族的人生礼俗也是古今有别、各地有异,只能择其要者,作简单介绍。

(1)生日礼仪

对成长阶段的青少年,一般在每年的生日那天举行一定的仪式,提醒过生日者又长大一岁,要更加懂事、更有责任感、更快进步。

按传统方式,过生日者要吃一碗太平面,有的家庭备办一桌较丰盛的饭菜,全家老小和亲朋好友围桌而坐,共同祝愿孩子(过生日者)健康成长、学业有成。

现在,由于受西方生日礼俗的影响,多数家庭,尤其是城市人家往往买一个生日蛋糕,由至亲好友或小孩子的同学朋友欢聚一堂,然后举行吹蜡烛仪式。孩子几岁,就点几根蜡烛,点燃蜡烛后,亲友齐唱生日歌,唱歌完毕,即由过生日的孩子一口气吹灭所有蜡烛,在热烈的掌声中,大家共祝生日快乐,健康成长。

(2) 寿诞礼俗

一般中老年人，皆已成家立业，过生日往往会不无感慨地回顾人生、展望未来，注重的是健康、荣誉与天伦之乐。老人对逢十的生日看得较重，特别是对60、70、80等寿诞看得更重。在民间还有"十全为满、满则招损"的说法，因而，采取虚年做寿的方式，60、70、80虚岁生日时做寿等属此种习俗。

寿筵开始，由家人和重要贵宾致辞，大家举杯向老人祝寿。致辞可长可短，只要表达出美好的祝福就可以了。特别是对于年高体虚的寿星，仪式要简短。

现在的寿庆宴席，有两项内容似乎是必不可免的：一是要由寿翁（寿婆）吹生日蛋糕上的蜡烛，然后分吃蛋糕（有的老人忌讳点生日蜡烛，认为点生日蜡烛含"吹灯拔蜡"之意，如果这样就不要点蜡烛了）。二是要吃面条，以讨长寿的口彩。寿宴结束后还可以安排其他娱乐活动。

还有子女为老人祝寿时举行生日舞会。举办生日舞会，一定要布置得雅致、祥和，例如可以摆放一些花草、盆景，灯光缓和，且适宜采用金黄的暖色调，点缀些红色以显喜庆。选用的舞曲宜选舒缓、优美的舞曲或老歌。如果是自家小型的寿礼，则可简易一些，以叙家常、自娱自乐为主，唱唱歌，做做游戏也可。要注意的一点是，选祝寿形式一定要考虑寿星的性格脾气和习惯特点，如年事已高的不宜办舞会。因此，安排活动要事先征求老人的意见。

为寿星拜寿的宾客或亲朋好友要衣装整洁，最好穿着色调明快的服装，忌穿全黑、全白或只有黑白图案的服装。说话要恭敬，避免不吉利或易引起不快的语言。祝词可以是对老人祝福庆贺，也可是赞美老人取得的成绩或作出的贡献，还可以表达尊敬或友谊之情。

来客都应当选择好祝寿礼品，应以祝贺老人健康长寿为中心，可以送寿桃、寿糕、寿面、寿烛、寿屏、寿幛、寿联、寿画等，字画多以松、鹤为内容；可以送对方喜欢的工艺品，也可送好酒好茶、手杖等老年用品或服饰等。现代生活中，又十分时兴送花，送花篮和盆花均可，一般送代表健康长寿的文竹、万年青、小榕树、罗汉松等。可以购置一些保健器材作为祝寿礼，如电子按摩仪、健身球或其他保健用品等。

附录2　异域礼俗风情

一、韩国

韩国也称大韩民国，古称高丽，具有璀璨的文化遗产和美丽的风光。这里夏季多雨，气候湿润，经济发达。韩国的主要宗教是佛教，除此之外，一些韩国人也信奉儒教、天主教或天道教。

1. 交际习俗

男子见面时习惯微微鞠躬后握手，并彼此问候。当晚辈、下属与长辈、上级握手时，后者伸出手来后，前者须以右手握手，随后再将自己的左手轻置于后者的右手之上。韩国人的这种做法，是为了表示自己对对方的特殊尊重。韩国妇女一般情况下不与男子握

社交与家庭礼仪

手。女士之间习惯鞠躬问候，社交时则握手。韩国人与外国人交往时，可能会问及一些私人的问题，对此不必介意。韩国人有敬老的习惯，任何场合都应先向长者问候。在一般情况下，韩国人在称呼他人时爱用尊称和敬语，但很少会直接叫出对方的名字。要是交往对象拥有能够反映其社会地位的头衔，那么韩国人在称呼时一定会屡用不止。在社交场合，韩国人，特别是年青一代的韩国人，大部分都会讲英语，并且将此视为有教养、受过良好教育的标志之一。由于迄今为止仍对日本昔日的侵略占领耿耿于怀，韩国人对讲日语的人普遍没有好感。

2. 主要禁忌

韩国人大都珍爱白色，对熊和虎十分崇拜。在韩国，人们以木槿花为国花，以松树为国树，以喜鹊为国鸟，以老虎为国兽，对此，不要妄加评论。由于发音与"死"相同的缘故，韩国人对数目"4"十分反感，受西方习俗的影响，不少韩国人也不喜欢"13"。韩国人忌将"李"姓解释为"十八子李"。在对其国家进行称呼时，不要将其称为"南朝鲜"、"南韩"或"朝鲜人"，而宜称"韩国"、"韩国人"。韩国人的民族自尊心很强，反对崇洋媚外，提倡使用国货。在韩国一身外国名牌的人，往往会被人看不起。在韩国，忌谈的话题有：政治腐败、经济危机、意识形态、南北分裂、韩美关系、韩日关系及日本之长等。

3. 饮食特点

韩国人的饮食，在一般情况下以辣和酸为主要特点。韩国人以大米为主食，主要是米饭和冷面。他们喜欢中国的川菜，爱吃牛肉、瘦猪肉、海味、狗肉和卷心菜等。"韩国烧烤"很有特色。韩国人的饮料很多。韩国男子通常酒量都不错，对烧酒、清酒、啤酒往往来者不拒。韩国妇女多不饮酒。韩国人喜欢喝茶和咖啡。但是韩国人不喜欢喝稀粥和清汤，他们认为那是穷人才会如此。在用餐时韩国人用筷子。近年来，出于环保的考虑，韩国的餐馆里往往只向用餐者提供铁筷子。关于筷子，韩国人的讲究是，与长辈同桌就餐时不许先动筷子，不可用筷子对别人指指点点，在用餐完毕后要将筷子整齐地放在餐桌的桌面上。在宴会上，韩国人一般不把菜夹到客人盘里，而由女服务员替客人夹菜，各道菜陆续端上，每道菜都须尝一尝才会使主人高兴。

二、日本

日本古称大和，后来正式定名为日本国，具有"日出之国"的意思。日本人酷爱樱花，以其象征民族精神，因为樱花看起来平凡，可是汇集起来却很有气势。每年三月末、四月初，当春风从赤道纬线北上，樱花便由南向北顺势铺开，成林成片，如火如荼，日本人像过节一样，聚集在樱花树下，饮酒赏花，摄影留念，日本在世界上享有"樱花之国"的美称。

1. 交际习俗

日本是以注重礼节而文明的国家，讲究言谈举止的礼貌。日本人见面时，要互相问候致意，鞠躬礼是日本最普遍的施礼致意方式。一般初次见面时的鞠躬礼是弯腰30度，告别时是 45 度，而遇到长辈和重要交际对象时是 90 度，以示尊敬。妻子送丈夫，晚辈送长辈外出时，弯腰行礼至看不见其背影后才直起身。在较正式的场合，递物和接物都用双手。在国际交往时，一般行握手礼。

日本人在谈话时，常使用自谦语，贬己抬人。与人交谈时总是面带微笑，尤其是妇女。

日本人与他人初次见面时，通常会互换名片，否则即被理解为是不愿与对方交往。在一般情况下，日本人外出时身上往往会带上自己的好几种印有不同头衔的名片，以便在交换名片时可以因人而异。

称呼日本人时，可称之为"先生"、"小姐"、"夫人"。也可在其姓氏之后加上一个"君"字，将其尊称为"某某君"。

日本人见面时除了行问候礼之外，还要问好致意，见面时多用"您早"、"您好"、"请多关照"，分手时则用"再见"、"请休息"、"晚安"、"对不起"等话语。

日本经济发达与日本人努力勤奋的工作精神分不开，日本的工作节奏非常快，而且讲究礼节。他们工作时严格按日程执行计划，麻利地处理一切事物；对公众对象"唯命是从"，开展微笑服务；公私分明；对待上司与同事十分谦虚，并善于克制忍耐；下班后对公司的事不乱加评论。

2. 主要禁忌

日本人的忌讳礼俗很多。日本人忌紫色和绿色，认为是悲伤和不祥之色。日本人忌讳"4"和"9"，因为他们分别与"死"和"苦"发音相似。日本人喜欢奇数，不喜欢偶数，对"3"、"5"、"7"数字特别喜欢。

日本人有三人不合影的习俗，因为他们认为在中间被左右两人夹着是不幸的预兆，很不吉利。

他们对狐狸和獾的图案很反感，认为这两种动物图案是晦气、狡猾、贪婪的象征。菊花和菊花图案是皇族的象征，送人的礼品上不能使用这一图案。

日本人喜欢仙鹤和乌龟，认为它们是长寿的象征。使用筷子有许多禁忌，如忌将筷子直插饭中，不能用一双筷子依次给每个人夹、拨菜肴。还有忌用半途筷、游动筷等。

3. 衣食特点

在商务、政务活动中，日本人要穿西式服装；在民间交往中，有时也会穿自己的国服——和服。与日本人交往时穿着不宜过分随便，因为他们认为衣着不整是没有教养的表现。

"日本料理"的特点是以鱼、虾、贝等海鲜为烹调原料，可热吃、冷吃、生吃或熟吃。主食为大米，逢年节和生日喜欢吃红豆饭，喜欢吃酱和酱汤。餐前餐后一杯清茶。方便食品有"便当"（盒饭）和"寿司"等。

在日本，人们普遍喜欢喝茶，久而久之，形成了"和、敬、清、寂"四规的茶道。茶道具有参禅的意味，重在陶冶人们的情趣。它不仅要求幽雅自然的环境，而且还有一整套的点心、泡茶、献茶、饮茶的具体方法。

社交与家庭礼仪

三、泰国

泰国正式名称是泰王国,自称孟泰,泰语中"孟"是国家的意思,"泰"是自由的意思,"泰国"即自由之国。

1. 宗教信仰

佛教是泰国的国教,全国人口的90%以上信奉国教。在社会各方面,佛教都对泰国人发挥着重要作用和影响。泰国的历法采用的是佛历。泰国男子年满20岁后,都要出家一次,当3个月的僧侣,即使国王也不例外,否则会被人看不起。几乎所有泰国人的脖子上,都佩有佛饰,用来趋吉辟邪。

2. 交际习俗

由于信奉佛教,泰国人在一般交际应酬时不喜欢握手,而是带有佛门色彩行合十礼。行合十礼时,需站好立正,低眉欠身,双手十指相互并拢,并且同时问候对方"您好!"合十的双手举得越高越表示对对方的尊重。行合十礼时,晚辈要先向长辈行礼,身份、地位低的先向身份、地位高的行礼,对方随后换之以合十礼,否则是失礼的。

泰国人很有涵养,总喜欢面带微笑,所以泰国也有"微笑之国"的美称。在交谈时,泰国人总是细声低语。在其看来,跟旁人打交道若是面无表情、愁眉苦脸,或是高声喧哗,大喊大叫,是不礼貌的。与泰国人交往不要信口开河,非议佛教,或是对佛门弟子有失敬意,特别是不要对佛祖释迦牟尼表示不恭。

3. 主要禁忌

泰国人认为头是智慧所在,神圣不可侵犯,不能用手去触摸佛像的头部,这将被视为极大的侮辱,若打了小孩的头部,认为触犯了藏在小孩头中的精灵,孩子会生病的。别人坐着的时候,切勿让物品超越其头顶。见面时,若有长者在座,晚辈应坐下或蹲跪以免高于长者的头部,否则就是对长者的不恭。所以,在泰国,当人们走过或坐或站着的人面前时,都得躬身而行,表示不得已而为之。

人们认为用左手拿东西给别人是鄙视对方的行为,所以给人递东西都用右手,切忌用左手。

在泰国民间,狗的图案是被禁止的。泰国人的家里大都不种茉莉花,因为在泰语里,它与"伤心"发音相似。

在泰国,睡莲是国花,桂树是国树,白象是国兽,对于这些东西,千万不要表示轻蔑,或是予以非议。

泰国宪法规定,国王是神圣不可侵犯的,对泰国国王和王室成员,绝不允许任意评说。

4. 饮食特点

泰国人不爱吃过甜或过咸的食物,也不吃红烧的菜肴。喜食辛辣、新鲜之食物,最爱吃的是体现其民族特色的"咖喱饭"。

泰国人是不喝热茶的,他们的做法是,在茶里加上冰块,令其成为冻茶。他们绝不喝开水，而习惯直接饮用冷水，在喝果汁时要加少许盐沫。

四、新加坡

新加坡全称是新加坡共和国。"新加"在梵文中是"狮子"的意思，"坡"在梵文中是"城"，因此新加坡称"狮城"。由于新加坡是一个岛国，面积极小，华侨普遍称其为"星洲"、"星岛"。新加坡气候宜人，环境优美，是一个城市国家，故又有"花园城市"的美誉。新加坡是世界第二大港口。

1. 交际习俗

在社交场合，新加坡人与他人见面的礼节多为握手。其礼仪习俗呈现多元化的特点，如在社交活动中，华人往往习惯于拱手作揖，或行鞠躬礼；马来人则大多数采用本民族的"摸手礼"，所以与新加坡人打交道要遇人问俗。

新加坡特别强调笑脸迎客，彬彬有礼。人际交往中讲究礼貌、以礼待人，不但是每个人应具备的基本素养，而且也已成为国家和社会对每一个人所提出的一项基本行为规则。

新加坡十分注重"礼治"，政府专门制定了《礼貌手册》，对于人们的各种不同场合的所作所为是否符合礼仪都做出了严格的规定。在新加坡不讲礼貌会寸步难行。

新加坡人崇尚清爽卫生，对于蓬头垢面、衣冠不整、胡子拉碴的人，都会侧目而视。

2. 主要禁忌

新加坡人喜欢红色。认为红色是庄严、热烈、喜庆、吉祥的象征，会激励人们奋发向上。在一般情况下过多地采用紫色、黑色不受人们欢迎，因为他们认为紫色、黑色是不吉利的。

新加坡人不喜欢"4"和"7"这两个数目，因为华语中"4"发音与"死"相仿，而"7"被认为是消极的数字。在新加坡人看来"3"是"升"，"6"是"顺"，"8"表示"发"，"9"则表示"久"都是吉祥的数字。

在新加坡是不能说"恭喜发财"的，因为他们看来，"发财"有"横财"之意，祝愿对方发财无疑是鼓动他去发"不义之财"，是一种损人利己的行为。

在新加坡乱扔果皮、废纸、吐痰、在公共场所吸烟、嚼口香糖、过马路闯红灯都会被罚款，罚款额之高相当于一个普通工人一个月工资，搞不好还会吃官司，甚至被鞭打。

3. 饮食特点

中餐是新加坡人的最佳选择，粤菜、闽菜等十分受欢迎。口味喜欢清淡，偏好甜食，讲究营养，平日爱吃米饭和各种海鲜，对于面食不太喜欢。

新加坡人大都喜欢喝茶，他们经常在清茶中放橄榄之后饮用，称之为"元宝茶"，认为喝这种茶可以令人财运亨通。新加坡人还喜欢喝鹿茸酒、人参酒等补酒。

五、美国

美国全称为美利坚合众国，地处北美洲中部，美国人主要信奉基督教、天主教。美

社交与家庭礼仪

国的绰号是"山姆大叔",也有"世界霸主"、"超级大国"、"国际警察"、"金元帝国"、"车轮上的国家"等代称。

1. 交际习俗

美国人是"自来熟",他们为人诚挚,乐观大方,天性浪漫,性格开朗,善于攀谈,喜欢社交,似乎与任何人都能交上朋友。与人交往时讲究礼仪,但没有过多的客套。朋友见面,说声"Hello"就算打招呼。每个人热情开朗,不拘小节,讲究效率,不搞形式主义。

社交场合一般行握手礼,熟人则施亲吻礼。较熟的朋友常直呼其名,以示亲热,不喜欢称官衔,对于能反映对方成就与地位的学衔、职称,如"博士"、"教授"、"律师"、"法官"、"医生"等却乐于称呼。经常说"请原谅"等礼貌用语。

交谈时,经常以手势助兴,与对方保持半米左右距离。不愿被问其年龄、收入、所购物品的价钱,不喜欢被恭维其"胖"。对妇女不能赠送香水、衣物和化妆品。交往时必须遵循"女士优先"的原则。

2. 主要禁忌

美国人忌"13"和"星期五"。他们不喜欢黑色,偏爱白色和黄色,喜欢蓝色和红色。崇尚白头鹰,将其敬为国鸟。在动物中,美国人最爱狗。认为狗是人类的忠实朋友。对于那些自称爱吃狗肉的人,美国人是非常厌恶的。在美国人眼里,驴代表坚强,象代表稳重,他们分别是共和党和民主党的标志。

在美国,成年同性不宜共居于一室之中,在公共场合携手而行或是勾肩搭背,在舞厅里相邀共舞。

美国人认为个人空间不可侵犯,所以与美国人相处要保持适当的距离,碰了别人要及时道歉,坐在他人身边应征得对方认可,谈话时不要距离对方过近。

美国人大都喜欢用体态语表达情感,但忌讳盯视别人、冲别人伸舌头、用食指指点交往对象等体态语。

3. 饮食特点

美国人喜欢咸中带甜的菜肴,口味清淡。他们重视营养,爱吃海味和蔬菜。美国人早、午餐比较简单,晚餐较丰富。偏爱蛙肉和火鸡。饭后喜欢喝咖啡或茶。

六、加拿大

加拿大作为国名,出自当地土著居民的语言,本意是"棚屋"。也有人讲它来自葡萄牙语,意思是"荒凉"。它位于北美洲北部,除极少数印第安人和因纽特人外,国民多是英、法移民的后裔,多数信奉天主教。加拿大境内多枫树,素有"枫叶之国"的美誉。长期以来加拿大人民对枫叶有深厚的感情,加拿大国旗正中绘有三片红色枫叶,国歌也是《枫叶,万岁》。加拿大有"移民之国"、"粮仓"、"万湖之国"等美称。

1. 交际习俗

加拿大人讲究礼貌,但又喜欢无拘无束,不爱搞繁文缛节。加拿大人性格开朗热情,对人朴实友好，容易接近。人们相遇时，都会主动打招呼、问好，握手是其见面礼，拥抱、接吻等见面礼只使用于亲友、熟人、恋人和夫妻之间。

加拿大人在人际交往中的自由与随和，是举世知名的。他们对于交往对象的头衔、学位、职务，只在官方活动中才使用；在中国社交活动里普遍必备的名片，普通加拿大人不大常用，只有公司高层商务活动中才使用名片。

2. 主要禁忌

枫叶是加拿大的象征，是加拿大国旗、国会上的主题图案。因此枫叶被加拿大人视为国花，枫树定为加拿大的国树，对此要充分尊重。在加拿大白色的百合花主要用来悼念死者，因其与死亡有关，所以绝对不可以将之作为礼物送给加拿大人。白雪在加拿大人心目中有着崇高的地位，并被视为吉祥的象征与辟邪之物。在不少地方人们甚至忌讳铲除积雪。加拿大人很喜欢红色与白色，因为那是加拿大国旗的颜色。

与加拿大人交谈时，不要插嘴，打断对方的话，或是与对方强词夺理。议论性与宗教，评说英裔加拿大人与法裔加拿大人的矛盾，处处将加拿大与美国联系起来进行比较，将加拿大视为美国的"小兄弟"，或是大讲美国的种种优点和长处，都是应当避免的。

3. 衣食特点

在日常生活里，加拿大人的着装以欧式为主。在参加社交应酬时，加拿大人循例都要认真进行自我修饰，或是为此专门上一次美容店。在加拿大，参加社交活动时男子必须提前理发修面，妇女们则无一例外地进行适当的化妆，并佩带首饰。不这样做会被视为对交往对象的不尊重。

加拿大的饮食习惯与英美比较接近，口味比较清淡，爱吃酸、甜之物和烤制食品。忌吃肥肉、动物内脏、腐乳、虾酱以及其他带腥味、怪味的食物。在一日三餐中，加拿大人最重视晚餐，他们喜欢邀请朋友到家中共进晚餐。

七、英国

英国的正式名称是大不列颠及北爱尔兰联合王国，有时它也被人们称为"联合王国"、"不列颠帝国"、"英伦三岛"等。"英国"是中国人对其的称呼，出自"英格兰"一词，其本意是"盎格鲁人的土地"，而"盎格鲁"的含义则为"角落"。英国的主要宗教是基督教。英国的国教是英国国教会，也称圣公会。

1. 交际习俗

不喜欢被统称为"英国人"，而喜欢被称为"不列颠人"。习惯握手礼，女子一般施屈膝礼。男子如戴礼帽，遇见朋友时微微揭起以示礼貌。英国人注重实际，不喜空谈，他们社交场合衣着整洁，彬彬有礼，体现"绅士风度"。妇女穿着较正式的服装时，通常要配一顶帽子。

在社交场合，英国人极其强调所谓的绅士风度，坚持"女士第一"的原则，对女士尊重和照顾。他们十分重视个人教养，认为教养体现出细节，礼节展现出教养。他们待人十分客气，"请"、"谢谢"、"对不起"、"你好"、"再见"一类礼貌用语，天天不

社交与家庭礼仪

离口。即使是家人、夫妻、至交之间，英国人也常常会使用这些礼貌用语。

在交际活动中，握手礼是英国人使用最多的见面礼节。在一般情况下，与他人见面时，英国人既不会像美国人那样随随便便地"嗨"上一声作罢，也不会像法国人那样非要跟对方热烈地拥抱、亲吻不可。英国人认为这两种做法都有失风度。

2. 主要禁忌

英国人忌4人交叉握手，忌"13"和"星期五"，忌用一次火点3支烟，不喜欢大象及其图案，讨厌墨绿色，忌黑猫和百合花，忌碰撒食盐和打碎玻璃。认为星期三是黄道吉日。喜欢养狗，认为白马象征好运，马蹄铁会带来好运。

在英国人看来，夸夸其谈、自吹自擂，说话时指手画脚都是缺乏教养的表现，所以与英国人刚刚认识就与他们滔滔不绝地交谈会被认为很失态。和英国人交谈要小心选择话题，不要以政治或宗教倾向作为话题。另外不要去打听英国人不愿讲的事情，千万不要说某个英国人缺乏幽默感，这很伤他们的自尊心，使人感到受侮辱，因为英国人历来以谈吐幽默、高雅脱俗为荣。

3. 饮食特点

通常一日四餐，即早餐、午餐、午茶点和晚餐，晚餐为正餐。不喜欢上餐馆，喜欢亲自烹调。平时以英法菜为主。"烤牛肉加约克郡布丁"被誉为国菜。进餐前习惯先喝啤酒或威士忌。讲究喝早茶与下午茶。

八、法国

法国的正式名称是法兰西共和国。"法兰西"源于古代法兰克王国的国名。在日耳曼语里，"法兰克"一词的本义是"自由"或是"自由人"。"艺术之邦"、"时装王国"、"葡萄之国"、"名酒之国"、"美食之国"等都是世人给予法国的美称。法国首都巴黎更是鼎鼎大名的"艺术宫殿"、"浪漫之都"、"时装之都"和"花都"，法国的主要宗教是天主教，近80%的人是天主教教徒，其余的人信奉基督教、犹太教或伊斯兰教。

1. 交际习俗

法国人非常善于交际，即使是萍水相逢，他们也会主动于之交往，而且表现得亲切友善，一见如故。

法国人天性浪漫，在人际交往中，他们爽朗热情，善于雄辩，高谈阔论，爱开玩笑，幽默风趣，讨厌不爱讲话的人，对愁眉苦脸者难以接受。

他们崇尚自由，纪律性较差，不大喜欢集体行动，约会也可能姗姗来迟。法国人有极强的民族自尊心和民族自豪感，在他们看来，世间的一切都是法国最棒。例如，法国人懂英语的不少，但通常不会直接用英语与外国人交谈。因为他们认定，法语是世间最美的语言，与法国人交谈时若能讲几句法语，一定会使对方热情有加。懂法语而又不同法国人讲法语，则会令其大为恼火。

法国人注重服饰的华丽和式样的更新。妇女视化妆和美容为生活之必需。在社会交往中奉行"女士第一"的原则。法国人习惯行握手礼，有一定社会身份的人施吻手礼。

少女常施屈膝礼。男女之间，女子之间及男子之间，还有亲吻面颊的习惯。社交中，法国人不愿他人过问个人私事。

2. 主要禁忌

法国人忌"13"和"星期五"。他们大都喜爱蓝色、白色与红色，不喜欢金黄色和墨绿色。仙鹤、孔雀、大象都是法国人反感的动物，同时，法国人视菊花、杜鹃花与核桃等为不祥之物。

向法国人赠送礼品时，宜选具有艺术品位和纪念意义的物品，不宜送刀、剑、剪、餐具，或是带有明显的广告标志的物品作为礼品。男士向一般关系的女士赠送香水，也被法国人看作不合适。

与别人交谈时，法国人往往喜欢选择一些足以显示其身份、品位的话题，如历史、艺术等。对于恭维英国、德国，贬低法国的国际地位和历史贡献，议论其国内经济滑坡、种族纠纷等问题他们不愿意予以呼应。

3. 饮食特点

法国人会吃，也讲究吃。法国菜风靡世界，被称为"法国大餐"。法国人喜欢吃蜗牛和青蛙腿，最名贵的菜是鹅肝。法国人喜欢喝酒，几乎餐餐必饮，白兰地、香槟和红白葡萄酒都是他们喜欢喝的。法国菜的特点是鲜嫩。法国人也非常喜欢中国菜。

九、澳大利亚

澳大利亚正式名称为澳大利亚联邦。澳大利亚作为国家的名称，来自于拉丁文，在拉丁文里其含义是"南方之地"。"牧羊之国"、"骑在羊背上的国家"、"坐在矿车上的国家"、"淘金圣地"等都是对澳大利亚的美称。澳大利亚的主要宗教是基督教，全国居民之中约98%的人都是基督徒。

1. 服饰礼仪

男子多穿西服，打领带，在正式场合打黑色领结，达尔文服是流行于达尔文市的一种简便服装。妇女一年中大部分时间都穿裙子，在社交场合则套上西装上衣。无论男女都喜欢穿牛仔裤，他们认为穿牛仔裤方便、自如。土著居民往往赤身裸体，或在腰间扎一条围巾，有些地方的土著人讲究些，会将围巾披在身上。他们的装饰品丰富多彩。

2. 交际礼仪

澳大利亚人情味很浓，他们乐于同他人进行交往，并且表现得质朴、开朗、热情。过分地客套或做作，均令其不快。他们爱交朋友，爱同陌生人打招呼、聊天，爱请别人到自己家里做客。

与澳大利亚的男士们相处，感情不能过于外露，大多数男人不喜欢紧紧拥抱或握住双肩之类的动作。在社交场合，忌讳打哈欠，伸懒腰等小动作。

澳大利亚是一个讲求平等的社会，不喜欢以命令的口气指使别人。

澳大利亚人见面习惯于握手，不过有些女子之间不握手，女友相逢时常亲吻对方的脸。

社交与家庭礼仪

澳大利亚人大都名在前,姓在后。称呼别人先说姓,接上先生,小姐或太太之类。熟人之间可称小名。

3. 主要禁忌

澳大利亚人对兔子特别忌讳,认为兔子是一种不吉利的动物,人们看到它都会感到倒霉。与他们交谈时,多谈旅行,体育运动及到澳大利亚的见闻,议论种族、宗教、工会和个人私生活以及等级地位问题,最令澳大利亚人不满。

在数字方面,受基督徒的影响,澳大利亚人对于"13"与"星期五"普遍感到反感。

澳大利亚人不喜欢将本国与英国处处联系在一起。

澳大利亚人对于公共场合的噪声极其厌恶。在公共场所大声喧哗者,尤其是门外高声喊人的人,他们是最看不起的。

4. 饮食特点

澳大利亚人在饮食上以吃英式西菜为主,其口味清淡,不喜油腻。澳大利亚的食品素以丰盛和量大而著称,尤其对动物蛋白质的需要量更大。他们爱喝牛奶,喜食牛肉、猪肉等。他们喜喝啤酒,对咖啡很感兴趣。

附录3 礼仪常用资料

1. 传统敬语

拜望——意为探望。

拜服——意为佩服。

拜辞——意为告辞。

赐教——给予指教。

呈——恭敬地送上去。用于晚辈对长辈或下级对上级。

呈正——把自己的作品送请别人批评改正。

重教——尊称长者给予的教诲。

重问——尊称长者或上级的问题。

重念——尊称长者或上级的挂念。

大作——尊称别人的文章。

奉告——意为告诉。

奉还——意为归还。

奉陪——意为陪伴。

贵庚——询问对方年龄。

贵姓——询问对方姓名。

惠存——请保存。多用于送人相片、书籍等纪念品时。

惠顾——指对方到自己这里来。多用于商家对顾客。

华翰——尊称别人的书信。
华诞——尊称别人的生辰。
恭候——恭敬地等候。
请便——请对方自便。
钧鉴——敬请长辈或长者信。用于书信开头的称呼之后。
高就——指离开原职去担任较高职位。
高寿——用于询问老人的年纪。
府上——尊称对方的家或老家。
光临——宾客来到。
光顾——商家多用以欢迎顾客。
璧还——用于归还原主或辞谢赠品。
璧谢——意为退还原物并表示感谢。多用于辞谢赠品。
千金——称别人的女儿。
驾临——指对方到来。
宽衣——请别人脱下衣服。
仰承——意为遵从对方的意图。

2. 传统谦辞

敢——表示冒昧地请求别人。
敝——旧时用于与自己有关的事物。
寒门——贫寒的家庭。
刍议——指自己的议论。
错爱——表示感谢对方的爱护。
斗胆——形容大胆。
痴长——用于年纪较大的人,说自己白白地比对方大若干岁。
不才——自我谦称。
笨鸟先飞——指能力差的人,做事恐怕要落后,比别人先行动。
拙——多谦称自己的文章,见解等。
卑职——旧时官吏自我谦称。
老朽——老年人的自我谦称。
才疏学浅——意为学而不广,学而不深。
过奖——对方过分地表扬或夸奖。
不敢当——表示承当不了。

3. 公历节日

2月7日:"二七"纪念日
3月5日:学雷锋纪念日
3月8日:"三八"国际妇女节
2月24日:第三世界青年日

3月1日：国际海豹节

3月12日：中国植树节

3月14日：国际警察日

3月15日：国际消费者权益日

3月21日：世界森林日、消除种族歧视日

3月22日：世界水日

3月23日：世界气象日

4月1日：愚人节

4月7日：世界卫生日、世界无烟日

4月22日：世界地球日

4月第四个星期日：儿童预防接种宣传日

4月24日：世界青年团结日

4月25日：世界儿童日

5月1日：国际劳动节

5月4日：中国青年节

5月8日：世界红十字日

5月12日：国际护士节

5月14日：中国母亲节

5月17日：世界电信日

5月30日：中国"五卅"运动纪念日

5月31日：世界无烟草日

6月1日：国际儿童节、国际儿童电影节

6月4日：国际日

6月5日：国际环境日

6月18日：中国父亲节

6月23日：国际奥林匹克日

6月25日：中国土地日

6月27日：国际禁毒日

7月1日：中国共产党成立纪念日、国际建筑日

7月3日：国际合作节

8月1日：中国人民解放军建军节

9月8日：国际新闻工作者日、国际扫盲日

9月10日：中国教师节

9月第三个星期二：国际和平日

9月第四个星期日：国际聋人节

9月最后一周的某一天：世界海事日（由各国政府自选一天）

9月20日：中国爱牙日

9月27日：世界旅游日

10月1日：中华人民共和国国庆节、世界音乐节、国际老人节

10月2日：国际和平斗争日

10月第一个星期一：国际住房日

10月第二个星期三：国际减轻自然灾害日

10月9日：世界邮政日

10月14日：世界标准日

10月15日：国际盲人节

10月16日：世界粮食日

10月24日：联合国日

10月31日：世界勤俭日

11月1日：万圣节

11月10日：世界青年日

11月17日：国际学生日

11月的第四个星期四：感恩节

12月1日：世界艾滋病日

12月5日：社会经济发展国际志愿人员日

12月10日：世界人权日、诺贝尔日

12月25日：圣诞节

4. 农历节日

正月初一：春节

正月十五：元宵节、壮族歌墟节、朝鲜族上元节、苗族踩山节、达翰尔族卡钦

正月十六至二十：侗族芦笙节

正月二十五：填仓节

正月二十九：送穷日

二月初一：瑶族忌鸟节

二月初二：春龙节、畲族会亲节

二月初八：傈僳族刀杆节

三月十五：佤族播种节

三月十五至二十五：白族三月街

清明日：清明节

四月初八：牛王诞

四月十八：锡伯族西迁节

五月初五：端午节、黎族朝花节、苗族龙船年

五月十三：阿昌族泼水节

五月二十二：鄂温克族米阔鲁节

五月二十九：瑶族达努节

六月初六：天贝兄节、姑姑节、壮族祭田节、瑶族尝新节

六月二十四：彝族、阿昌族、白族、佤族、纳西族、基诺族火把节

社交与家庭礼仪

七月初七：女儿节、乞巧节

七月十三：侗族吃新节

七月十五：盂兰盆会、普米族转山会

八月十五：中秋节、拉祜族尝新节、仫佬族后生节

九月初九：重阳节

十月初一：祭祖节

十月十六：瑶族盘王节

十二月初五：苗族姊妹饭

十二月初八：腊八节

冬至日：冬至节

十二月二十三、二十四：祭灶日

十二月三十：除夕

5. 世界时差对照

地　名	时　间	地　名	时　间	地　名	时　间
北京	20:00	地拉那	13:00	莫斯科	15:00
旧金山	4:00	维也纳	13:00	德黑兰	15:30
墨西哥城	6:00	华沙	13:00	卡拉奇	17:00
危地马拉城	6:00	罗马	13:00	科伦坡	17:30
哈瓦那	7:00	布拉格	13:00	新德里	17:30
巴拿马城	7:00	巴黎	13:00	孟买	17:30
利马	7:00	日内瓦	13:00	达卡	18:00
纽约	7:00	布达佩斯	13:00	仰光	18:30
加拉加斯	7:30	柏林	13:00	金边	19:00
圣地亚哥（智利）	8:00	索非亚	14:00	河内	19:00
布宜诺斯艾利斯	9:00	大马士革	14:00	乌兰巴托	19:00
蒙得维的亚	9:00	安卡拉	14:00	雅加达	19:30
伦敦	12:00	开罗	14:00	新加坡	19:30
科纳克星	12:00	开普敦	14:00	马尼拉	20:00
巴马科	12:00	布加勒斯特	14:00	伊尔库茨克	20:00
达喀尔	12:00	赫尔辛基	14:00	平壤	21:00
阿尔及尔	12:00	巴格达	15:00	东京	21:00
布尔柴维尔	13:00	内罗毕	15:00	大阪	21:00

6. 数字的礼仪寓意

数　字	寓　意	忌　意	主要适用对象
0	以 0 结尾的数是积极的		印度人
	完美、独尊、起始		西方人
3	神性、尊贵、祥瑞		希腊及埃及人
	天、地、人的尊贵		佛教徒
	敬意、尊重、决别		多国人

续表

数　字	寓　意	忌　意	主要适用对象
4		巫术	非洲贝宁人
		死兆，不祥	一些西方人
		死亡，厄运	朝鲜及日本人等
	宠爱、好感、美感		泰国人
	长生不老、重视		阿拉伯人
5	尊重、好感、重视		埃及，印度北部人
6		无赖，二流子，无用之人	日本人
7	吉祥、好意、福运		一些欧洲人
	吉祥、坦然、尊重		阿拉伯及犹太人
8		不吉利，背运	新加坡人
		不顺利	新加坡人
9	至极、祥瑞、长久		华人
	神性、神圣之至		西方人
		苦命，痛苦	日本人
11	自豪、吉利、崇尚		瑞士人
13		不幸，厄运，倒霉	西方人等
		不吉利，不顺	新加坡与加纳人
17		不祥，不顺	加纳人
37		不祥，不吉	新加坡人
42		死，死兆	日本人
69		不吉利	新加坡人
71		不吉利	加纳人
108	神秘、驱邪		华人，日本人
奇数	消极的象征		多数非洲人
	祝贺、兴旺、美满		日本人
	非常尊重、祥和		泰国及北欧人
偶数	积极的象征		多数非洲人
	庄重、和美、尊重		华人等

7. 礼仪相关网址

内　容	网　址
吾爱礼仪之美	http://hi.cersp.com/zt/2005.9/zhrs_li/
礼仪频道	http://etiquette.asiaec.com/
中国礼仪培训网	http://www.chinaliyi.cn/
礼仪世界	http://www.eexb.com/
新华网—各国概况	http://news.xinhuanet.com/ziliao/2003-01/29/content_712506.htm
中国政府网—文明礼仪	http://www.gov.cn/ztzl/wmly_index.htm
中华礼仪网	http://www.zhlyw.net/zhlyw/news/index.asp
《现代交际礼仪》国家精品课程	http://shsy.dlvtc.edu.cn/xdjjly/index.html

参考文献

[1] 韦克俭. 现代礼仪教程[M]. 北京：清华大学出版社，2006.
[2] 国英. 公共关系与现代交际礼仪案例[M]. 北京：机械工业出版社，2004.
[3] 彭澎，杨中碧. 礼仪与文化[M]. 北京：清华大学出版社，2007.
[4] 严考亮. 实用民俗礼仪百事通[M]. 上海：上海远东出版社，2006.
[5] 佟怀德. 文明礼仪（新农村版）[M]. 北京：首都师范大学出版社，2006.
[6] 张文. 礼仪修养与实训教程[M]. 武汉：华南理工大学出版社，2009.
[7] 林成益，帅学华. 现代礼仪修养教程[M]. 杭州：浙江大学出版社，2007.
[8] 樊丽丽. 实用生活礼仪常识[M]. 北京：中国经济出版社，2008.
[9] 徐勇. 城乡公关与礼仪[M]. 武汉：湖北科学技术出版社，2008.
[10] 李荣健. 社交礼仪[M]. 北京：清华大学出版社，2007.
[11] 吴运慧，徐静. 现代礼仪实务[M]. 上海：上海交通大学出版社，2008.
[12] 张晓梅. 晓梅说礼仪[M]. 北京：中国青年出版社，2008.
[13] 杨秋平. 成功社交培训教程[M]. 北京：机械工业出版社，2007.
[14] 谢迅. 商务礼仪[M]. 北京：对外经济贸易大学出版社，2007.
[15] 刘长凤. 实用服务礼仪培训教程[M]. 北京：化学工业出版社，2007.
[16] 吕维霞，刘彦波. 商务礼仪[M]. 北京：清华大学出版社，2007.
[17] 徐克茹. 商务礼仪标准培训[M]. 北京：中国纺织出版社，2007.
[18] 牟红，杨梅. 旅游礼仪实务[M]. 北京：清华大学出版社，2007.
[19] 彭红. 交际口才与礼仪[M]. 上海：华东师范大学出版社，2007.
[20] 李嘉珊. 国际商务礼仪[M]. 北京：电子工业出版社，2007.
[21] 周庆. 商务礼仪实训教程[M]. 武汉：华中科技大学出版社，2007.
[22] 李莉. 实用礼仪教程[M]. 北京：中国人民大学出版社，2006.
[23] 唐树伶等. 服务礼仪[M]. 北京：清华大学出版社、北京交通大学出版社，2006.
[24] 杨海清. 现代商务礼仪[M]. 北京：科学出版社，2006.
[25] 冯玉珠. 商务宴请攻略[M]. 北京：中国轻工业出版社，2006.
[26] 沈杰，方四平. 公共关系与礼仪[M]. 北京：清华大学出版社，2006.
[27] 田长军. 有礼任走天下[M]. 广州：中山大学出版社，2006.
[28] 胡晓涓. 商务礼仪[M]. 北京：中国人民大学出版社，2005.
[29] 黄琳. 商务礼仪[M]. 北京：机械工业出版社，2005.
[30] 徐飙. 文秘实习实训教程[M]. 北京：高等教育出版社，2005.
[31] 王伟伟. 礼仪形象学[M]. 北京：人民出版社，2005.
[32] 鲍日新. 社交礼仪，让你的形象更美好：献给大学生朋友[M]. 上海：上海教育出版社，2005.
[33] 李鸿军，石慧. 交际礼仪学[M]. 武汉：华中科技大学出版社，2004.

[34] 国英. 公共关系与现代交际礼仪案例[M]. 北京：机械工业出版社，2004.

[35] 丁立新，江泽瀛. 国际商务礼仪实训[M]. 北京：对外经济贸易大学出版社，2003.

[36] 何浩然. 中外礼仪[M]. 大连：东北财经大学出版社，2002.

[37] 邱伟光. 公共关系礼仪文化[M]. 北京：高等教育出版社，2000.

[38] 杨眉. 现代商务礼仪[M]. 东北财经大学出版社，2000.

[39] 郭文臣. 交际与公关礼仪[M]. 大连：大连理工大学出版社，1998.

[40] 李兴国. 现代商务礼仪[M]. 哈尔滨：黑龙江科学技术出版社，1998.

[41] 张韬，施春华，尹风芝. 沟通与演讲[M]. 北京：清华大学出版社，2005.

[42] 孙乐中. 实用公务礼仪[M]. 南京：凤凰出版传媒集团、江苏科学技术出版社，2005.

[43] 杜明汉. 营销礼仪[M]. 北京：电子工业出版社，2007.

[44] 陆纯梅，范莉莎. 商务礼仪实训教程[M]. 北京：清华大学出版社，2008.

[45] 林成益，帅学华. 现代礼仪修养教程[M]. 杭州：浙江大学出版社，2007.

[46] 崔志锋. 礼仪[M]. 北京：科学出版社，2008.

[47] 金正昆. 大学生礼仪[M]. 北京：中国人民大学出版社，2007.

[48] 关小燕. 礼仪：规范行为的学问[M]. 北京：清华大学出版社，2008.

[49] 关彤. 社交礼仪[M]. 海口：南海出版社，2003.

[50] 马志强. 语言交际艺术[M]. 北京：中国社会科学出版社，2006.

[51] 陈光谊. 现代实用社交礼仪[M]. 北京：清华大学出版社，2009.

[52] 金正昆. 公关礼仪[M]. 北京：中国人民大学出版社，2003.

[53] 张佑青. 公共关系实务与礼仪[M]. 北京：中国对外经济贸易出版社，2003.

[54] 张百章，何伟祥. 公关礼仪[M]. 大连：东北财经大学出版社，2005.

[55] 李杰群. 非语言交际概论[M]. 北京：北京大学出版社，2003.

[56] 周裕新. 公关礼仪艺术[M]. 上海：同济大学出版社，2004.

[57] 晓燕. 公关礼仪[M]. 南昌：百花洲文艺出版社，1995.

[58] 何浩然. 中外礼仪[M]. 大连：东北财经大学出版社，2002.

[59] 杨眉. 现代商务礼仪[M]. 大连：东北财经大学出版社，2000.